Über Bach

Über Bach

Von Musikern, Dichtern und Liebhabern

Eine Anthologie

Mit 12 Abbildungen

Herausgegeben von
Eckart Kleßmann

Philipp Reclam jun. Stuttgart

Universal-Bibliothek Nr. 8832

Umschlagabbildung der kartonierten Ausgabe:
Elias Gottlob Haußmann: Johann Sebastian Bach.
Gemälde, 1746 (Ausschnitt)
Noten: la mà de guido, Sabadell (Barcelona)
Gesamtherstellung: Reclam, Ditzingen. Printed in Germany 1992
RECLAM und UNIVERSAL-BIBLIOTHEK sind eingetragene
Warenzeichen der Philipp Reclam jun. GmbH & Co., Stuttgart
ISBN 3-15-008832-1 (kart.) ISBN 3-15-028832-0 (geb.)

Inhalt

Vorwort

Über Bach ist so viel und so gründlich geforscht worden wie über wenige Komponisten, und doch ist uns seine Persönlichkeit verborgen geblieben. Wir kennen die Geschichte seiner Vorfahren und Nachkommen, können die Stationen seines Lebensweges mit Jahreszahlen belegen, wissen aber nur Ungefähres von seiner Individualität. In den spärlichen Briefen, in denen er von seinen Lebensumständen spricht, tritt kaum etwas von seinem Charakter hervor, und so nimmt es nicht wunder, daß »dieser Urvater der Harmonie«, wie ihn Beethoven nannte, seit der ersten Biographie von Johann Nikolaus Forkel (1802) zum Denkmal entrückte. Niemandem würde es einfallen, Haydn oder Mozart, Beethoven oder Schubert als »Phänomen« zu bezeichnen, Johann Sebastian Bach ist es.

Sein Ruhm – überwiegend ein Ruhm in der Nachwelt – hat nicht allein mit der Bewunderung für einen großen Komponisten zu tun. Ein wenig zugespitzt formuliert: Bachs Ruhm in der Glorie seiner Musik wirkt wie ein Religionsersatz für Atheisten, steigert sich zur abgöttischen Verehrung von Gläubigen vor allem protestantischer Konfession, die hier endlich das bekommen, worum sie die Katholiken manchmal heimlich beneiden: einen Heiligen, vor dessen Standbild man guten Gewissens Kerzen aufstellen darf. Im Ulmer Münster steht ein steinerner Bach hoch aufgerichtet an einem Pfeiler gleich einem der großen Propheten oder Evangelisten. Und tatsächlich hat der schwedische Bischof Nathan Söderblom 1929 Bach zum »Fünften Evangelisten« erklärt.

Angesichts solcher Verehrung überrascht es nicht, wenn eifernder Zorn alle jene trifft, die vermeintlich den Ruhm des alles überstrahlenden Gestirns verdunkelt haben, weswegen es zur Tradition des Bach-Kultus gehört, etwa Georg Philipp Telemann zu verdammen, weil der damals eben berühmter war und außerdem noch Thomaskantor werden sollte; Bach bekam das Amt erst, als Telemann es abgelehnt hatte. Die Telemann-Verachtung der Bach-Verehrer hat seit Philipp Spittas großer zweibändiger Biographie (1873 und 1880) auch eine wissenschaftliche Fundamentierung erfahren, die dann in Albert Schweitzers Bach-Biographie (1905) übernommen wurde. Daß Bach und Telemann Freunde waren (Telemann war Pate von Carl Philipp Emanuel Bach), daß Bach sich von keinem anderen Komponisten soviel abschrieb, war für Schweitzer Anlaß zu fassungsloser Klage. Und da ist es schon kurios, wenn Spitta und Schweitzer Kompositionen als Bachs Meisterwerke feiern, von denen wir heute wissen, daß sie aus Telemanns Feder stammen. Ich erwähne das nur deshalb, weil sich an diesem Beispiel überdeutlich zeigt, daß die Bewertung musikalischer Qualität in diesem Falle ganz offensichtlich Kriterien unterliegt, die mit Rationalität und Wissenschaftlichkeit nicht mehr hinreichend zu tun haben. Denn selbstverständlich erscheint diese Musik, eben noch als Meisterwerk Bachs bejubelt, jetzt als Telemanns Komposition minderwertig.

Falsche Zuweisungen kennt auch die Literatur- und mehr noch die Kunstgeschichte, aber in keiner dieser Disziplinen entsteht daraus ein solcher Glaubenskrieg, bei dem es gar nicht mehr um das Werk, sondern um eine aus dem Werk abgeleitete, mit biographischen Legenden vermischte Ideologie geht.

Hier ist nach den Ursachen zu fragen. Sie liegen nicht im 18., sondern im 19. Jahrhundert mit seinem bis heute wirkenden Geniekult. Der Mensch des Ancien régime verlangte stets neue Musik zu hören, so wie er sich auch nach der neuesten Mode kleidete. Bachs Musik entsprach nicht solchen Ansprüchen, wie man in Scheibes Kritik (s. S. 21) nachlesen kann, und vielleicht ist in der europäischen Kunstgeschichte nur noch Matthias Grünewald als ähnlich rückwärtsgewandt empfunden worden wie Bach, nur daß uns über Grünewald solche Zeugnisse fehlen. Als Bach 1750 starb – seiner Kunst und Kunstfertigkeit hat übrigens niemand seinen hohen Respekt versagt, auch Scheibe nahm sein Urteil später vorsichtig zurück –, wurde er nicht »schnöde« vergessen, er hatte sich längst überlebt. Daß man dabei seine überragende Bedeutung durchaus begriffen hatte, bezeugen etwa die Sätze des Padre Martini und des Freundes Telemann, der ja in seinem Sonett gerade Bachs Leistung als Komponist betont.

Nein, Bach wurde sogar weit weniger vergessen als der 1767 verstorbene und seinerzeit viel populärere Telemann. Man darf nicht übersehen: Eine Pflege alter Musik, wie wir sie heute kennen und manchmal bis zum Überdruß ausüben, kannte das 18. Jahrhundert nicht. Aber Bachs zahlreiche Schüler verbreiteten im Unterricht und in Abschriften das für Cembalo und Orgel geschriebene Werk. Haydn besaß eine Kopie der vollständigen H-Moll-Messe, und die intensive Auseinandersetzung Mozarts mit der Musik Bachs ist bekannt. Gewiß, wer in der zweiten Hälfte des 18. Jahrhunderts von »Bach« sprach, meinte fast immer Carl Philipp Emanuel, aber deswegen war das Werk des Vaters noch lange nicht unbekannt. Die Berliner Singakademie führte z. B. 1794 die Motetten Bachs auf. Vergessen waren einzig die Kantaten, Passionen, Oratorien und die H-Moll-Messe in der Aufführungspraxis.

Die Wiederaufführung der Matthäuspassion 1829 in Berlin durch Felix Mendelssohn aber brachte eine Wende, wie sie einschneidender kaum gedacht werden kann.

Denn plötzlich setzte sich – erstmals – eine für jene Zeit »antiquierte« Musik im Konzertprogramm durch, und in dem Maße, in dem sich dieses große Werk mehr und mehr zu behaupten begann, stellte sich auch die Frage nach seinem Schöpfer.

Und der war nahezu unbekannt, und auch heute, nach gründlichster Erforschung seiner Lebensumstände, wissen wir von Johann Sebastian Bach herzlich wenig. Und da es schwerfällt, uns in das Lebensgefühl jener Jahre zwischen 1685 und 1750 zu versetzen, haben wir uns angewöhnt, den Geniekult des 19. Jahrhunderts auf Bach und sein Schaffen zu übertragen. Natürlich kann man hier einwenden, daß wir inzwischen eine sehr eingehende Barockforschung besitzen, aber die ist aus den Studierzimmern der Wissenschaftler noch kaum in das allgemeine Bewußtsein gedrungen. Das verkannte Genie etwa, das von einem banausischen und engherzigen Rat der Stadt Leipzig schikaniert wurde, ist eines von den offenbar unausrottbaren schiefen Bildern. Daß freilich heute kein Musiker es sich erlauben dürfte, derart eklatant gegen seinen Anstellungsvertrag zu verstoßen, wie es Bach geradezu selbstverständlich tat, wird weniger beachtet. Und war der Rektor Ernesti denn tatsächlich der Bösewicht und Quälgeist, als der er in der älteren Bach-Literatur hingestellt wurde? Ernesti, ein fähiger Mann, der Aufklärung verpflichtet, wünschte tüchtige Schüler heranzubilden mit einem soliden geistigen Fundament, nicht unbedingt aber gute Musiker, wobei man berücksichtigen muß, daß der Musiker im 18. Jahrhundert ein nur recht dürftiges Prestige in der Gesellschaft genoß.

Und so haben sich viele Ungereimtheiten in das Bach-Bild der letzten zweihundert Jahre eingeschlichen, die vornehmlich damit zu tun haben, daß wir Bach und seine Zeit beständig mit der unseren verwechseln und meinen, unter den Allongeperücken von damals hätten unsere Mentalität und damit auch unsere Vorstellungen von Kunst genistet.

Das hat zu argen Verbiegungen geführt, wie man in dieser Textsammlung nachlesen kann. Johann Nikolaus Forkel, Bachs erster Biograph, der seine Materialien noch direkt von Carl Philipp Emanuel Bach bezogen hatte, arbeitete als erster die nationale Komponente heraus, die dann Richard Wagner noch mehr betonte. Auch Philipp Spitta nannte Bach 1873 den »Vollender einer Kunstrichtung echt nationaler Art« und verkündete: »Fortan wird es unmöglich sein, Bach wieder zu vergessen, solange überhaupt noch deutsches Wesen ist.«

Hinzu kam die Fixierung auf das Kantorenamt, die Bach den Titel »der Thomaskantor« eintrug und ihn zum Inbegriff evangelischer Kirchenmusik werden ließ. Aber der Anteil »weltlicher« Musik in Bachs Œuvre rechtfertigt eine solche Bezeichnung nicht. Doch nach der Wiederentdeckung der Matthäuspassion konzentrierte sich das Interesse – befördert von Spitta – auf das kirchenmusikalische Schaffen, das bei Forkel noch kaum eine Rolle spielt. Bach wurde zu einem Luther der Musik.

Solche und andere Bewertungen bis hin zur Beurteilung Bachs durch zeitgenössische Komponisten wie Hindemith, Henze und Kagel sind hier gesammelt. Auch sie werden bald schon historische Zeugnisse sein und dann so verstanden werden, wie auch Bach nur aus seiner Zeit heraus interpretiert werden kann. Einen zeitlosen Bach gibt es nicht und kann es auch gar nicht geben, denn Bach war, wie jeder Künstler, ein Kind seiner Zeit, deren Gesetze er nicht überwinden konnte, und so ist es auch jeder seiner Hörer. Zelter hat Bachs Musik mit anderen Ohren gehört als Spitta, Brahms anders als Hindemith oder Henze. Darum sagen die hier vereinten Beiträge genausoviel über ihre Autoren und deren Zeit aus wie über den historischen Johann Sebastian Bach. Die letzten Jahrzehnte haben nicht nur das Bach-Bild der Forschung verändert, sie haben auch sonst ihre Spuren hinterlassen, so in der Frage der musikalischen Interpretation seiner Werke, in dem Interesse für den »Originalklang« und in der Beschäftigung mit dem »authentischen« Instrumentarium. Und nicht zu vergessen: Bach hat seit einem halben Jahrhundert eine geradezu beispiellose Popularität auch außerhalb der Kirchen und Konzertsäle erfahren, so etwa in der Filmmusik.

Die Person Bachs ist nur äußerst selten Gegenstand von Filmen gewesen, hingegen schätzte und schätzt man seine Musik als stimmungsvolle Untermalung. Walt Disney verarbeitete 1940 in *Fantasia* die Toccata d-moll (BWV 565) in der Orchesterbearbeitung von Leopold Stokowski zu einem bunten Zeichentrick, Jean Cocteau unterlegte die Verfilmung seines Romans *Les parents terribles* (1948) mit dem Konzert für drei Klaviere und Streicher d-moll (BWV 1063), Ingmar Bergman beschränkte die sparsamen Musikeinspielungen in *Wie in einem Spiegel* (1961) auf ein paar Zitate aus einer Suite für Violoncello solo, Andrej Tarkowski bediente sich für *Solaris* (1971/72) eines Orgelchorals; eine weitere Aufzählung würde zu weit führen. In den letzten Jahren wurden die Goldberg-Variationen als Material für ergiebige Musikuntermalungen häufiger benutzt, und natürlich hat auch die Werbung längst Bachs Beliebtheit für sich ausgemünzt. Seit Charles Gounod 1853 das Präludium C-dur aus dem ersten Teil des Wohltemperierten Klaviers mit dem Zuckerguß seines Ave Maria versah, hat auch die Trivialisierung Bachs begonnen, und man kann eigentlich nur noch darüber streiten, wem ärger mitgespielt worden ist: Bach oder Mozart.

Bachs Musik hat Komponisten von Mozart bis in die Gegenwart angeregt, ja Claude Debussy meinte sogar, die Komponisten müßten zu ihm beten, »bevor sie sich an die Arbeit setzten, auf daß er sie vor Mittelmäßigkeit bewahre«, und sie hat auch auf Künstler anderer Disziplinen gewirkt, auf so gegensätzliche Naturen etwa wie Aristide Maillol oder Lyonel Feininger, der sich, neben seiner Malerei, von Bach zu einem Halbhundert Fugen für Klavier anregen ließ.

Johann Sebastian Bach gehört in den Bereich der Kunst und nicht in den des Leistungssports, weswegen sich die Frage, ob er »der Größte« sei, von selbst verbieten sollte. Schon das Vokabular, mit dem ihn seine Bewunderer bedacht haben – »dies wunderbarste Rätsel aller Zeiten« (Richard Wagner), »Anfang und Ende aller Musik« (Max Reger), »ein Vulkan« (Pablo Casals) etc. – bezeugt, daß wir es offenbar mit einem Phänomen jenseits von Musik und Vernunft zu tun haben. Bach selber, ein bescheidener aber selbstbewußter Mann, der von sich wenig Aufhebens machte und gelegentlich zu cholerischen Ausfällen neigte, hätte diesen Kult um seine Person wohl so erstaunlich wie abgeschmackt gefunden. Er selber sah seine große Begabung, der er sich bewußt war, ganz nüchtern: »Ich habe fleißig sein müssen; wer ebenso fleißig ist, der wird es ebensoweit bringen können.« Von Genie war nicht die Rede, es kam im Sprachgebrauch seiner Zeit, jedenfalls in unserem Sinn, nicht vor.

Elias Gottlob Haußmann: Johann Sebastian Bach. Gemälde, 1746

Johann Mattheson

Die aus Johann Matthesons »Das Beschützte Orchestre« (1717) stammende Beurteilung ist die erste gedruckte Erwähnung Bachs. Mit »vor die Kirche« sind die Kantaten, mit »vor die Faust« die Orgelkompositionen gemeint.

Ich habe von dem berühmten Organisten zu Weimar / Hrn. Joh. Sebastian Bach / Sachen gesehen / so wohl vor die Kirche als vor die Faust / die gewiß so beschaffen sind / daß man den Mann hoch *æstimi*ren muß. Ob dieser Bach einer von des oberwehnten Johann Michel Bachs Nachkommen ist / davon habe keine rechte Kundschafft / und will ihn hiemit ersuchen / zum Behueff des in der *Dedication* gegenwärtigen Wercks erwehnten Vorhabens / wo müglich / behülfflich zu seyn.

Bach hatte sich 1720 um das vakant gewordene Organistenamt an der Hamburger St.-Jacobi-Kirche beworben, war aber abgelehnt worden, weil er nicht das Geld besaß, dieses Amt zu kaufen, was übrigens damals – nicht nur in Hamburg – durchaus üblich war, wenn auch nicht die Regel. Der »beredte Hauptprediger«, den Mattheson hier 1728 erwähnt, ist Erdmann Neumeister, Hauptpastor an St. Jacobi, von dem Bach mehrere Kantatentexte vertonte.

Ich erinnere mich, und es wird sichs noch wol eine gantze zahlreiche Gemeine erinnern, daß vor einigen Jahren ein gewisser grosser Virtuose, der seitdem, nach Verdienst, zu einem ansehnlichen Cantorat befördert worden, sich in einer nicht kleinen Stadt zum Organisten angab, auf den meisten und schönsten Wercken tapffer hören ließ, und eines jeden Bewunderung, seiner Fertigkeit halber, an sich zog; es meldete sich aber auch zugleich, nebst andern untüchtigen Gesellen, eines wolhabenden Handwercks-Mannes Sohn an, der besser mit Thalern, als mit Fingern, *prælud*iren kunnte, und demselben fiel der Dienst zu, wie man leicht erachten kann: unangesehen sich fast jedermann darüber ärgerte. Es war eben um die Weih-Nacht-Zeit, und der beredte Haupt-Prediger, welcher gar nicht mit in den Simonischen Rath gewilliget hatte, legte das Evangelium von der Engel-Music bey der Geburt Christi auf das herrlichste aus: wobey ihm denn natürlicher Weise der jüngste Vorfall, wegen des abgewiesenen Künstlers, eine Gelegenheit an die Hand gab, seine Gedancken zu entdecken, und den Vortrag ungefehr mit diesem merckwürdigen *epiphonemate* zu schliessen: Er glaube gantz gewiß, wenn auch einer von den Bethlemitischen Engeln vom Himmel käme, der göttlich spielte, und wollte Organist zu St. J. werden, hätte aber kein Geld, so mögte er nur wieder davon fliegen.

Rat der Stadt Leipzig

Die Bach-Legende hat den Thomaskantor zum Opfer eines banausischen Leipziger Magistrats gestempelt. Aber es war nicht die Aufgabe des Rats, einem Kantor als »Genie« die Wege zu ebnen, sondern auf die Erfüllung jener Pflichten zu drängen, zu denen sich Bach durch seine Unterschrift im Anstellungsvertrag bereitgefunden hatte. Über den Ärger mit dem unbotmäßigen Kantor informieren zwei Ratsprotokolle vom 2. und 25. August 1730 (Protokollant war Carl Friedrich Menser), in denen u. a. vermerkt ist:

Die Thomas-Schule sey vielmahl *in deliberation* gewesen, die Riße u. Anschläge wären verhanden, es würden aber selbige weiter zu untersuchen seyn, wobey annoch zu gedencken sey, daß als der *Cantor* anhero kommen, er wegen der *information dispensation* erhalten, die Verrichtungen habe *M.* Pezold schlecht genug verwaltet, *tertia* und *qvarta Claßis* sey *Seminarium totius Scholæ*, folglich ein tüchtiges *Subjectum* selbiger vorzusezen seyn, der *Cantor* möge eine derer untersten *Claßen* besorgen, es habe derselbe sich nicht so, wie es seyn sollen, aufgeführet, *Not.* ohne Vorwissen des Reg. Herrn Bürgerm. einen Chor Schüler aufs Land geschicket. Ohne genommenen Urlaub verreiset etc. etc. welches ihm zu verweisen u. er zu *admoniren* seyn, voriezo habe man zu überlegen, ob man nicht obige *Claßen* mit einer andern Person versorgen wolle, *M.* Kriegel solle ein guter Mensch seyn, u. würde man darüber zu *resolviren* haben.

Herr HoffRath Lange, Es sey alles wahr, was wieder den *Cantor* erinnert worden u. könne man ihm *admoniren* u. durch *M.* Kriegeln die Besezung thun.

Herr HoffR. Steger, es thue der *Cantor* nicht allein nichts, sondern wolle sich auch diesfals nicht erklären, halte die Singestunden nicht, es kämen auch andere Beschwerden dazu, Änderung würde nöthig seyn, es müße doch einmahl brechen, laße sich also gefallen, daß eine andere Einrichtung gemachet werde.

Herr StifftsRath Born, *adhæri*ret obigen *votis*.

Herr *D.* Hölzel, *Etiam*.

Hier wurde *resolvi*ret, dem *Cantor* die Besoldung zu verkümmern.

Herr Baum. *D.* Falckner, *Etiam*.

Herr Baum. Kregel, *Etiam*.

Herr *Synd* Job, Etiam, weil der *Cantor incorrigibel* sey.

Herr Baum. Sieber, *Etiam*.

Herr Baum. Winckler, *Etiam*.

Herr Baum. Hohmann, *Etiam*.

Ego. Etiam.

*

Mit dem *Cantor* Bachen habe Er geredet, der aber schlechte lust zur arbeit bezeige, frage sich, ob man nicht *M.* Krügeln, an stat Pezolds, die Claße anvertrauen solle, ohne neue Besoldung

Concl. Soll also eingerichtet werden.

Johann Adolph Scheibe

Die von dem Hamburger Musikpublizisten an Bach geübte Kritik wurde 1737 in Scheibes Zeitschrift »Der Critische Musicus« veröffentlicht und verweist auf das »Veraltete« in Bachs Musik, die dem Zeitgeschmack nicht mehr entsprach.

Der Herr – – ist endlich in – – der Vornehmste unter den Musicanten. Er ist ein ausserordentlicher Künstler auf dem Clavier und auf der Orgel, und er hat zur Zeit nur einen angetroffen, mit welchem er um den Vorzug streiten kan. Ich habe diesen grossen Mann unterschiedene mahl spielen hören. Man erstaunet bey seiner Fertigkeit, und man kan kaum begreifen, wie es möglich ist, daß er seine Finger und seine Füsse so sonderbahr und so behend in einander schrencken, ausdehnen, und damit die weitesten Sprünge machen kan, ohne einen einzigen falschen Thon einzumischen oder durch eine so heftige Bewegung den Körper zu verstellen.

Dieser grosse Mann würde die Bewunderung gantzer Nationen seyn, wenn er mehr Annehmlichkeit hätte, und wenn er nicht seinen Stücken durch ein schwülstiges und verworrenes Wesen das Natürliche entzöge, und ihre Schönheit durch allzugrosse Kunst verdunkelte. Weil er nach seinen Fingern urtheilt, so sind seine Stücke überaus schwer zu spielen; denn er verlangt die Sänger und Instrumentalisten sollen durch ihre Kehle und Instrumente eben das machen, was er auf dem Claviere spielen kan. Dieses aber ist unmöglich. Alle Manieren, alle kleine Auszierungen, und alles, was man unter der Methode zu spielen verstehet, druckt er mit eigentlichen Noten aus; und das entziehet seinen Stücken nicht nur die Schönheit der Harmonie, sondern macht auch den Gesang durchaus unvernehmlich. Alle Stimmen sollen mit einander, und mit gleicher Schwierigkeit arbeiten, und man erkennet darunter keine Hauptstimme. Kurtz: Er ist in der Music dasjenige, was ehemahls der Herr von Lohenstein in der Poesie war. Die Schwülstigkeit hat beyde von dem natürlichen auf das künstliche, und von dem erhabenen auf das Dunkle geführet; und man bewundert an beyden die beschwerliche Arbeit und eine ausnehmende Mühe, die doch vergebens angewendet ist, weil sie wider die Natur streitet.

Scheibe versuchte 1745 seine acht Jahre zuvor geäußerten kritischen Bemerkungen über Bach einzuschränken und hat sich danach sehr positiv über Bach geäußert.

Endlich sollte ich noch von den Eigenschaften meiner Gegner reden: so, wie ich ehmals in der Vorrede zum zweyten Theile gethan hatte. Allein ich glaube, sie werden sich durch ihre eigenen Schriften selbst offenbaren. Im übrigen thut es mir leid, daß ein so berühmter Mann, als Herr Bach in Leipzig ist, zum Deckmantel hat dienen müssen, die ungeziemenden Beschuldigungen und Unhöflichkeiten einiger meiner Gegner einigermaßen zu beschönigen; ungeachtet mir keiner derselben mit Grunde hat erweisen können, ich habe diesem großen Manne Unrecht gethan. Und sollte ich ihn auch durch einen oder den andern Ausdruck in etwas beleidiget haben: so sind vielmehr meine Gegner selbst Schuld daran. Wie leicht ist es nicht, daß man in Streitschriften durch etwa einen kühnen Ausdruck mehr saget, als man glaubet, damit zu sagen. Denn daß Herr Bach durch die im sechsten Stücke befindliche so genannte bedenkliche Stelle wirklich sollte beleidiget seyn worden, ist wohl nicht zu glauben, weil es klar genug ist, daß sie ihm vielmehr rühmlich, als nachtheilig ist.

Giovanni Battista Martini

Daß sich Bachs Ansehen keineswegs auf Deutschland beschränkte, bezeugt dieser Brief, geschrieben in Bologna am 14. April 1750, also drei Monate vor Bachs Tod.

Ich halte es für überflüssig, das besondere Verdienst des Herrn Bach beschreiben zu wollen, weil er nicht allein in Deutschland, sondern auch in unserem ganzen Italien zu sehr bekannt und bewundert ist, nur sage ich, daß ich es für schwierig halte, einen Lehrer zu finden, der ihn übertrifft, weil er sich heutzutage mit Recht rühmen kann, einer der ersten zu sein, die es in Europa gibt.

Georg Philipp Telemann

Telemann, Bachs Freund und als Komponist damals weit höher geschätzt, veröffentlichte sein Nekrolog-Gedicht im Januar 1751. Bemerkenswert ist die hier geäußerte hohe Bewertung des kompositorischen Schaffens Bachs, dessen Rang von Telemann klar erkannt wird. Mit dem »würdgen Sohne« war Telemanns Patensohn Carl Philipp Emanuel Bach gemeint, der damals Cembalist am Hof Friedrichs II. in Berlin war und 1768 Telemanns Nachfolger in Hamburg wurde.

Sonnet auf weyland Herrn Capellmeister Bach.

Laßt Welschland immer viel von Virtuosen sagen,
Die durch die Klingekunst sich dort berühmt gemacht:
Auf Deutschen Boden sind sie gleichfalls zu erfragen,
Wo man des Beyfalls sich nicht minder fähig acht't.

Erblichner Bach! Dir hat allein dein Orgelschlagen
Das edle Vorzugs-Wort des Großen längst gebracht;
Und was für Kunst dein Kiel aufs Notenblatt getragen,
Das wird von Meistern selbst nicht ohne Neid betracht't.

So schlaf! dein Nahme bleibt vom Untergange frey:
Die Schüler deiner Zucht und ihrer Schüler Reyh
Dient, durch ihr Wissen, dir zur schönen Ehrencrone;

Auch deiner Kinder Hand setzt ihren Schmuck daran;
Doch was insonderheit dich schätzbar machen kan,
Das zeiget uns Berlin in einem würdgen Sohne.

Friedrich Wilhelm Marpurg

Dieser Vorbericht zur zweiten Auflage der »Kunst der Fuge« von 1752 ist die früheste Beurteilung von Bachs unvollendet hinterlassenem Spätwerk, für das es den Zeitgenossen an Verständnis fehlte.

Wenn ich mich gegen die resp. Erben des seel. Herrn Capellmeisters Bach verbindlich gemacht, gegenwärtiges Werk mit einer Vorrede zu begleiten: So geschieht dieses mit desto mehrerm Vergnügen, weil ich dadurch Gelegenheit bekomme, meine Hochachtung gegen die Asche dieses berühmten Mannes öffentlich zu erneuern. Ich verrichte dieses zugleich mit der grösten Beqvemlichkeit, weil ich mir die Mühe ersparen kan, zu den gewöhnlichen Zierrathen aus der Redekunst meine Zuflucht zu nehmen. Der Nahme des Verfassers ist zur Empfehlung eines Werks von dieser Beschaffenheit genung. Man müste in die Einsichten der Musikverständigen ein Mißtrauen setzen, wenn man ihnen sagen wolte, daß darinnen die verborgensten Schönheiten von dem, was nur in dieser Kunst möglich ist, enthalten wären. Ein vortreflicher Tonkünstler seyn, und die Vorzüge des seel. Bach nicht zu schätzen wißen, ist ein Wiederspruch. Es schwebet noch allen, die das Glück gehabt, ihn zu hören, seine erstaunende Fertigkeit im Erfinden und Extemporisiren im Gedächtnis, und sein in allen Tonarten sich ähnlicher glücklicher Vortrag in den schwersten Gängen und Wendungen ist allezeit von den grösten Meistern des Griffbrets beneidet worden. Thut man aber einen Blick in seine Schriften: so könte man aus allen, was jemahls in der Musik vorgegangen und täglich vorgehet, den Beweiß hernehmen, daß ihn keiner in der tiefen Wissenschaft und Ausübung der

Harmonie, ich will sagen, einer tiefsinnigen Durcharbeitung sonderbarer, sinnreicher, von der gemeinen Art entfernter und doch dabey natürlichen Gedanken übertreffen wird; ich sage natürlicher Gedanken, und rede von solchen, die in allen Arten des Geschmacks, er schreibe sich her aus was für einem Lande er wolle, ihre Gründlichkeit, Verbindung und Ordnung wegen Beyfall finden müßen. Eine Melodie, die nur blos mit dem Geschmacke der Zeit dieses oder jenen Gebietes übereinkömmt, ist nur so lange gut, als dieser Geschmack herrschet. Kommt es dem Eigensinne ein, an einer andern Art von Wendung mehr Vergnügen zu haben: so fält dieser Geschmack über Hauffen. Natürliche und bündige Gedancken behaupten allezeit und durchgängig ihren Wehrt. Solche Gedanken finden sich in allen Sachen, die jemahls aus der Feder des seel. Herrn Bach gefloßen. Vorstehendes Werk bezeuget es aufs neue. Es ist nichts mehr zu bedauern, als daß selbiger durch seine Augen-Krankheit, und den kurz darauf erfolgten Tod außer Stande gesetzet worden, es selbst zu endigen und gemein zu machen. Er wurde von demselben mitten unter der Ausarbeitung seiner letzten Fuge, wo er sich bey Anbringung des dritten Satzes nahmentlich zu erkennen giebet, überraschet. Man hat indessen Ursache, sich zu schmeicheln, daß der zugefügte vierstimmig ausgearbeitete Kirchenchoral, den der seelige Mann in seiner Blindheit einem seiner Freunde aus dem Stegereif in die Feder dictiret hat, diesen Mangel ersetzen, und die Freunde seiner Muse schadlos halten wird. Daß alle hier vorkommende verschiedene Gattungen von Fugen und Contrapuncten über eben denselben Hauptsatz aus dem D moll, oder dem D la Re über die kleine Terz gesetzet sind, und daß alle Stimmen darinnen durchgehends singen, und die eine mit so vieler Stärke, als die andern, ausgearbeitet ist, fällt einem jeden Kunstverständigen so

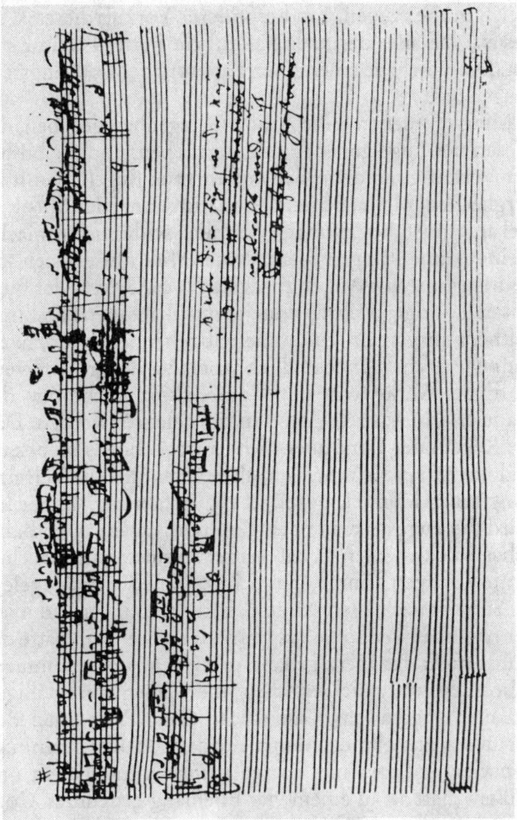

Johann Sebastian Bach: Die Kunst der Fuge (BWV 1080). Handschrift mit Carl Philipp Emanuel Bachs Schlußvermerk auf der letzten Seite

gleich in die Augen. Ein besonderer Vorzug dieses Werkes ist, daß alles darinnen befindliche in der Partitur stehet. Die Vortheile einer guten Partitur aber sind längstens ausgemacht.

Mir hat indeßen diese Arbeit Gelegenheit gegeben, das Wesen der Fuge genauer zu untersuchen, und die bißher zur Verfertigung derselben entworfnen Regeln damit zu vergleichen. Meine Begierde zur Aufnahme der Musik so viel an mir ist, beyzutragen, hat mich schlüßlich gemacht, meine Anmerkungen hierüber der Welt mit ehesten zur Beurtheilung vor Augen zu legen. Da die Regeln der Fuge mit den übrigen Lehren von der musikalischen Satzkunst zeithero insgemein zusammen abgehandelt worden: So kann vielleicht manchem Liebhaber, der die großen weitläuftigen Werke von der Composition nicht bey der Hand hat, hierdurch Gnugthuung geleistet werden. Daß die Regeln der Fuge aber nicht durchgehends so bekant und allgemein seyn müßen, als etwann die zur Verfertigung einer Menuet, bezeuget die Erfahrung. Ehedeßen ward die Fuge als ein in den Componisten so unentbährliches Stück angesehen, daß keiner zu einem musikalichen Amte gelangen könnte, der nicht zuvor ein ihm vorgelegtes Subject nach allen Arten des Contrapuncts und in einer regelmäßigen Fuge ausgearbeitet hätte. Man hätte damahls nicht das Herz gehabt, mit einem aus zusammengeborgten, oft gaucklerischen und Gaßenhauermäßigen Paßagen angefüllten Klangstücke einen Platz unter den Virtuosen zu nehmen. Man hielte dafür, daß in einer Fuge von vier und zwanzig Tacten mehr Gründlichkeit und Wißenschaft als in einem vier Ellenlang gedehnten Concerte herrschen könnte, und daß es weit mehrere Kunst erfoderte, einen ununterbrochnen Gesang ohne häuffige Absätze, als eine mit allerhand untermischten Cabriolen dem Geschmacke zu gefallen, wie man es nennet, anhaltende Melodie zu Papiere zu bringen. Es wurde dieserwegen die Fuge unter die prächtigsten Zierrathen einer Kirchen- und Kammermusik gerechnet. Entdecket man sie noch hin und wieder in der ersten: So hat sie aus der letztern gänzlich ihren Abschied genommen. Der musicalische Mechanist, oder derjenige der nur die Erlaubniß hat, fremde Sachen zu spielen, ohne selbst Denken und etwas zu Papiere bringen zu dürfen, kennet sie nur den Nahmen nach. Der zeitige Componist, der die Fuge für eine Geburt des aberwitzigen Alterthums hält, giebt dem Mechanisten keine Gelegenheit die Reitze einer Fuge dem Zuhörer empfindlich zu machen. Da bleibt denn das männliche Wesen, das in der Musik herrschen soll, aus derselben gänzlich weg, denn es ist ohne weitern Beweiß zu glauben, daß derjenige musikalische Setzer, der sich mit Fugen und Contrapuncten besonders bekandt gemachet, so barbarisch dieses letzte Wort auch den zärtlichen Ohren unserer itzigen Zeit klinget, in alle seine übrige Ausarbeitungen, so galant sie auch heißen sollen, etwas darnach schmeckendes einfließen laßen, und sich dadurch der einreißenden Trödeley eines weibischen Gesanges entgegen setzen wird. Es wäre zu wünschen, daß Gegenwärtiges Werk einige Nacheiferung erweckete, und den lebendigen Exempeln so vieler rechtschaffenen Leute, die man hin und wieder am Ruder einer Capelle und darinnen siehet, Vorschub thäte, die Ehre der Harmonie bey der hüpfenden Melodienmacherey so vieler heutigen Componisten in etwas wieder herzustellen.

Carl Philipp Emanuel Bach

Der von Carl Philipp Emanuel Bach und Johann Friedrich Agricola gemeinsam verfaßte Nekrolog für die Leipziger »Societät der musikalischen Wissenschaften« wurde 1754 veröffentlicht. Es ist die erste publizierte Lebensgeschichte J. S. Bachs, angereichert mit einigen anekdotischen Überlieferungen; sie wird hier gekürzt wiedergegeben. Charakteristiken wie »der stärkste Orgel- und Klavierspieler«, die »arbeitsame, ernsthafte und tiefsinnige Musik« oder die Feststellung, er beherrsche »die verstecktesten Geheimnisse der Harmonie«, haben das Bach-Bild später Generationen ganz wesentlich mitgeprägt.

Johann Sebastian war noch nicht zehen Jahr alt, als er sich, seiner Eltern durch den Tod beraubet sahe. Er begab sich nach Ohrdruff zu seinem ältesten Bruder Johann Christoph, Organisten daselbst, und legte unter desselben Anführung den Grund zum Clavierspielen. Die Lust unsers kleinen Johann Sebastians zur Musik, war schon in diesem zarten Alter ungemein. In kurtzer Zeit hatte er alle Stücke, die ihm sein Bruder freywillig zum Lernen aufgegeben hatte, völlig in die Faust gebracht. Ein Buch voll Clavierstücke, von den damaligen berühmtesten Meistern, Frobergern, Kerlen, Pachelbeln aber, welches sein Bruder besaß, wurde ihm, alles Bittens ohngeachtet, wer weis aus was für Ursachen, versaget. Sein Eifer immer weiter zu kommen, gab ihm also folgenden unschuldigen Betrug ein. Das Buch lag in einem blos mit Gitterthüren verschlossenen Schrancke. Er holte es also, weil er mit seinen kleinen Händen durch das Gitter langen, und das nur in Pappier geheftete Buch im Schranke zusammen rollen konnte, auf diese Art, des Nachts, wenn iedermann zu Bette war, heraus, und schrieb es, weil er auch nicht einmal eines Lichtes mächtig war, bey Mondenscheine, ab. Nach sechs Monaten, war diese musicalische Beute glücklich in seinen Händen. Er suchte sie sich, insgeheim mit ausnehmender Begierde, zu Nutzen zu machen, als, zu seinem größten Herzeleide, sein Bruder dessen inne wurde, und ihm seine mit so vieler Mühe verfertigte Abschrift, ohne Barmherzigkeit, wegnahm. Ein Geiziger dem ein Schiff, auf dem Wege nach Peru, mit hundert tausend Thalern untergegangen ist, mag uns einen lebhaften Begriff, von unsers kleinen Johann Sebastians Betrübniß, über diesen seinen Verlust, geben. Er bekam das Buch nicht eher als nach seines Bruders Absterben, wieder. Aber hat nicht eben diese Begierde in der Musik weiter zu kommen, und eben der, an das gedachte Buch, gewandte Fleiß, zufälliger Weise vielleicht den ersten Grund zu der Ursache seines eigenen Todes geben müssen? wie wir unten hören werden.

Johann Sebastian begab sich, nachdem sein Bruder gestorben war, in Gesellschaft eines seiner Schulcameraden, Namens Erdman, welcher nunmehr, vor nicht gar langen Jahren, als Baron und Rußisch-Kayserlicher Resident in Danzig, das zeitliche gesegnet hat, nach Lüneburg, auf das dasige Michaels-Gymnasium.

In Lüneburg wurde unser Bach, wegen seiner ungemein schönen Sopranstimme, wohl aufgenommen. Einige Zeit hernach ließ sich einsmals, als er im Chore sang, wider sein Wissen und Willen, bey den Soprantönen, die er auszuführen hatte, auch zu gleicher Zeit die Octave tiefer mit hören. Diese ganz neue Art von einer Stimme behielt er acht Tage lang: binnen welcher Zeit er nicht anders als in Octaven singen und reden konnte. Hierauf verlohr er die Töne des Soprans, und zugleich seine schöne Stimme.

Von Lüneburg aus reisete er zuweilen nach Hamburg, um den damals berühmten Organisten an der Catharinenkirche Johann Adam Reinken zu hören. Auch hatte er von hier aus Gelegenheit, sich durch öftere Anhörung einer damals berühmten Capelle, welche der Hertzog von Zelle unterhielt, und die mehrentheils aus Frantzosen bestand, im Frantzösischen Geschmacke, welcher, in dasigen Landen, zu der Zeit was ganz Neues war, fest zu setzen.

Im Jahre 1703 kam er nach Weymar, und wurde daselbst Hofmusikus. Das Jahr drauf erhielt er den Organistendienst an der neuen Kirche in Arnstadt. Hier zeigte er eigentlich die ersten Früchte seines Fleisses in der Kunst des Orgelspielens, und in der Composition, welche er größtentheils nur durch das Betrachten der Wercke der damaligen berühmten und gründlichen Componisten und angewandtes eigenes Nachsinnen erlernet hatte. In der Orgelkunst nahm er sich Bruhnsens, Reinkens, Buxtehudens und einiger guter französischer Organisten ihre Werke zu Mustern. Hier in Arnstadt bewog ihn einsmals ein besonderer starker Trieb, den er hatte, so viel von guten Organisten, als ihm möglich war, zu hören, daß er, und zwar zu Fusse, eine Reise nach Lübek antrat, um den dasigen berühmten Organisten an der Marienkirche Diedrich Buxtehuden, zu behorchen. Er hielt sich daselbst nicht ohne Nutzen, fast ein vierteljahr auf, und kehrete alsdenn wieder nach Arnstedt zurück.

Im Jahre 1707. wurde er zum Organisten an der S. Blasiuskirche in Mühlhausen berufen. Allein, diese Stadt konnte das Vergnügen nicht haben, ihn lange zu behalten. Denn eine im folgenden 1708 Jahre nach Weymar gethane Reise, und die daselbst gehabte Gelegenheit, sich vor dem damaligen Herzoge hören zu lassen, machte, daß man ihm die Kammer- und Hoforganistenstelle in Weymar antrug, von welcher er auch so gleich Besitz nahm. Das Wohlgefallen seiner gnädigen Herrschaft an seinem Spielen, feuerte ihn an, alles mögliche in der Kunst die Orgel zu handhaben, zu versuchen. Hier hat er auch die meisten seiner Orgelstücke gesetzet. Im Jahre 1714. wurde er an eben dem Hofe zum Concertmeister erkläret. Die mit dieser Stelle verbundenen Verrichtungen aber, bestunden damals hauptsächlich darinn, daß er Kirchenstücke componiren, und sie aufführen mußte. In Weymar hat er nicht weniger verschiedene brafe Organisten gezogen; unter welchen Johann Caspar Vogler, sein zweyter Nachfolger daselbst, vorzüglich bemerket zu werden verdienet.

Nach Zachaus, Musikdirectors und Organistens an der Marcktkirche in Halle, Tode, erhielt unser Bach einen Beruf zu desselben Amte. Er reisete auch wircklich nach Halle, und führete daselbst sein Probestück auf. Allein, er fand Ursachen, diese Stelle auszuschlagen, welche darauf Kirchhof erhielt.

Das 1717. Jahr gab unserm schon so berühmten Bach eine neue Gelegenheit noch mehr Ehre einzulegen. Der in Franckreich berühmte Clavierspieler und Organist *Marchand* war nach Dreßden gekommen, hatte sich vor dem Könige mit besonderm Beyfalle hören lassen, und war so glücklich, daß ihm Königliche Dienste mit einer starken Besoldung angeboten wurden. Der damahlige Concertmeister in Dreßden, *Volumier*, schrieb an Bachen, dessen Verdienste ihm nicht unbekannt waren, nach Weymar, und lud ihn ein, ohne Verzug nach Dreßden zu kommen, um mit dem hochmüthigen *Marchand* einen musikalischen Wettstreit, um den Vorzug, zu wagen. Bach nahm diese Einladung willig an, und reisete nach Dreßden. *Volumier* empfing ihn mit Freuden, und verschaffete ihm Gelegenheit seinen Gegner erst verborgen zu hören. Bach lud hierauf den *Marchand* durch ein höfliches Handschreiben, in welchem er sich erbot, alles was ihm *Marchand* musikalisches aufgeben würde, aus dem Stegreife auszuführen, und sich von ihm wieder gleiche Bereitwilligkeit versprach, zum Wettstreite ein. Gewiß, eine grosse Verwegenheit! *Marchand* bezeigte sich dazu sehr willig. Tag und Ort, wurde, nicht ohne Vorwissen des Königes, angesetzet. Bach fand sich zu bestimmter Zeit auf dem Kampfplatze in dem Hause eines vornehmen Ministers ein, wo eine grosse Gesellschaft von Personen vom hohen Range, beyderley Geschlechts, versammelt war. *Marchand* ließ lange auf sich warten. Endlich schickte der Herr des Hauses in *Marchands* Quartier, um ihn, im Fall er es etwan vergessen haben möchte, erinnern zu lassen, daß es nun Zeit sey, sich als einen Mann zu erweisen. Man erfuhr aber, zur größten Verwunderung, daß *Monsieur Marchand* an eben demselben Tage, in aller Frühe, mit Extrapost aus Dreßden abgereiset sey. Bach der also nunmehr allein Meister des Kampfplatzes war, hatte folglich Gelegenheit genug, die Stärcke, mit welcher er wider seinen Gegner bewafnet war, zu zeigen. Er that es auch, zur Verwunderung aller Anwesenden. Der König hatte ihm dafür ein Geschenk von 500 Thalern bestimmet: allein durch die Untreue eines gewissen Bedienten, der dieses Geschenk besser brauchen zu können glaubte, wurde er drum gebracht, und mußte die erworbene Ehre, als die einzige Belohnung seiner Bemühungen mit sich nach Hause nehmen. Sonderbahres Schiksal! Ein Franzose läßt eine ihm angebothene dauerhafte Besoldung, von mehr als einem Tausend Thaler freywillig im Stiche, und der Deutsche, dem jener doch durch seine Flucht, augenscheinlich den Vorzug einräumet, kann nicht einmal eines ihm von der Gnade des Königs ein für allemahl zugedachten Geschencks theilhaftig werden. Uebrigens gestund unser Bach dem *Marchand* den Ruhm einer schö-

Johann Jakob Ihle: Johann Sebastian Bach.
Gemälde, um 1720.
(Identifizierung als Bach-Porträt umstritten)

nen und sehr netten Ausführung gerne zu. Ob aber *Marchands* Müsetten für die Christnacht, deren Erfindung und Ausführung ihm in Paris den meisten Ruhm zu Wege gebracht haben soll, gegen Bachs vielfache Fugen vor Kennern würden haben Stand halten können; das mögen diejenigen, welche beyde in ihrer Stärcke gehöret haben, entscheiden.

Nachdem unser Bach wieder nach Weymar zurück gekommen war, berief ihn, noch in eben diesem Jahre, der damalige Fürst Leopold von Anhalt Cöthen, ein grosser Kenner und Liebhaber der Musik, zu seinem Capellmeister. Er trat dieses Amt unverzüglich an, und verwaltete es fast 6 Jahre, zum größten Vergnügen seines gnädigen Fürsten. Während dieser Zeit, ungefehr im Jahr 1722, that er eine Reise nach Hamburg, und ließ sich daselbst, vor dem Magistrate, und vielen andern Vornehmen der Stadt, auf der schönen Catharinenkirchen Orgel, mit allgemeiner Verwunderung mehr als 2 Stunden lang, hören. Der alte Organist an dieser Kirche, Johann Adam Reinken, der damals bey nahe hundert Jahre alt war, hörete ihm mit besondern Vergnügen zu, und machte ihm, absonderlich über den Choral: An Wasserflüssen Babylon, welchen unser Bach, auf Verlangen der Anwesenden, aus dem Stegreife, sehr weitläuftig, fast eine halbe Stunde lang, auf verschiedene Art, so wie es ehedem die braven unter den Hamburgischen Organisten in den Sonnabends Vespern gewohnt gewesen waren, ausführete, folgendes Compliment: Ich dachte, diese Kunst wäre gestorben, ich sehe aber, daß sie in Ihnen noch lebet. Es war dieser Ausspruch von Reinken desto unerwarteter, weil er vor langen Jahren diesen Choral selbst, auf die obengemeldete Weise gesetzet hatte: welches, und daß er sonst immer etwas neidisch gewesen, unserm Bach nicht unbekannt war. Reinken nöthigte ihn hierauf zu sich, und erwies ihm viel Höflichkeit. Die Stadt Leipzig erwählte unsern Bach im Jahre 1723, zu ihren Musikdirector und Cantor an der Thomasschule. Er folgte diesem Rufe; ob er gleich seinen gnädigen Fürsten ungern verließ. Die Vorsehung schien ihn noch vor dem bald darauf, wider alles Vermuthen erfolgten Tode des Fürsten, von Cöthen entfernen zu wollen, damit er zum wenigsten bey diesem betrübten Falle nicht mehr gegenwärtig seyn durfte. Er hatte noch das traurige Vergnügen, seinem so innig geliebten Fürsten, die Leichenmusic von Leipzig aus, zu verfertigen, und sie in Person in Cöthen aufzuführen.

Nicht lange darauf erklärete ihn der Herzog von Weissenfels zu seinem Capellmeister; und im Jahr 1736, wurde er zum Königlichen Polnischen, und Churfürstlichen Sächsischen Hofcompositeur ernennet: nachdem er sich einigemal vorher, in Dresden, öffentlich, vor dem Hofe, und den dasigen Musikverständigen, mit grossem Beyfalle, auf der Orgel hatte hören lassen.

Im Jahre 1747. that er eine Reise nach Berlin, und hatte bey dieser Gelegenheit die Gnade, sich vor Seiner Majestät dem Könige in Preusen, in Potsdam hören zu lassen. Seine Majestät spielten ihm selbst ein Thema zu einer Fuge vor, welches er so gleich, zu Höchstderoselben besondern Vergnügen, auf dem Pianoforte ausführete. Hierauf verlangten Seine Majestät eine Fuge mit sechs obligaten Stimmen zu hören, welchen Befehl er auch, so gleich, über ein selbst erwähltes Thema, zur Verwunderung des Königs, und der anwesenden Tonkünstler, erfüllete. Nach seiner Zurückkunft nach Leipzig, brachte er ein dreystimmiges und ein sechsstimmiges so genanntes Ricercar, nebst noch einigen andern Kunststücken über eben das von Seiner Majestät ihm aufgegebene Thema, zu Pappiere, und widmete es, im Kupfer gestoche, dem Könige.

Sein von Natur etwas blödes Gesicht, welches durch seinen unerhörten Eifer in seinem Studiren, wobey er, sonderlich in seiner Jugend, ganze Nächte hindurch saß, noch mehr geschwächet worden, brachte ihm, in seinen letzten Jahren, eine Augenkrankheit zu Wege. Er wolte dieselbe, theils aus Begierde, Gott und seinem Nächsten, mit seinen übrigen noch sehr muntern Seelen- und Leibeskräften, ferner zu dienen, theils auf Anrathen einiger seiner Freunde, welche auf einen damals in Leipzig angelangten Augen Arzt, viel Vertrauen setzeten, durch eine Operation heben lassen. Doch diese, ungeachtet sie noch einmal wiederholet werden mußte, lief sehr schlecht ab. Er konnte nicht nur sein Gesicht nicht wieder brauchen: sondern sein, im übrigen überaus gesunder Cörper, wurde auch zugleich dadurch, und durch hinzugefügte schädliche Medicamente, und Nebendinge, gäntzlich über den Haufen geworfen: so daß er darauf ein völliges halbes Jahr lang, fast immer kränklich war. Zehn Tage vor seinem Tode schien es sich gähling mit seinen Augen zu bessern; so daß er einsmals des Morgens ganz gut wieder sehen, und auch das Licht wieder vertragen konnte. Allein wenige Stunden darauf, wurde er von einem Schlagflusse überfallen; auf diesen erfolgte ein hitziges Fieber, an welchem er, ungeachtet aller möglichen Sorgfalt zweyer der geschicktesten Leipziger Aerzte, am 28. Julius 1750, des Abends nach einem Viertel auf 9 Uhr, im sechs und sechzigsten Jahre seines Alters, auf das Verdienst seines Erlösers sanft und seelig verschied.

*

Hat jemals ein Componist die Vollstimmigkeit in ihrer größten Stärke gezeiget; so war es gewiß unser seeliger Bach. Hat jemals ein Tonkünstler die verstecktesten Geheimnisse der Harmonie in die künstlichste Ausübung gebracht; so war es gewiß unser Bach. Keiner hat bey diesen sonst trocken scheinenden Kunststücken so viele Erfindungsvolle und fremde Gedanken angebracht, als eben er. Er durfte nur irgend einen Hauptsatz gehöret haben, um fast alles, was nur künstliches darüber hervor gebracht werden konnte, gleichsam im Augenblicke gegenwärtig zu haben. Seine Melodien waren zwar sonderbar; doch immer verschieden, Erfindungsreich, und keinem andern Componisten ähnlich. Sein ernsthaftes Temperament zog ihn zwar vornehmlich zur arbeitsamen, ernsthaften, und tiefsinnigen Musik; doch konnte er auch, wenn es nöthig schien, sich, besonders im Spielen, zu einer leichten und schertzhaften Denkart bequemen. Die beständige Uebung in Ausarbeitung vollstimmiger Stücke, hatte seinen Augen eine solche Fertigkeit zu Wege gebracht, daß er in die stärksten Partituren, alle zugleich lautende Stimmen, mit einem Blicke, übersehen konnte. Sein Gehör war so fein, daß er bey den vollstimmigsten Musiken, auch den geringsten Fehler zu entdecken vermögend war. Nur Schade, daß er selten das Glück gehabt, lauter solche Ausführer seiner Arbeit zu finden, die ihm diese verdrießlichen Bemerkungen ersparet hätten. Im Dirigiren war er sehr accurat, und im Zeitmaaße, welches er gemeiniglich sehr lebhaft nahm, überaus sicher.

So lange als man uns nichts als die bloße Möglichkeit des Daseyns noch besserer Organisten und Clavieristen entgegen setzen kann; wird man uns nicht verdenken können, wenn wir kühn genug sind, immer noch zu behaupten, daß unser Bach der stärkste Orgel- und Clavierspieler gewesen sey, den man jemals gehabt hat.

Es kann seyn, daß mancher berühmter Mann in der Vollstimmigkeit auf diesen Instrumenten sehr viel geleistet hat: ist er deswegen eben so fertig, und zwar in Händen und Füssen zugleich, so fertig als Bach gewesen. Wer das Vergnügen gehabt hat, ihn und andere zu hören, und sonst nicht von Vorurtheilen eingenommen ist, wird diesen Zweifel nicht für ungegründet halten. Und wer Bachens Orgel und Clavierstücke, die er, wie überall bekannt ist, in der grösten Vollkommenheit selbst ausführte, ansieht, wird ebenfalls nicht viel wider den obigen Satz einzuwenden haben. Wie fremd, wie neu, wie ausdrückend, wie schön waren nicht seine Einfälle im Phantasiren; wie vollkommen brachte er sie nicht heraus! Alle Finger waren bey ihm gleich geübt; Alle waren zu der feinsten Reinigkeit in der Ausführung gleich geschickt. Er hatte sich so eine bequeme Fingersetzung ausgesonnen, daß es ihm nicht schwer fiel, die größten Schwierigkeiten mit der fließendesten Leichtigkeit vorzutragen. Vor ihm hatten die berühmtesten Clavieristen in Deutschland und andern Ländern, dem Daumen wenig zu schaffen gemacht. Desto besser wußte er ihn zu gebrauchen. Mit seinen zweenen Füssen konnte er auf dem Pedale solche Sätze ausführen, die manchem nicht ungeschikten Clavieristen mit fünf Fingern zu machen sauer genug werden würden. Er verstund nicht nur die Art die Orgeln zu handhaben, die Stimmen derselben auf das geschickteste mit einander zu vereinigen, und jede Stimme, nach ihrer Eigenschaft hören zu lassen, in der größten Vollkommenheit; sondern er kannte auch den Bau der Orgeln aus dem Grunde. Das letztere bewies er sonderlich, unter andern, einmal bey der Untersuchung einer neuen Orgel, in der Kirche, ohnweit welcher seine Gebeine nunmehr ruhen. Der Verfertiger dieses Werks war ein Mann, der in den letzten Jahren seines hohen Alters stund. Die Untersuchung war vielleicht eine der schärfsten, die jemals angestellet worden. Folglich gereichte der vollkommene Beyfall, den unser Bach über das Werck öffentlich ertheilete, so wohl dem Orgelbauer, als auch wegen gewisser Umstände, Bachen selbst, zu nicht geringer Ehre.

Niemand konnte besser, als er, Dispositionen zu neuen Orgeln angeben, und beurtheilen. Aller dieser Orgelwissenschaft ungeachtet, hat es ihm, wie er oftmals zu bedauren pflegte, doch nie so gut werden können, eine recht grosse und recht schöne Orgel zu seinem beständigen Gebrauche gegenwärtig zu haben. Dieses beraubet uns noch vieler schönen und nie gehörten Erfindungen im Orgelspielen, die er sonst zu Papiere gebracht, und gezeiget haben würde, so wie er sie im Kopfe hatte. Die Clavicymbale wußte er, in der Stimmung, so rein und richtig zu temperiren, daß alle Tonarten schön und gefällig klangen. Er wußte, von keinen Tonarten, die man, wegen unreiner Stimmung, hätte vermeiden müssen. Andere Vorzüge, die ihm eigen waren, zu geschweigen.

Von seinen moralischen Character, mögen diejenigen reden, die seines Umgangs und seiner Freundschaft genossen haben, und Zeugen seiner Redlichkeit gegen Gott und den Nächsten gewesen sind.

Johann Friedrich Reichardt

Der hier 1782 von dem Komponisten und Musikschriftsteller Johann Friedrich Reichardt vorgenommene Vergleich mit Goethes Eindruck vom Straßburger Münster belegt, daß Bachs Stellung noch keineswegs unangefochten war.

Johann Sebastian Bach

Ich konnte ohnmöglich diesen ersten Band meines Kunstmagazins schließen, ohne meinen Lesern etwas, sei's auch noch so wenig, von unserem größten Harmoniker vorzulegen. Es hat nie ein Komponist, selbst der besten tiefsten Italiener keiner, alle Möglichkeiten unserer Harmonie so erschöpft als J. S. Bach: Es ist fast kein Vorhalt möglich, den er nicht angewandt, alle echte harmonische Kunst und alle unechte harmonische Künsteleien hat er in Ernst und Scherz tausendmal angewandt mit solcher Kühnheit und Eigenheit daß der größte Harmoniker, der einen fehlenden Thematakt in einem seiner größten Werke ergänzen sollte, nicht ganz dafür stehen könnte, ihn wirklich so ganz, wie ihn Bach hatte, ergänzt zu haben. Hätte Bach den hohen Wahrheitsinn und das tiefe Gefühl für Ausdruck gehabt, so Händel beseelte, er wär weit größer noch als Händel; so aber ist er nur weit kunstgelehrter und fleißiger; hätten diese beiden großen Männer mehr Kenntnis des Menschen, der Sprache und Dichtkunst gehabt und wären kühn genug gewesen, alle zwecklose Manier und Konvenienz von sich fortzuschleudern: sie wären die höchsten Kunstideale unsrer Kunst, und jedes große Genie, das sich itzt nicht damit begnügen wollte, sie erreicht zu haben, müßte unser ganzes Tonsystem umwerfen, um sich so ein neues Feld zu bahnen.

Bei einzelnen Stücken und Stellen dieser großen Männer (mehr aber noch bei Händel als bei Bach) ist's mir sehr oft so gegangen, wie's Goethen mit dem Münster zu Straßburg ging. Ich will die ganze Stelle hersetzen. Auch der Anfang trifft mich: wenn ich in der Spekulation, durch den sinnlosen Mißbrauch und die fatale allgemeine Anwendung der Harmonie gereizt, mich mit Rousseau fast ganz gegen zusammenklingende Harmonie erklären mochte, wenn ich mit Sulzer, eingeschwätzt durch schönklingendes, oberflächliches, geheiligtes Geschwätz über schöne Formen und Manieren, fast Ordnung und Schönheit predigen mochte und dann mich wieder ein Händelsches, Bachsches Stück meinem kleinern Selbst entriß und all des Räsonierens und Spekulierens tief vergessen machte – danun seufzt' ich oft hoch auf: »Solcher Stücke mehr, ganzer solcher Werke, und mir die glückliche Lage und Seelenerhebung zu hoher Darstellung, und ich lese und schreibe keinen Buchstaben mehr!« – Doch hier ist die Stelle von Goethe:

»Als ich das erstemal nach dem Münster ging, hatte ich den Kopf voll allgemeiner Erkenntnis guten Geschmacks. Auf Hörensagen ehrt' ich die Harmonie der Massen, die Reinheit der Formen, war ein abgesagter Feind der verworrnen Willkürlichkeiten gotischer Verzierungen. Unter die Rubrik ›gotisch‹, gleich dem Artikel eines Wörterbuchs, häufte ich alle synonymische Mißverständnisse, die mir von Unbestimmten, Ungeordnetem, Unnatürlichem, Zusammengestoppeltem, Aufgeflicktem, Überladenem jemals durch den Kopf gezogen waren. Nicht gescheiter als ein Volk, das die ganze fremde Welt barbarisch nennt, hieß alles gotisch, was nicht in mein System paßte, von dem gedrechselten, bunten Puppen- und Bilderwerk an, womit unsre bürgerliche Edelleute ihre Häuser schmücken, bis zu den ernsten Resten der älteren deutschen Baukunst, über die ich, auf Anlaß einiger abenteuerlichen Schnörkel, in den allgemeinen Gesang stimmte: ›Ganz von Zierrat erdrückt!‹ und so graute mir's im Gehen vorm Anblick eines mißgeformten krausborstigen Ungeheuers.

Mit welcher unerwarteten Empfindung überraschte mich der Anblick, als ich davor trat. Ein ganzer, großer Eindruck füllte meine Seele, den, weil er aus tausend harmonierenden Einzelnheiten bestand, ich wohl schmecken und genießen, keineswegs aber erkennen und erklären konnte. Sie sagen, daß es also mit den Freuden des Himmels sei, und wie oft bin ich zurückgekehrt, diese himmlisch-irdische Freude zu genießen, den Riesengeist unsrer ältern Brüder in ihren Werken zu umfassen. Wie oft bin ich zurückgekehrt, von allen Seiten, aus allen Entfernungen in jedem Lichte des Tags, zu schauen seine Würde und Herrlichkeit. Schwer ist's dem Menschengeist, wenn seines Bruders Werk so hoch erhaben ist, daß er nur beugen und anbeten muß. Wie oft hat die Abenddämmerung mein durch forschendes Schauen ermattetes Aug mit freundlicher Ruhe geletzt, wenn durch sie die unzähligen Teile zu ganzen Massen schmolzen und nun diese, einfach und groß, vor meiner Seele standen und meine Kraft sich wonnevoll entfaltete, zugleich zu genießen und zu erkennen. Da offenbarte sich mir, in leisen Ahndungen, der Genius des großen Werkmeisters. Was staunst du, lispelt' er mir entgegen. Alle diese Massen waren notwendig, und siehst du sie nicht an allen älteren Kirchen meiner Stadt? Nur ihre willkürlichen Größen hab' ich zum stimmenden Verhältnis erhoben. Wie über dem Haupteingang, der zwei kleinere zu'n Seiten beherrscht, sich der weite Kreis des Fensters öffnet, der dem Schiffe der Kirche antwortet und sonst nur Tageloch war, wie hoch drüber der Glokkenplatz die kleineren Fenster erforderte! Das all war notwendig, und ich bildete es schön. Aber ach! Wenn ich durch die düstern erhabenen Öffnungen hier zur Seite schwebe, die leer und vergebens dazustehn scheinen. In ihre kühne schlanke Gestalt hab ich die geheimnisvollen Kräfte verborgen, die jene beiden Türme hoch in die Luft heben sollten, deren, ach, nur einer traurig dasteht, ohne den fünfgetürmten Hauptschmuck, den ich ihm bestimmte, daß ihm und seinem königlichen Bruder die Provinzen umher huldigten. Und so schied er von mir, und ich versank in teilnehmende Traurigkeit, bis die Vögel des Morgens, die in seinen tausend Öffnungen wohnen, der Sonne entgegenjauchzten und mich aus dem Schlummer weckten. Wie frisch leuchtet er im Morgenduftglanz mir entgegen, wie froh konnt' ich ihm meine Arme entgegenstrecken, schauen die großen harmonischen Massen, zu unzählig kleinen Teilen belebt; wie in Werken der ewigen Natur, bis aufs geringste Zäserchen, alles Gestalt, und alles zweckend zum Ganzen; wie das festgegründete ungeheure Gebäude sich leicht in die Luft hebt; wie durchbrochen alles, und doch für die Ewigkeit. Deinem Unterricht dank ich's, Genius, daß mir's nicht mehr schwindelt an deinen Tiefen, daß in meine Seele ein Tropfen sich senkt, der Wonneruh des Geistes, der auf solch eine Schöpfung herabschauen und Gottgleich sprechen kann, es ist gut!« Wer fühlt hier nicht tiefe Analogie mit unserm harmonischen Gebäude!

O daß unsern beiden größten Tonkünstlern der Mangel an größerer Menschheit im Wege stand, daß sie nicht auch ein so ganzes, großes, wahres, vollendetes Werk darstellen konnten! Und doch ruf' ich mit überwallendem Gefühl, ob ihren einzelnen Größen und Schönheiten mit Goethe: »Du mein lieber Bruder im Geiste des Forschens nach Wahrheit und Schönheit, verschließ dein Ohr vor allem Wortgeprahle über bildende (nachahmende) Kunst, komm, genieße und schaue (höre). Hüte dich, den Namen deines edelsten Künstlers zu entheiligen und eile herbei, daß du schauest (hörest) sein treffliches Werk. Macht es dir einen widrigen Eindruck oder keinen, so gehab dich wohl, laß einspannen und so weiter nach Paris.«

»Aber zu dir, teurer Jüngling, gesell ich mich, der du bewegt dastehst und die Widersprüche nicht vereinigen kannst, die sich in deiner Seele kreuzen, bald die unwiderstehliche Macht des großen Ganzen fühlst, bald mich einen Träumer schiltst, daß ich da Schönheit sehe, wo du nur Stärke und Rauheit siehst. Laß einen Mißverstand uns nicht trennen, laß die weiche Lehre neuerer Schönheitelei dich für das bedeutende Rauhe nicht verzärteln, daß nicht zuletzt deine kränkelnde Empfindung nur eine unbedeutende Glätte ertragen könne.« – –

Diese Fuge, die ich hier abdrucken lasse, kann nun zwar von all diesem nicht viel zeigen: Sie hat aber als Fuge ein großes, seltnes Verdienst: Es herrscht durchaus eine so ausdruckvolle, sprechende Melodie drinnen, und die Wiederholungen des Themas sind in allen Versetzungen so klar und eindringend, ebenso auch der Gang aller Stimmen so natürlich und so unverworren, wie man's fast nur in Händelschen Fugen findet, und daß selbst Bach – zwar sehr viele unendlich gelehrtere und fleißigere – aber wenig so schöne, wahrhaftig rührende Fugen gemacht hat. Ich konnte gar nicht aufhören, sie zu spielen, da ich sie zuerst sah, und war darob in das tiefste und doch süßeste Trauergefühl versunken. Man könnte Worte der tiefen Trauer sehr gut drauf singen: Sie muß auch ja nicht geschwind vorgetragen werden. Von der Reinheit der Harmonie und des Klaviermäßigen drinnen etwas sagen, hieße die schuldige Ehrfurcht für den großen Meister vergessen.

Diesem allen ohngeachtet sind gewiß wenige Leser meines Werks damit zufrieden, daß ich statt dieses schönen Kunststücks nicht lieber ein Rondeau gegeben. Schlimm! – Nun, denen will ich noch ein liebes herziges Allegretto mit Variationen von Händel abdrucken lassen. Auch in diesem kleinen Stück kann man den wahren Klavierspieler und edlen Komponisten nicht verkennen.

Friedrich Rochlitz

Der Musikschriftsteller Rochlitz erzählte 1798 von der ersten Begegnung Mozarts mit Bachs Motetten in Leipzig, die im April 1789 stattfand. Der Thomaskantor Johann Friedrich Doles, ein Schüler Bachs, versuchte die Tradition seines Lehrers zu bewahren. Rochlitz selbst war Thomaner und ein Schüler von Doles gewesen.

Auf Veranstaltung des damaligen Kantors an der Thomasschule in Leipzig, des verstorbenen Doles, überraschte Mozarten das Chor mit der Aufführung der zweichörigen Motette: Singet dem Herrn ein neues Lied – von dem Altvater deutscher Musik, von Sebastian Bach. Mozart kannte diesen Albrecht Dürer der deutschen Musik mehr vom Hörensagen als aus seinen selten gewordnen Werken. Kaum hatte das Chor einige Takte gesungen, so stutzte Mozart – noch einige Takte, da rief er: Was ist das? – und nun schien seine ganze Seele in seinen Ohren zu sein. Als der Gesang geendigt war, rief er voll Freude: Das ist doch einmal etwas, woraus sich was lernen läßt! – Man erzählte ihm, daß diese Schule, an der Sebastian Bach Kantor gewesen war, die vollständige Sammlung seiner Motetten besitze und als eine Art Reliquien aufbewahre. Das ist recht, das ist brav – rief er: zeigen Sie her! – – Man hatte aber keine Partitur dieser Gesänge; er ließ sich also die ausgeschriebenen Stimmen geben – und nun war es für den stillen Beobachter eine Freude zu sehen, wie eifrig sich Mozart setzte, die Stimmen um sich herum, in beide Hände, auf die Knie, auf die nächsten Stühle verteilte und, alles andere vergessend, nicht eher aufstand, bis er alles, was von Sebastian Bach da war, durchgesehen hatte. Er erbat sich eine Kopie, hielt diese sehr hoch, und – wenn ich nicht sehr irre, kann dem Kenner der Bachschen Kompositionen und des Mozartschen Requiem (von diesem in der Folge mehr) besonders etwa der großen Fuge Christe eleison – das Studium, die Wertschätzung und die volle Auffassung des Geistes jenes alten Kontrapunktisten bei Mozarts zu allem fähigen Geiste nicht entgehen.

Johann Nikolaus Forkel

Die von tiefer Bewunderung geprägte Bach-Biographie Forkels, die 1802 erschien und sich auf Informationen stützen konnte, die Forkel von Carl Philipp Emanuel Bach erhalten hatte, ist die erste ausführliche Lebensdarstellung Bachs und der erste Versuch, seine Musik zu bewerten.

Schon seit vielen Jahren habe ich die Absicht gehabt, über Johann Sebastian Bachs Leben, Kunst und Kunstwerke dem Publikum einige Nachrichten und Gedanken mitzuteilen, da der kleine von C. Ph. Eman. Bach und dem ehemaligen preußischen Hofkomponisten Agricola herrührende Aufsatz, der sich im dritten Band der Mitzlerschen Musikalischen Bibliothek befindet, den Verehrern jenes großen Mannes schwerlich Genüge leisten kann. Ich würde mein Vorhaben sicher auch bereits ausgeführt haben, wenn nicht die Ausarbeitung der allgemeinen Geschichte der Musik mich bisher zu sehr beschäftigt hätte. Da in der Geschichte dieser Kunst Bach mehr als irgendein anderer Künstler Epoche gemacht hat, so beschloß ich, die zu seinem Leben gesammelten Materialien für den letzten Band des genannten Werks aufzusparen. Die rühmliche Unternehmung der Hoffmeister- und Kühnelschen Musikhandlung in Leipzig, eine vollständige und kritisch-korrekte Ausgabe der Seb. Bachischen Werke zu veranstalten, veranlaßte mich, meinen Entschluß zu verändern.

Dieses Unternehmen ist nicht nur der Kunst selbst in jedem Betrachte äußerst vorteilhaft, sondern muß auch mehr als irgendeines der Art zur Ehre des deutschen Namens gereichen. Die Werke, die uns Joh. Seb. Bach hinterlassen hat, sind ein unschätzbares National-Erbgut, dem kein anderes Volk etwas Ähnliches entgegensetzen kann. Wer sie der Gefahr entreißt, durch fehlerhafte Abschriften entstellt zu werden, und so allmählich der Vergessenheit und dem Untergange entgegenzugehen, errichtet dem Künstler ein unvergängliches Denkmal und erwirbt sich ein Verdienst um das Vaterland; und jeder, dem die Ehre des deutschen Namens etwas gilt, ist verpflichtet, ein solches patriotisches Unternehmen zu unterstützen und soviel an ihm ist, zu befördern. An diese Pflicht unser Publikum zu erinnern, diesen edlen Enthusiasmus in der Brust jedes deutschen Mannes zu wecken, achtete ich für meine Schuldigkeit, und dies ist die Ursache, weswegen diese Blätter früher erscheinen, als sonst geschehen sein würde. Auch hoffe ich, daß es mir auf diesem Wege möglich sein wird, zu einem größern Teil meiner deutschen Mitwelt zu sprechen; was ich in meiner Geschichte der Musik von Bach zu sagen habe, möchte vielleicht bloß von dem kleinen Kreise der Kunstgelehrten gelesen werden, und doch ist die Erhaltung des Andenkens an diesen großen Mann – man erlaube mir, es noch einmal zu wiederholen – nicht bloß Kunst-Angelegenheit – sie ist *National-Angelegenheit*.

Das wirksamste Mittel zur lebendigen Erhaltung musikalischer Kunstwerke bleibt freilich immer die öffentliche Aufführung derselben vor einem zahlreichen Publikum. Durch dieses Mittel sind von jeher eine Menge großer Werke verbreitet worden und werden es noch. Das Publikum hört sie vorher im Konzertsaal, in der Kirche oder im Schauspielhause mit Wohlgefallen, erinnert sich nachher des angenehmen Eindrucks und kauft sodann das herausgekommene Werk, ohne vielleicht Gebrauch davon machen zu können. Aber wo, durch wen soll das Publikum Bachs Werke hören, da es von jeher so wenige gegeben hat, die sie gehörig vortragen konnten? Ganz anders würde es geworden sein, wenn Bach selbst sie an mehreren Orten hätte hören lassen können. Aber dazu hatte er weder Zeit noch Lust. So oft dies irgendeiner seiner Schüler tat, obgleich deren keiner sie in der Vollkommenheit vortrug wie der Meister, entstand doch stets Staunen und Verwunderung über die nie gehörte, so große und doch so faßliche Kunst. Wer es nur irgend vermochte, spielte sodann wenigstens eines oder einige von den Stücken, die gerade der Bachische Schüler am besten in der Hand hatte, die folglich auch am meisten gefielen. Diese Stücke wurden auch niemand schwer, weil man vorher gehört hatte, wie sie klingen mußten.

Soll der wahre Genuß großer musikalischer Kunstwerke allgemeiner werden, so müssen wir vor allen Dingen bessere Musiklehrer haben. Im Mangel guter Lehrer liegt eigentlich die Quelle alles musikalischen Übels. Um sich bei Ehren zu erhalten, muß der ungeschickte, selbst nicht unterrichtete Lehrer seinen Schülern notwendig eine schlechte Meinung von guten Kunstwerken beibringen, weil er sonst in Gefahr geraten könnte, von dem Schüler aufgefordert zu werden, sie ihm vorzuspielen. Der Schüler wird also genötigt, Zeit, Mühe und Geld an unnütze Klimpereien zu verschwenden und kommt vielleicht nach einem halben Dutzend von Jahren in eigentlich musikalischer Bildung keinen Schritt weiter, als er beim ersten Anfange war. Bei einem bessern Unterricht hätte er nicht die Hälfte von Zeit, Mühe und Geld bedurft, um auf einen Weg gebracht zu werden, auf welchem er bis ans Ende seines Lebens mit Sicherheit zu immer größerer Vollkommenheit hätte fortschreiten können. Wieviel sich gegen dieses Übel dadurch ausrichten läßt, daß wenigstens in allen Musikhandlungen die Bachischen Werke zur Schau ausgestellt werden und daß die Kenner und Verehrer echter musikalischer Kunst sich vereinigen, laut die Vortrefflichkeit dieser Werke zu predigen und das Studium derselben zu empfehlen, das müssen wir von der Zeit erwarten.

Ausgemacht bleibt es, wenn die Kunst Kunst bleiben und nicht immer mehr zu bloß zeitvertreibender Tändelei zurücksinken soll, so müssen überhaupt klassische Kunstwerke mehr benutzt werden, als sie seit einiger Zeit benutzt worden sind. Bach, als der erste Klassiker, der je gewesen ist und vielleicht je sein wird, kann hierin unstreitig die besten Dienste leisten. Wer seine Werke erst einige Zeit studiert hat, wird bloßen Klinklang von wahrer Musik unterscheiden und jede Manier, die er in der Folge etwa wählen mag, als guter, unterrichteter Künstler bearbeiten. Auch vor Einseitigkeit, wohin nichts so leicht als der herrschende Zeitgeschmack führt, werden wir durch das Studium solcher Klassiker bewahrt, die den Umfang der Kunst so erschöpft haben wie Bach. Kurz, es würde für die Kunst nicht weniger nachteilig sein, wenn wir unsere Klassiker auf die Seite werfen wollten, als es für den guten Geschmack in der Gelehrsamkeit nachteilig werden würde, wenn das Studium der Griechen und Römer aus unsern Schulen verbannt werden sollte. Der Geist der Zeit, der mehr aufs Kleine und auf den augenblicklichen Genuß gerichtet ist als auf das Große, das erst mit einiger Mühe und sogar Anstrengung errungen werden muß, hat wirklich wenigstens den Vorschlag zur Verbannung der Griechen und Römer aus unsern Schulen hier und da schon veranlaßt; es ist nicht zu zweifeln, daß ihm auch unsere musikalischen Klassiker ungelegen sind; denn recht beim Lichte besehen muß er sich wirklich in seiner großen Armut vor ihnen herzlich schämen, und am allermeisten vor unserm fast überreichen Bach.

Möchte ich nur imstande sein, die erhabene Kunst dieses *Ersten* aller deutschen und ausländischen Künstler recht nach Würden zu beschreiben! Nächst der Ehre, selbst ein so großer, über alles hervorragender Künstler zu sein, wie er es war, gibt es vielleicht keine größere, als eine so ganz vollendete Kunst gehörig würdigen und mit Verstand davon reden zu können. Wer das letztere vermag, muß mit dem Künstler selbst nicht ganz unähnlichen Geistes und Sinnes sein, hat also gewissermaßen die schmeichelhafte Vermutung für sich, daß er vielleicht auch das erstere vermocht haben würde, wenn ähnliche äußere Veranlassungen ihn auf die dazu erforderliche Bahn geführt hätten. Aber ich bin nicht so unbescheiden zu glauben, daß ich je eine solche Ehre erringen könnte. Ich bin vielmehr innigst überzeugt, daß keine Sprache in der Welt reich genug ist, um alles damit auszudrücken, was von dem hohen Wert und von dem erstaunlichen Umfang einer solchen Kunst gesagt werden könnte und müßte. Je genauer man damit bekannt wird, desto höher steigt unsere Bewunderung für sie. All unser Rühmen, Preisen und Bewundern derselben wird stets bloß gutgemeintes Lallen und Stammeln sein und bleiben. Wer Gelegenheit gehabt hat, Kunstwerke mehrerer Jahrhunderte miteinander zu vergleichen, wird diese Erklärung nicht übertrieben finden; er wird vielmehr selbst der Meinung geworden sein, daß man von Bachischen Werken, wenn man sie völlig kennt, nicht anders als mit Entzücken und von einigen sogar mit einer Art von heiliger Anbetung reden könne. Seine Handhabung des inneren Kunstmechanismus können wir allenfalls begreifen und erklären; aber wie er es gemacht hat, diesem ebenfalls nur von ihm erreichten so hohen Grad der mechanischen Kunst zugleich den lebendigen Geist einzuhauchen, der uns auch im geringsten seiner Werke so deutlich anspricht, wird wohl stets nur gefühlt und angestaunt werden können.

Auf Vergleichungen Joh. Seb. Bachs mit einzelnen Komponisten habe ich mich nicht einlassen wollen. Wer ihn mit Händel verglichen sehen will, findet eine, von einem vollkommen sachkundigen Manne verfaßte, sehr gerechte und billige Schätzung ihrer beiderseitigen musikalischen Verdienste im ersten Stück des 81sten Bandes der Allgem. deutsch. Bibl. S. 295 – 303.

Meine Nachrichten, insoweit sie von dem vorerwähnten kleinen Aufsatz in Mitzlers Bibliothek abgehen, verdanke ich den beiden ältesten Söhnen Joh. Seb. Bachs. Beide kannte ich nicht nur persönlich, sondern habe auch lange Jahre hindurch mit ihnen, am meisten aber mit C. Ph. Emanuel in beständigem Briefwechsel gestanden. Die Welt weiß, daß beide selbst große Künstler waren; aber sie weiß vielleicht nicht, daß sie von der Kunst ihres Vaters bis an ihr Ende nie anders als mit Begeisterung und Ehrfurcht sprachen. Da ich von früher Jugend an dieselbe Verehrung für die Kunst ihres Vaters hatte, so war sie im Gespräch sowohl als in Briefen sehr häufig der Gegenstand unserer Unterhaltung. Diese Unterhaltungen haben mich nach und nach mit allem, was Joh. Seb. Bachs Leben, Kunst und Kunstwerke betrifft, so bekannt gemacht, daß ich nun hoffen darf, dem Publikum nicht nur etwas Ausführliches, sondern auch zugleich etwas Nützliches davon sagen zu können.

Ich habe dabei durchaus keinen andern Zweck, als das Publikum auf ein Unternehmen aufmerksam zu machen, wobei es lediglich darauf abgesehen ist, deutscher Kunst ein würdiges Denkmal zu stiften, dem wahren Künstler eine Galerie der lehrreichsten Muster zu errichten und den Freunden der musikalischen Muse eine unerschöpfliche Quelle des erhabensten Genusses zu eröffnen.

*

Wenn ein Künstler Werke in großer Anzahl geliefert hat, die sämtlich von der verschiedensten Art sind, die sich von den Werken aller andern Komponisten jedes Zeitalters unterscheiden und den höchsten Reichtum der originellesten Gedanken sowie den lebendigsten, jeden, er sei Kenner oder Nichtkenner, ansprechenden Geist miteinander gemein haben, so ist es wohl keine Frage mehr, ob ein solcher Künstler wirklich ein wahres großes Kunstgenie gewesen sei oder nicht. Die fruchtbarste Einbildungskraft, der unerschöpflichste Erfindungsgeist, die feinste und schärfste Beurteilung in der für jeden Zweck schicklichen Anwendung des aus der Einbildungskraft strömenden Gedankenreichtums, der gebildetste Geschmack, der auch nicht einen einzigen willkürlichen oder nur dem Geist des Ganzen nicht genug angehörigen Ton ertragen kann, die größte Gewandtheit im zweckmäßigen Gebrauch der feinsten und scharfsinnigsten Kunstmittel und endlich der höchste Grad von Geschicklichkeit in der Ausführung, lauter Eigenschaften, bei welchen nicht nur eine, sondern alle Kräfte der Seele in ihrer innigsten Vereinigung wirksam sein müssen, dies müssen Merkmale eines wahren Genies sein, oder es gibt keine, und wenn jemand diese Merkmale in den Bachischen Werken nicht finden kann, so kennt er sie entweder nicht oder nicht genug. Wer sie nicht kennt, kann unmöglich weder über sie noch über das Genie ihres Urhebers eine Stimme haben, und wer sie nicht genug kennt, der beherzige, daß Kunstwerke, je größer und vollendeter sie sind, desto anhaltenders Studium erfordern, wenn aller Wert erkannt werden soll, der in ihnen liegt. Jener Schmetterlingsgeist, der unaufhörlich von Blume zu Blume flattert, ohne auf irgendeiner zu verweilen, kann hier nichts ausrichten.

Aber mit allen den schönen und großen Anlagen, welche Bach von der Natur erhielt, würde er doch der vollendete Künstler nicht geworden sein, wenn er nicht frühe manche Klippen vermeiden gelernt hätte, woran so viele vielleicht ebenso reichlich mit Genie begabte Künstler zu scheitern pflegen. Ich will hierüber dem Leser noch einige zerstreute Bemerkungen mitteilen und sodann mit einigen zur Charakteristik des Bachischen Genies gehörigen Zügen diesen Aufsatz beschließen.

Das größte Genie, mit dem unwiderstehlichsten Trieb zu einer Kunst, ist seiner ursprünglichen Natur nach nie mehr als Anlage oder ein fruchtbarer Boden, auf welchem eine Kunst nur dann recht gedeihen kann, wenn er mit unermüdeter Sorgfalt bearbeitet wird. Fleiß, von dem eigentlich erst alle Kunst und Wissenschaft herkommt, ist hierzu eine der ersten und unerläßlichsten Bedingungen. Durch ihn wird das Genie nicht nur der mechanischen Kunstmittel mächtig, sondern er reizt auch nach und nach die Urteilskraft und das Nachdenken auf, an allem, was es hervorbringt, teilzunehmen. Allein, die Leichtigkeit, mit welcher das Genie sich mancher Kunstmittel zu bemächtigen weiß, und das eigene sowohl als das Wohlgefallen anderer an den ersten Kunstversuchen, die gewöhnlich viel zu frühe für wohlgeraten gehalten werden, verleitet es sehr häufig, über die ersten Grundsätze der Kunst wegzuspringen, Schwierigkeiten zu wagen, ehe das Leichtere völlig gefaßt ist, oder zu fliegen, ehe ihm die Flügel genug gewachsen sind. Wenn nun ein solches Genie in dieser Periode entweder durch guten Rat und Unterricht oder durch aufmerksames Studium schon vorhandener klassischer Kunstwerke nicht wieder zurückgeführt wird, um das, was übersprungen worden ist, nachzuholen, so wird es seine besten Kräfte unnütz verschwenden und sich nie zu einer würdigen Kunststufe emporschwingen können. Denn es bleibt ausgemacht, daß man nie große Fortschritte machen, nie die höchstmögliche Vollkommenheit erreichen kann, wenn man die ersten Grundsätze vernachlässigt, daß man nie Schwierigkeiten überwinden lernt, wenn man das Leichtere nicht überwunden hat, und daß man endlich nie durch eigene Erfahrungen groß werden wird, wenn man nicht vorher die Kenntnisse und Erfahrungen anderer benutzt hat.

An solchen Klippen scheiterte Bach nicht. Sein feuriges Genie hatte einen ebenso feurigen Fleiß zur Folge, der ihn unaufhörlich antrieb, da, wo er mit eigenen Kräften noch nicht durchzukommen wußte, Hülfe bei den zu seiner Zeit vorhandenen Mustern zu suchen. Anfänglich leisteten ihm die Vivaldischen Violinkonzerte diese Hülfe, nachher wurden die Werke der damaligen besten Klavier- und Orgelkomponisten seine Ratgeber. Nichts ist aber fähiger, das Nachdenken eines angehenden Komponisten zu erwecken, als die kontrapunktischen Künste. Da nun die Komponisten der letztgenannten Werke sämtlich starke Fugisten nach ihrer Art waren, die die kontrapunktischen Künste wenigstens mechanisch in ihrer Gewalt hatten, so schärfte das fleißige Studium und Nachahmen derselben seinen Verstand, seine Urteilskraft und sein Nachdenken nach und nach so, daß er bald bemerkte, wo er Lücken gelassen und etwas nachzuholen hatte, um sodann in seiner Kunst mit Sicherheit desto größere Fortschritte machen zu können.

Eine zweite Klippe, woran manches schöne, noch nicht genug ausgebildete Genie scheitert, ist öffentlicher Beifall. Wenn wir diesen öffentlichen Beifall auch nicht so tief heruntersetzen wollen, wie jener Grieche, der zu seinem Schüler, welcher im Theater mit Beifall gespielt hatte, sagte: Du hast schlecht gespielt, denn sonst würde dich das Publikum nicht beklatscht haben, so ist doch nicht zu leugnen, daß die meisten Künstler durch ihn auf Irrwege geführt werden, besonders wenn er ihnen zu frühe, das heißt: ehe sie gehörige Überlegung und Selbstkenntnis erlangt haben, zuteil wird. Das Publikum will alles menschlich haben, und der wahre Künstler soll doch eigentlich alles göttlich machen. Wie sollte also Beifall der Menge und wahre Kunst nebeneinander bestehen können? Diesen Beifall der Menge suchte Bach nie. Er dachte wie Schiller:

> Kannst du nicht allen gefallen durch deine Tat und dein Kunstwerk,
> Mach' es wenigen recht, vielen gefallen ist schlimm.

Er arbeitete für sich, wie jedes wahre Kunstgenie; er erfüllte seinen eigenen Wunsch, befriedigte seinen eigenen Geschmack, wählte seine Gegenstände nach seiner eigenen Meinung und war endlich auch mit seinem eigenen Beifall am zufriedensten. Der Beifall der Kenner konnte ihm sodann nicht entgehen und ist ihm nie entgangen. Wie könnte auch auf andere Art ein wahres Kunstwerk zustande gebracht werden? Derjenige Künstler, welcher sich bei seinen Arbeiten darauf einläßt, sie so einzurichten, wie es diese oder jene Klasse von Liebhabern wünscht, hat entweder kein Kunstgenie, oder er mißbraucht es. Sich nach dem herrschenden Geschmack der Menge zu richten, erfordert höchstens einige Gewandtheit in einer sehr einseitigen Behandlungsart der Töne. Künstler dieser Art sind dem Handwerksmanne zu vergleichen, der seine Arbeiten ebenfalls so einrichten muß, daß seine Kunden sie gebrauchen können. Bach ließ sich nie auf solche Bedingungen ein. Er meinte, der Künstler könne wohl das Publikum, aber das Publikum nicht den Künstler bilden. Wenn er von jemand um ein recht leichtes Klavierstück gebeten wurde, welches oft geschah, pflegte er zu sagen: Ich will sehen, was ich kann. Er wählte in solchen Fällen gewöhnlich ein leichtes Thema, fand aber bei der Bearbeitung immer so viel Gründliches darüber zu sagen, daß das Stück dennoch nicht leicht werden konnte. Wenn nun hernach geklagt wurde, daß es doch zu schwer sei, lächelte er und sagte: Üben Sie es nur recht fleißig, so wird es schon gehen; Sie haben ja fünf ebenso gesunde Finger an jeder Hand wie ich. War dies Eigensinn? Nein, es war wahrer Kunstgeist.

Dieser wahre Kunstgeist ist es eben, der ihn zum Großen und Erhabenen als dem höchsten Ziel der Kunst führte. Ihm haben wir es zu verdanken, daß Bachs Werke nicht bloß gefallen und ergötzen, wie das bloß Schöne und Angenehme in der Kunst, sondern daß sie uns unwiderstehlich mit sich fortreißen; daß sie uns nicht bloß einen Augenblick überraschen, sondern in ihren Wirkungen immer stärker werden, je öfter wir sie hören und je näher wir sie kennenlernen; daß der in ihnen aufgehäufte ungeheure Gedankenreichtum auch nach tausendmaliger Betrachtung uns noch immer etwas Neues übrig läßt, das unsere Bewunderung und oft unser Staunen erregt; daß endlich selbst der Nichtkenner, der nichts weiter als das musikalische Alphabet kennt, sich kaum der Bewunderung erwehren kann, wenn sie ihm gut vorgetragen werden und wenn er ihnen Ohr und Herz ohne Vorurteil öffnet.

Noch mehr. Diesem wahren Kunstgeist muß es verdankt werden, daß Bach mit seinem großen und erhabenen Kunststil auch die feinste Zierlichkeit und höchste Genauigkeit der einzelnen Teile, woraus die große Masse zusammengesetzt ist, verband, die man sonst hier nicht für so notwendig hält als in Werken, bei welchen es bloß auf Schönheit abgesehen ist; daß er glaubte, das große Ganze könne nicht vollkommen werden, wenn den einzelnen Teilen desselben irgend etwas an der höchsten Genauigkeit fehle; und daß endlich, wenn er, ungeachtet der Hauptrichtung seines Genies zum Großen und Erhabenen, dennoch bisweilen munter und sogar scherzend setzte und spielte, seine Fröhlichkeit und sein Scherz die Fröhlichkeit und der Scherz eines Weisen war.

Nur durch diese Vereinigung des größten Genies mit dem unermüdetsten Studium vermochte Joh. Seb. Bach das Gebiet der Kunst überall, wohin er sich wandte, so ansehnlich zu erweitern, daß seine Nachkommen nicht einmal imstande waren, dieses erweiterte Gebiet in seiner ganzen Ausdehnung zu behaupten; nur dadurch konnte er so zahlreiche und so vollendete Kunstwerke hervorbringen, die sämtlich wahre Ideale und unvergängliche Muster der Kunst sind und ewig bleiben werden.

Und dieser Mann – der größte musikalische Dichter und der größte musikalische Deklamator, den es je gegeben hat, und den es wahrscheinlich je geben wird – war ein Deutscher. Sei stolz auf ihn, Vaterland; sei auf ihn stolz, aber sei auch seiner wert!

Friedrich Rochlitz

Der »Brief an einen Freund« aus der von Rochlitz herausgegebenen »Allgemeinen Musikalischen Zeitung« in Leipzig (1802/03) ist die früheste Interpretation des Bachschen Klavierwerks.

Geschmack an Sebastian Bachs Kompositionen besonders für das Klavier

Brief an einen Freund

Die letzte Periode der Geschichte Europas stellt uns, alles einzelne in ein Allgemeines zusammengefaßt, folgende Erscheinungen auf: Was zu Anfang derselben bestand, schien vielen nicht mehr ausreichen und fortdauern zu können; es wurde, so weit die Macht der Wort- oder Faustführenden reichte, umgestürzt; man suchte und versuchte anderes – wie man glaubte, Besseres und Haltbareres; man suchte dies auch in dem Vorzüglichern längst vergangener Zeit und versuchte sich auch mit diesem; noch jetzt sucht und versucht man, auch dies Letzte. – Das allgemeine Streben irgendeiner Zeit teilt sich notwendig, mehr oder weniger, auch jedem Besondern mit und spiegelt sich ab in ihm. Mithin auch den Künsten und in ihnen. Z. B. Malerei. Wer ihren Stand vor ohngefähr vierzig Jahren und den jetzigen kennt, wird leicht alle obigen Sätze auf sie anwenden und bestätigt finden. Nicht anders mit der Musik. Auch hier, um nur beim letzten stehenzubleiben, suchen wir und versuchen; auch das Vorzüglichere längst vergangener Zeit. So hatte denn das rollende Rad des Geschicks auch die Speiche des ehrwürdigen Vaters, Sebastian Bach, die eine Weile weit unten gewesen, wieder hinauf, ja, wiewohl nur einen kurzen Moment, auf den höchsten Punkt gebracht. Dieser Moment trat um das Jahr 1800 ein. Wie, um ein weniges später, die meisten von denen, die zur Malerei einigen Ernst brachten, das Heil von den ältesten Italienern und Deutschen erwarteten, so damals die meisten von denen, die ein Gleiches hinsichtlich der Tonkunst taten, von denselben; und unter letztern vorzüglich auch von Sebastian Bach. Der Moment ist vorüber und Vater Sebastian nicht mehr obenauf: aber noch weniger, wie vorher, höchst ungerechter Weise tief unten, sondern vielleicht eben da, wo, für unsere Zeit, sein angemessenster Punkt ist. Diesen ihm, sofern und solange man's vermag, zu erhalten, ist wohl der Wunsch eines jeden. Dazu auch mein Scherflein beizutragen, nehme ich folgendes Schreiben auf, das von mir in jener Zeit der erneueten Kulmination des Meisters abgefaßt wurde. Ich ändere wenig Wesentliches darin, damit, wenn man es nicht seines Gegenstandes wegen hinnehmen möchte, es zur Bezeichnung jenes Zeitpunkts dienen könne.

Ich würde Dich verlachen, daß Du, ohngeachtet Deines guten Willens, den Bachschen Klavierkompositionen keinen Geschmack abgewinnen kannst? Glaube das nicht, lieber A. Gut Ding will Weile haben. Kein Baum fällt auf den ersten Hieb. Erinnere Dich; wir haben ja auch eine Zeit gehabt, wo wir gar vieles im Homer langweilig fanden, die Vermischung des Komischen und Tragischen im Shakespeare nur mit größtem Verdruß ertrugen und Goethes »Tasso« nur lesen mochten, um schöne Sentenzen daraus abzuschreiben. Und wir hatten hier so viel guten Willen als Du dort; und Eifer wohl noch mehr. Ist doch überhaupt mit dem, was man leichthin guten Willen zu nennen pflegt, so wenig getan als mit dem, was man ebenfalls leichthin gesunden Menschenverstand nennt. Es muß zu *diesem* guten Willen, dem Resultate manchfacher Einflüsse des Moments auf die Stimmung, ein ernsthaftes, anhaltendes und wohlgeordnetes Bemühen kommen. Darüber will ich nun schreiben. Ich gebe Deinem Willen meine Geduld an die Seite, und wenn wir das ehrsame, doch etwas mattherzige Paar vereinigt haben, so rufe ich, statt jenes, Deinen Sinn für die Kunst hervor und führe ihm, wenn Du es erlaubst, meine Erfahrung zu. Ein lebenskräftigeres Paar! Da gibt es hoffentlich eine stattlichere Vermählung, welcher, geliebt's Gott, der Ehesegen nicht entstehen wird.

Vorerst laß mich Dir einige Sätze, als Ehepakten, wiederholen, die wir alle freilich kennen und zugestehn, die sich aber doch, wenn's zur Anwendung kommt, leicht vergessen lassen; wie wohl andere Ehepakten auch.

Die Kunst ist allerdings ein Spiel, aber keine Spielerei. Sie soll allerdings erfreuen, aber nicht Spaß machen; soll wohlgefallen, aber den Bessern.

Die Diamanten liegen nicht auf den Landstraßen; auch nicht unter dünner Erdschicht, wie Kartoffeln: sondern in tiefen Gruben. Man hat nicht spazierend sie aufzulesen, auch nicht mit dem ersten Spatenstich sie herauszuheben, sondern beharrlich nach ihnen zu graben. Und sind sie zutage gefördert, selbst auch geschliffen: so muß man doch sie genau ansehen, will man sie von böhmischen Steinen oder englischem Stahl sicher unterscheiden.

Lessing sagt: Kein Maler kann einen edlern Kopf zeichnen als seinen eigenen; und, richtig verstanden, ist nichts einzuwenden; vielmehr hinzuzufügen: Es kann auch niemand einen edlern ganz verstehen und genießen. Eben darum setzt es nicht wenig voraus, wenn man Werke, die, wie Bachs, so einzig in ihrer Art dastehen, soll wirklich verstehen und genießen können. Es gehört noch mehr dazu, wenn man einem Zeitalter angehört, wo man fast nur mit Werken genährt worden, die gerade auf entgegengesetztem Pfade nach dem Ziele streben. Es kann demnach nichts helfen: Man muß gestehen, ich bin für diesen Zweig des Schönen nicht und mag nicht dafür sein – womit man zugleich seiner Kunstliebe ein schweres Urteil spricht – oder man muß sich dafür bilden; ich meine: Man muß das, was in uns auch für jenen Zweck liegt, sorgsam wecken, treulich aufnähren und gewandt gebrauchen lernen.

Wie das? fragst Du. Es gibt auch hier jene zwei Wege: Einer führt von oben herunter zum Mittelpunkte, der andere von unten zu ihm hinauf. Jener ist der theoretische, dieser der praktische. Willst Du den ersten wählen? – Nein, sagst Du; der ist mir zu weit und zu trokken. Wenn ich auf dem zweiten ebenfalls dahin gelangen kann, so schlag ich diesen ein. – Ich habe nichts dagegen. Wir bleiben also auf dem praktischen Wege als dem ebenfalls richtigen und zugleich angenehmern. Nur verlange auch hier nicht stets durch Rosengärten bequem zu lustwandeln.

Du lachst und merkst es meinen Vorerinnerungen an, daß sie meine Verlegenheit, Dir diesen Weg vorzuzeichnen, verbergen sollen? Er teilt sich nämlich in viele Fußsteige; und wer darf behaupten, der meinige ist der sicherste? Oder muß dieser Dir ebenso zusagen wie mir? Man tut, was man kann. Ich will Dir beschreiben, wie *ich* zum Verständnis und zur Verehrung der Bachschen Werke gekommen und nun gewiß geworden bin, ich werde ihnen mein Lebelang nicht minder treu bleiben als den, wenn auch ganz heterogenen Werken anderer wahrhaft großer Künstler vergangener oder unsrer Zeit. Magst Du mir dann folgen oder von meinem Pfade hin und wieder ausbeugen: nur fange nicht an, was Du nicht wirklich enden willst.

Ich hatte zwar schon als Knabe auf der Schule die Bachschen achtstimmigen Motetten ausführen helfen *müssen*: dies nahm mich aber mehr gegen den Meister ein; ich war verschüchtert gegen ihn und seine Werke. Der Himmel weiß, daß ich nur aus Furcht vor harter Strafe diese fest vortragen lernte; darum an nichts dachte, als richtig herauszubringen, was dastand; nichts Wohltuendes empfand als Freude, wenn es richtig heraus war, und oft nach einem *neuen Liede* oder zum *Geiste* seufzte, mir *aufzuhelfen in meiner Schwachheit*. Nur als ich in die Jahre kam, wo sich mir eine andere Welt allmählich auf- und mein Organ für den Sopran zuschloß: da riß mich das, *Wie sich ein Vater erbarmet*, und das, *Sei Lob und Preis mit Ehren* zuweilen hin, jenes zu frommer Rührung, dieses zu lebhafter Begeisterung.[1]

Aber genauer ansehen, was dies vermochte, oder wohl gar nachdenken, wodurch es dies vermochte – dazu trieb es mich nicht. Mir genügte, wie fast allen in den Jugendjahren (und den meisten ihr Lebelang) der Totaleindruck; Veranlassung von außen, Bachn näherzutreten, hatte ich nicht: Ich ließ es bei einer scheuen Ehrfurcht gegen ihn bewenden.

Da kam Mozart nach Leipzig. Ich war oft um ihn und Augenzeuge von seinem Benehmen gegen Bachs Werke, wie ich Dir dies und hernach auch öffentlich erzählt habe.[2]

1 »Singet dem Herrn ein neues Lied« und »Der Geist hilft unsrer Schwachheit auf« sind zwei der schwersten Bachschen Motetten. »Wie sich ein Vater erbarmet« ist einer der demütig-frömmsten und »Sei Lob und Preis mit Ehren« einer der erhabensten Sätze in Bachs Werken dieser Gattung.

2 Im ersten Jahrgange der Leipziger musikal. Zeitung: *Anekdoten aus Mozarts Leben*. Folgende sind die zunächst hierher gehörenden Worte. Auf Veranstaltung des damaligen Kantors an der Thomasschule zu Leipzig, des

Das entzündete mich. Ich trug von Bachs Kompositionen zusammen, was sich auftreiben ließ. Mit Eifer fiel ich drüber her. Es sollte alles sogleich gehen – wie man denn im neunzehnten Jahre denkt; es ging aber nichts – wie man denn im neunzehnten Jahre erfährt. Ich nahm Bachs Motetten, auch einige seiner Kantaten vor mich: Bei weitem das meiste darin erschien mir wie ein gähnendes Chaos, und ich sahe, in meiner Eil, nichts daran, als was man im Guckkasten des Leiermanns zu Plundersweilen sieht:

Wie sie durcheinander gehn,
Die Element' alle vier –

Das war verdrüßlich. Ich wollte dem Verstande durch das Ohr aufhelfen und nahm die Klaviersachen her; ich war nicht glücklicher. Moderne Klavierkonzerte konnt' ich vortragen und solche Handstücke nicht: das war noch verdrüßlicher; und was ich leidlich herausbrachte, wollte mir durchaus nicht klingen: das war das allerverdrüßlichste. Ich warf die ganze Sammlung hin und rief wie der heilige Hieronymus, da es ihm mit Lykophrons Kassandra

nun verstorbenen Doles, überraschte Mozarten das Singchor mit der Aufführung der achtstimmigen Motette »Singet dem Herrn ein neues Lied« von Sebastian Bach. Mozart kannte diesen Meister mehr vom Hörensagen als aus seinen Werken; wenigstens waren seine Motetten, da sie nie gedruckt waren, ihm noch ganz unbekannt. Kaum hatte das Chor einige Takte gesungen, so stutzte Mozart; noch einige Takte – da rief er: Was ist das? Und nun schien seine ganze Seele in seinen Ohren zu sein. Als der Gesang zu Ende war, rief er voll Freude: Das ist wieder einmal etwas, woraus sich was lernen läßt! Man erzählte ihm, daß diese Schule, an der Seb. Bach Kantor gewesen, die vollständige Sammlung seiner Motetten besitze und als Heiligtum aufbewahre. Das ist recht! das ist brav! rief er. Zeigen Sie her! – Man besaß aber keine Partitur dieser Gesänge: er ließ sich daher die ausgeschriebenen Stimmen reichen; und nun war es für den stillen Beobachter eine Freude zu sehen, wie eifrig Mozart sich setzte, die Stimmen um sich herum, in beide Hände, auf die Knien, auf die nächsten Stühle verteilte und, alles andere vergessend, nicht eher aufstand, bis er alles, was von Seb. Bach da war, sorgsam durchgesehen hatte. Er erbat sich eine Kopie, hielt diese sehr hoch etc.

erging, wie mir mit Bach: Si non vis intelligi, non debes legi! – Nur erst als ich mehrere Jahre hernach aufgefordert wurde, für die Tonkunst durch Verwaltung einer ihr eigens gewidmeten Zeitung öffentlich mitzuwirken, kehrte ich zu meiner Sammlung zurück, weniger aus Neigung, als weil ich es für Pflicht hielt, das Vorzüglichste jeder Gattung zu kennen, ehe ich mitsprechen dürfe. Um aber nicht wieder vergebliche Anläufe zu nehmen, sann ich mir einen Plan aus, sowohl für mein Studieren als für mein Ausführen der Werke jenes Meisters.

Was war Bachs Hauptzweck bei seinen Arbeiten? Darüber glaubte ich vor allem einig werden zu müssen. Sein Hauptzweck ist nicht schwer zu entdecken, da kaum je ein Tonkünstler den seinigen so streng und mit Beseitigung alles andern verfolgt hat. Ich fand folgendes:

1. Betrachtet man Bachs Werke an sich und nach ihrer innern Struktur, so zeigt sich: Der Künstler will nicht nur die größte Einheit mit der möglichsten Manchfaltigkeit verbinden, was jeder sollte, sondern er will lieber der letztern als der ersten etwas aufopfern. Siehe die besten seiner Werke an, liebster A.: denn nur nach dem Besten, was einer geleistet, nur nach dem, worin sich sein Wollen am deutlichsten ausspricht und worin er dem, was er gewollt, am nächsten kommt, dürfen wir urteilen – siehe diese Werke Bachs an: Er wählt zu jedem seiner Stücke nur einen Hauptgedanken, dem er dann eine oder einige Nebenideen zugesellet, die aber jenem in irgendeinem Betracht so vollkommen korrespondieren und sich an ihn so natürlich anschmiegen, daß jener erst mit diesen ganz hervorzutreten und vollständig ausgesprochen scheint. Diese Ideen bringt er nun mit unerschöpflicher Tiefe in immer neue und äußerst manchfaltige Beziehungen gegeneinander, trennet, verbindet, dreht und wendet sie auf alle ersinnliche Weise und bis zu ihrer Erschöpfung, so

daß man von gar vielen seiner Werke, wie von denen altdeutscher Kirchenbaumeister, behaupten kann, es sei auch dem geübtesten Auge des Kunstgenossen unmöglich, alles zu bemerken, bis er jeden Teil forschend durchwandert und sich damit vertraut gemacht hat. Dadurch erscheint in Bachs vollendetsten Werken alles notwendig (als könne es nicht anders gemacht werden, ohne Nachteil des Ganzen) und doch zugleich alles frei (jeder Teil als nur durch sich selbst bedingt).[3]

Die hartnäckige Ökonomie und zähe, allerdings weit getriebene Sparsamkeit mit der Materie muß nun aber denen, die sich an die innere Form nicht zu halten vermögen, sondern durch viele Masse und manchfaltige äußere Formen und Ausdrucksarten interessiert sein wollen, wie Armut, Magerheit, Einförmigkeit und Trockenheit vorkommen.

2. Betrachtet man Bachs Werke in Hinsicht auf die, welche sie hören und ihre Wirkung empfinden sollen, so zeigt sich: Unser Künstler nimmt, wie jeder wahre, den ganzen Menschen in Anspruch, kehrt aber die Ordnung um, die sich die meisten vorzeichnen oder, ihrer Individualität instinktartig folgend, unvorgezeichnet annehmen. Er ist *sehr* selten, was man gefällig zu nennen pflegt: dem äußern Sinne, und was aus diesem von selbst in die Empfindung übergeht, schmeichelnd. Er ist dies am wenigsten eben in seinen bekanntesten Kompositionen, in

3 Und dieses beides – es ist zum Erstaunen – vermochte und leistete der Meister in den allerverschiedensten Gattungen seiner Kunst, von dem (real) Vollstimmigsten, was je ein Tonkünstler ersonnen, bis herab zu den Stücken für eine einzige Violin, zu welchen auch nur einen Baß zu setzen geradehin unmöglich ist; ja, er vermochte, er leistete es nicht nur mit selbsterfundenen, sondern auch mit den schwierigsten gegebenen Melodien, wie mit denen der alten Kirchenchoräle in seinen Kantaten, mit der ihm vom Könige Friedrich II. von Preußen vorgelegten in den Variationen für denselben u. dgl. m.

denen für Klavier und Orgel, wie auch in denen für den Gesang allein: In den Werken für Gesang und Orchester benutzt er jedoch zu jenem Zweck nicht selten die eigentümlichen Reize dieses oder jenes Instruments und wird darin zuweilen so zart, so eigen, so sonderbar und pikant, wie er es, nach Hillers Zeugnis,[4] im Registerziehen zu seinem Orgelspiel gewesen sein soll.

Bach gibt also, die Sinnlichkeit zu reizen und zu ergötzen, wenig. Der Phantasie bietet er zwar reichen, aber selten unmittelbar sie ergreifenden, vielmehr erst durch das Denken zu vermittelnden Stoff. Das Gefühl faßt er oft, aber meist von einer Seite, wo die meisten sich nicht gern, noch weniger oft fassen lassen und auch die Fähigsten und Besten nicht in jeder Stunde zu folgen vermögen: von seiten des Erhabenen und Großen. Hat er es aber einmal erfaßt, so hält er es kräftig und unwandelbar auf seinem Höhenpunkte fest. Am meisten hingegen regt er an und beschäftigt den Verstand; nicht den kalten, trocknen, sondern den lebendigen, entzündbaren, durchdringenden. Wer daher bei seinem Kunstgenusse nicht denken mag, für den sind seine Werke sehr wenig, und nie wird er ihr Wesentliches und Vorzüglichstes sich zu eigen zu machen, ja auch nur es auffinden können.

3. Betrachtet man Bachs Werke in Hinsicht auf die Mittel, womit er seinen Zweck erreichte – die abgerechnet, die er mit andern gemein hat –, so zeigt sich: Der Künstler leistet das Angegebene zuvörderst dadurch, daß bei ihm (selbst Händel stehet in *diesem* Betracht ihm nach) *jede* Stimme frei (wie man sich ausdrückt: real) und melodiös behandelt ist, jede gleichsam ihr eigenes Lied singt, und

4 Hiller: *Lebensbeschreibungen* berühmter Tonkünstler etc. Man findet dies aber jetzt weiter auseinandergesetzt und anschaulicher gemacht in Forkels lehrreicher und anziehender Schrift über *Sebastian Bachs Leben* etc., welche später erschien, als obiger Brief geschrieben.

doch alle nur ein engverschlungenes Ganze bilden. Darum muß man bei ihnen, äußerst aufmerksam, nicht das Ganze allein, sondern alle Teile in dem Ganzen, und dieses *als solches* zugleich mit, hören; ich meine: darum muß man sich selbst so zusammenhalten, daß man den Teilen (dem Gange der einzelnen Stimmen usw.) für sich folgt und doch das Ganze nie aus dem Ohre und auch nicht aus dem Geiste und Herzen läßt. –

Das waren die beträchtlichsten der Folgerungen, die ich mir aus jenen Sätzen, auf Bachn angewendet, abzog. Du magst nun die Sätze und die Folgerungen selbst prüfen. – Mit weniger Ereifern, aber mit mehr Ernst als vormals ging ich nun von neuem an Bachs Werke. Jetzt weißt Du, was Du zu erwarten hast, dachte ich; nun liegt es an dir nicht, wenn deine Erwartung nicht befriedigt werden sollte. Meine Erwartung wurde wirklich nicht befriedigt, und es lag doch an mir, daß dies nicht geschahe. Ich sahe und hörte nun freilich vielfaches Große und Schöne, von dem mir bei meinen Jünglingsversuchen keine Ahnung beigekommen war; aber ich sahe und hörte *zu vieles* – ich konnte es im Ganzen nicht *über*sehen und *über*hören, nicht beherrschen und zusammengefaßt mir zu eigen machen. Die Werke entfalteten nicht nur ihre Teile vor mir, sondern legten sie *ganz auseinander*, und ich hatte eine recht nützliche und lehrreiche Verstandesübung: weiter aber auch nichts. Doch war von mir hier schon zu vieles erkannt und noch mehr dunkel geahnet worden, als daß ich nun hätte ablassen sollen. Auf *diesem* Wege durfte ich aber nicht bleiben, wenn nicht am Ende einige Fähigkeit zu gelehrt scheinender Kritik meine ganze Ausbeute sein sollte. Du mußt weiter, sagte ich: aber *zurück*!

Ich nahm nun zuerst Bachs auch Dir bekannte Choräle vor. Auch hier ist Bach er selbst; aber die gegebene Kirchenmelodie hält ihn zurück. Hier konnt ich den Gang seiner Stimmen, jeder für sich und zugleich aller zusammen, leicht übersehen; was dadurch noch bequemer wurde, daß mir die Hauptmelodien aus der Kirche bekannt genug waren. Indem ich dem Meister hier folgte, mir von dem, was auf den ersten Anblick nur seltsam, wo nicht fehlerhaft schien, Rechenschaft geben lernte – (wie z. B. von seinem öftern Überschreiten der Stimmen gegeneinander, von seinen vielen durchgehenden und Wechselnoten usw.) aber alles nur auf das Ganze bezog und als solches im Geiste gesungen hörte: so bekam ich als ein Bild in die Phantasie, als eine Bestimmung meines Zustandes in das Gefühl, was vorher nur als Reflexion in mir gewesen war. Um dieses fester zu halten und es mir tiefer einzuprägen, bemühete ich mich, die Choräle ganz gut, d. h. so auf dem Instrumente vorzutragen, daß alles ihnen Eigene und Schöne ausgedrückt würde. Da zeigte sich's denn auch, wie der Vortrag der andern Bachschen Werke beschaffen sein müsse, warum er schwer sei und mir nicht habe gelingen wollen. Ich gewöhnte mich nach und nach mehr an diesen Vortrag. Darüber muß ich Dir nun allerdings etwas sagen. Um nicht in der Folge darauf zurückkommen zu müssen, nehme ich voraus, was ich erst später, beim Vortrage der freiern Werke Bachs, mir abstrahieren lernte.[5]

Der durchaus melodische Gang aller Stimmen ist, wie wir sahen, ein Hauptzug des Charakters der Bachschen Werke. Er muß demnach auch beim Vortrage deutlich vor das Ohr und eindringlich vor das Gemüt gebracht werden. Besonders muß, wie es sich von selbst verstehet, das

5 Ich streiche diese Stelle aus, da der Leser, was ich schrieb, jetzt vollständiger und sehr deutlich bei Forkel in der angeführten Schrift angegeben finden kann. Nur was einige Einzelnheiten betrifft, mit welchen dieser Schriftsteller sich wenig oder nicht befaßt hat, lasse ich oben stehen.

Hauptthema, wo es auch liege, immer hervorstechen und sein jedesmaliger Eintritt scharf bezeichnet werden – indes man die andern Stimmen in ihrem fließenden Gange auch nicht stört. Um das letztere zustande zu bringen, hat man besonders auch die vielen Bindungen genau zu beobachten; und da die Mittelstimmen oft in einem Flusse der Melodie von einer Hand zur andern übergehen, müssen besonders die Daumen in sehr engem und zartem Freundschaftsbündnis stehen. Das alles ist nun doppelt notwendig bei den Fugen oder doch fugierten Stücken Bachs. Die ungebundnern, die er Phantasien, Präludien usw. nennet, erleichtern jenes, verlangen aber noch besonders, daß man auf die *Grundharmonie* die strengste Aufmerksamkeit richte; denn was läßt Bach nicht öfters zu einem und demselben Grundtone anschlagen, und wohin fliegen nicht seine Figuren, die sich auf ihn beziehen! Nun muß der Vortrag der Figuren so, durch Zu- und Abnehmen der Stärke und dgl., gerundet werden, daß der Zuhörer jene Grundharmonie nicht nur nie verliert, sondern daß er auch den Gang der allmählichen Entfernung sowie hernach den Gang der allmählichen Annäherung zum Hauptakkord deutlich, *ohne rechnen zu müssen*, vernimmt.

Das alles ist nun freilich sehr schwer auszuführen, teils der Natur der Sache nach, teils weil wir, besonders was die Mittelstimmen betrifft, jetzt gar nicht daran gewöhnt sind: aber gebiete Du nur Dir selbst und beharre bei deinem Gebot, so gelingt es zuverlässig. – Jetzt zurück zu meinem Kursus.

Ich ging von den Chorälen zum *»Wohltemperierten Klavier«* über. Ich konnte mir hier, auch nun, noch lange nicht genügen; und daran war wohl zum Teil, aber nicht allein das schuld, daß es mir mit dem eben bezeichneten Vortrag noch bei weitem nicht ganz gelingen wollte.

Liege es in der Sache selbst oder in der Gewöhnung an Musik ganz andrer Art oder in der Beschränktheit meiner Fähigkeiten, ich verlor noch oft den Faden, und ehe ich's mir versahe, saß ich da und rechnete. Du bedarfst noch einer Vorbereitung, sagte ich. Ich fiel auf *Händel*.[6]

Er schreibt ja ebenfalls streng, war meine Meinung, aber weniger künstlich und schwierig. Wenn manche von Bachs Klaviersachen mehr Tiefe des Geistes haben, so haben die seinigen mehr Fülle der Seele. Da er sich mehr dem Populären (im besten Sinne des Worts) nähert, so kann man ihm leichter folgen; und auch der Vortrag seiner Werke ist weit leichter. Ich suchte deshalb die bestäubten sogenannten Orgelkonzerte und Klaviersuiten Händels hervor; und ich vermag Dir's nicht zu sagen, mit welcher bei jeder Wiederholung verstärkten Freude ich die meisten von ihnen durchging. Auch gewöhnte sich, fast unvermerkt, meine Hand an ihren sichern und genauen Vortrag.

6 Die kleinen Übungen, die Bach für seine Schüler schrieb, und die jetzt in der Leipziger Sammlung neu gedruckt sind, kannte ich nicht. Sie können jenen Dienst leisten, wenn man dessen bedarf, werden aber zum Teil etwas trocken erscheinen. Mehr glaube ich daher zu jenem Behufe die kurzen Handstücke empfehlen zu dürfen, die unter dem Titel *Symphonien* (es sind deren 15) in derselben Sammlung zu finden sind. Diese sind leicht und haben doch sehr schöne Sätze. Die Händelschen Kompositionen für das Klavier waren lange in Deutschland fast gar nicht bekannt. Es ist ein Verdienst, daß Hr. Nägeli in Zürich einen schönen Abdruck verschiedener derselben veranstaltet hat. Das zweite Heft der in seinem Verlage herausgekommenen »*Werke im strengen Stil*« enthält so schöne Händelsche Klaviersuiten, daß man dem Musiker durchaus nichts zu sagen haben kann, der sie, als veralteten Plunder, wegwirft. Auch wer es mit der Tonkunst nicht gar ernstlich meint, nur aber Sinn für ihr Besseres in verschiedenen Gattungen und Schreibarten hat, geht hier nicht leer aus. Ich habe öfters versucht, Stücke daraus – wie die Variationen in E-Dur oder d-Moll, das Largo mit der sich anschließenden Fuge in fis-Moll, die Fuge in f-Moll – Personen vorzuspielen, die, ohne eigentliche Schule, nur innere Musik in ihrer Seele und ein nicht ungeübtes Ohr besaßen; habe absichtlich verborgen, daß die Stücke von einem großen Meister wären: und noch hat sie niemand ohne Wohlgefallen gehört.

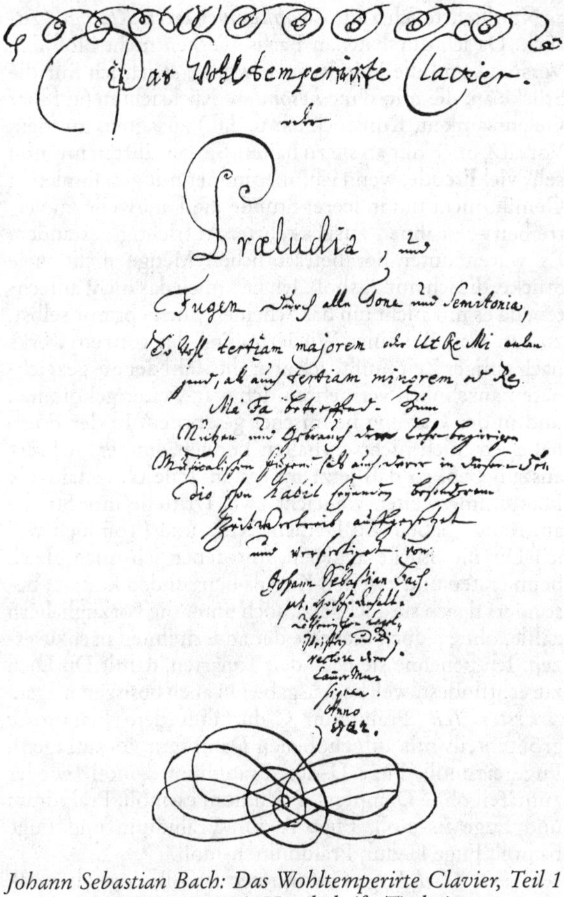

Das Wohltemperirte Clavier.
oder
Præludia, und
Fugen durch alle Tone und Semitonia,
So wohl tertiam majorem oder Ut Re Mi anlan-
gend, als auch tertiam minorem oder Re
Mi Fa betreffend. Zum
Nutzen und Gebrauch der Lehr-begierigen
Musicalischen Jugend, als auch derer in diesem studio
schon habil seyenden besonderem
Zeitvertreib auffgesetzet
und verfertiget von
Johann Sebastian Bach.
p.t. Hochfürstlich Anhalt-
Cöthenischen Capel-
Meistern und Di-
rectore derer
Camer Mu-
siquen.
Anno
1722.

Johann Sebastian Bach: Das Wohltemperirte Clavier, Teil 1 (BWV 846–869). Handschrift, Titelseite

Nun kehrte ich zum »*Wohltemperierten Klavier*« zurück. Da ich durchaus an Bachs Werken nicht bloß den Verstand und die Hände üben wollte, strich ich mir die Stücke an, die mir, ohne *besondere* Rücksichten (auf ihre Gelehrsamkeit, Künstlichkeit u. dgl.) zusagten, mit dem Vorsatz, mich nur an sie zu halten. Sie gewährten mir nun sehr viel Freude, wenn ich, aber immer mit gesammletem Gemüt, nicht um in leerer Stunde die Langweile zu vertreiben – zu ihnen zurückkehrte. Aufrichtig gestanden: Es waren unter der beträchtlichen Menge nicht viele Stücke, die ich mir aushob. Ich ließ mich das nicht anfechten, da es mir nicht um das Scheinen, auch vor mir selbst, zu tun war. Bei einer Wiederholung des ganzen Werks nach einiger Zeit mußte ich aber die Zahl der ausgezeichneten ansehnlich vermehren. Ich war weiter gekommen und in der Gattung heimischer geworden. In der Folge habe ich mich nicht enthalten können, immer mehrere auszuheben, so daß jetzt im ersten Teile ohngefähr die Hälfte, im zweiten vielleicht zwei Dritteile ihre Striche am Rande haben. Zu Deinem Nutz und Frommen will ich Dir die Stücke angeben, mit denen ich mich gleich beim ersten und zweiten Kursus befreunden konnte, besonders da ich sie auch jetzt noch unter die vorzüglichern zähle, ohne jedoch mehrere der andern ihnen nachzusetzen. Ich benenne sie nach den Tonarten, damit Du Dich zurechtfindest, welche Ausgabe Du auch besitzen magst.

Erster Teil. Präludium C-dur (auf dem Pianoforte größtenteils mit aufgehobenen Dämpfern vorzutragen), Fuge cis-moll, Fuge D-dur, Präludium d-moll (wieder zum Teil ohne Dämpfer), Präludium es-moll, Präludium und Fuge fis-moll, Fuge A-dur, Präludium und Fuge b-moll, Fuge H-dur, Präludium h-moll.

Zweiter Teil. Fuge C-dur, Fuge c-moll, Fuge cis-moll, Fuge D-dur, Fuge d-moll, Fuge Es-dur, Präludium und

Fuge fis-moll, Fuge g-moll, Fuge As-dur, Fuge b-moll, Fuge H-dur, Präludium und Fuge h-moll.

Nun durfte ich auch mit Zutrauen zu den vollstimmigen Kompositionen Bachs für Gesang und Orchester fortschreiten. Ich ging mit Ernst und Neigung, nicht ohne Fleiß daran, und da ich in Leipzig Gelegenheit hatte, hörte ich mehrere wiederholt aufführen; aber nie nahete ich mich ihnen ohne Sammlung des Gemüts. Ich bemerkte bald, daß es *nun* keiner umständlichen Zurüstungen mehr bedürfe, um die meisten von diesen Werken zu verstehen und zu genießen: aber ohne diese Sammlung des Gemüts, mein lieber A., ist man für sie dahin – wie man ja auch im Grunde für alle edlere Kunstwerke dahin ist. Ich rate Dir sogar: Wenn Dich auf Deinem Wege eine gewisse Ermattung oder auch Ungeduld anwandeln will, so laß Dir aus beiliegenden Bachschen Motetten[7] Sätze wie die schon oben genannten: Wie sich ein Vater u. s. w. Sei Lob und Preis u. s. w. Ich lasse dich nicht, du segnest mich denn – vorsingen. Euer Chor wird das können, da sie nicht schwer auszuführen sind. Dann fühlst Du Dich gestärkt – des bin ich gewiß, und kannst es nun nicht lassen, mit Eifer und Beharrlichkeit weiterzuwandern. Daß mir aber Bachs Werke jetzt einen hohen Genuß gewähren, magst Du schon daraus abnehmen, daß ich einen so langen Brief schreibe, um auch Dir dazu zu verhelfen. »Ja, das ist alles recht gut«, sagst Du ein wenig verlegen, und der Zeigefinger Deiner linken Hand schleicht sich hinter das linke Ohr – »aber denkt denn der Mensch, der hier Wege absteckt wie ein Landbaumeister, nicht daran, daß seine Straße nicht eben kurz ist, auch nicht eben anmutig, besonders im Anfange, wo die Hecken an den Seiten nur Dornen tragen und allen-

7 Sie sind nun gedruckt herausgekommen; Leipzig, Breitkopf und Härtel.

falls Hagebutten, aber keine Rosen?« Doch nein; das sagst Du nicht. Du weißt zu gut, daß wir Sterblichen ohne Ernst und Ausdauer nun einmal nichts von Bedeutung zustande bringen; nicht einmal außer uns, wie viel weniger in uns.

E. T. A. Hoffmann

»Johannes Kreislers, des Kapellmeisters, musikalische Leiden« erschien zuerst 1810 in der von Friedrich Rochlitz herausgegebenen »Allgemeinen Musikalischen Zeitung«. Mit den »Bachschen Variationen für das Klavier« sind die Goldberg-Variationen gemeint.

Johannes Kreislers, des Kapellmeisters, musikalische Leiden

Sie sind alle fortgegangen. – Ich hätt' es an dem Zischeln, Scharren, Räuspern, Brummen durch alle Tonarten bemerken können: es war ein wahres Bienennest, das vom Stocke abzieht, um zu schwärmen. Gottlieb hat mir neue Lichter aufgesteckt und eine Flasche Burgunder auf das Fortepiano hingestellt. Spielen kann ich nicht mehr, denn ich bin ganz ermattet; daran ist mein alter herrlicher Freund hier auf dem Notenpulte schuld, der mich schon wieder einmal, wie Mephistopheles den Faust auf seinem Mantel, durch die Lüfte getragen hat, und so hoch, daß ich die Menschlein unter mir nicht sah und merkte, unerachtet sie tollen Lärm genug gemacht haben mögen. – Ein hundsföttischer, nichtswürdig vergeudeter Abend! Aber jetzt ist mir wohl und leicht. – Hab ich doch gar während des Spielens meinen Bleistift hervorgezogen und Seite 63 unter dem letzten System ein paar gute Ausweichungen in Ziffern notiert mit der rechten Hand, während die Linke im Strome der Töne fortarbeitete! Hinten auf der leeren Seite fahr ich schreibend fort. Ich verlasse Ziffern und Töne, und mit wahrer Lust, wie der genesene Kranke, der nun nicht aufhören kann zu erzählen, was er gelitten, notiere ich hier umständlich die höllischen Qualen des heutigen Tees. Aber nicht für mich allein, sondern für alle, die sich hier zuweilen an meinem Exemplar der Johann Sebastian Bachschen Variationen für das Klavier, erschienen bei Nägeli in Zürich, ergötzen und erbauen, bei dem Schluß der 30. Variation meine Ziffern finden und, geleitet von dem großen lateinischen *Verte* (ich schreib es gleich hin, wenn meine Klageschrift zu Ende ist), das Blatt umwenden und lesen. Diese erraten gleich den wahren Zusammenhang; sie wissen, daß der Geheime Rat Röderlein hier ein ganz charmantes Haus macht und zwei Töchter hat, von denen die ganze elegante Welt mit Enthusiasmus behauptet, sie tanzten wie die Göttinnen, sprächen französisch wie die Engel und spielten und sängen und zeichneten wie die Musen. Der Geheime Rat Röderlein ist ein reicher Mann; er führt bei seinen vierteljährigen *Dinés* die schönsten Weine, die feinsten Speisen, alles ist auf den elegantesten Fuß eingerichtet, und wer sich bei seinen Tees nicht himmlisch amüsiert, hat keinen Ton, keinen Geist und vornehmlich keinen Sinn für die Kunst. Auf diese ist es nämlich auch abgesehen; neben dem Tee, Punsch, Wein, Gefrornen etc. wird auch immer etwas Musik präsentiert, die von der schönen Welt ganz gemütlich so wie jenes eingenommen wird. Die Einrichtung ist so: nachdem jeder Gast Zeit genug gehabt hat, eine beliebige Zahl Tassen Tee zu trinken, und nachdem zweimal Punsch und Gefrornes herumgegeben worden ist, rücken die Bedienten die Spieltische heran für den älteren, solideren Teil der Gesellschaft, der dem musikalischen das Spiel mit Karten vorzieht, welches auch in der Tat nicht solchen unnützen Lärm macht und wo nur einiges Geld erklingt. – Auf dies Zeichen schießt der jüngere Teil der Gesellschaft auf die Fräuleins Röderlein zu; es entsteht ein Tumult, in dem man die Worte unterscheidet: Schönes Fräulein, versagen Sie uns nicht den Genuß Ihres himmlischen Talents – o singe etwas, meine Gute. – Nicht möglich – Katarrh – der letzte Ball – nichts eingeübt. – O bitte, bitte – wir flehen etc. Gottlieb hat unterdessen den Flügel geöffnet und das Pult mit dem wohlbekannten Notenbuche beschwert. Vom Spieltisch herüber ruft die gnädige Mama: »Chantez donc, mes enfants!« Das ist das Stichwort *meiner* Rolle; ich stelle mich an den Flügel, und im Triumph werden die Röderleins an das Instrument geführt. Nun entsteht wieder eine Differenz: keine will zuerst singen. »Du weißt, liebe Nanette, wie entsetzlich heiser ich bin.« – »Bin ich es denn weniger, liebe Marie?« – »Ich singe so schlecht.« – »O Liebe, fange nur an etc.« Mein Einfall (ich habe ihn jedesmal!), beide möchten mit einem Duo anfangen, wird gewaltig beklatscht, das Buch durchblättert, das sorgfältig eingeschlagene Blatt endlich gefunden, und nun geht's los: »Dolce dell' anima etc.« – Das Talent der Fräulein Röderlein ist wirklich nicht das geringste. Ich bin nun fünf Jahre hier und viertehalb Jahre im Röderleinschen Hause Lehrer; für diese kurze Zeit hat es Fräulein Nanette dahin gebracht, daß sie eine Melodie, die sie nur zehnmal im Theater gehört und am Klavier dann höchstens noch zehnmal durchprobiert hat, so wegsingt, daß man gleich weiß, was es sein soll. Fräulein Marie faßt es schon beim achten Mal, und wenn sie öfters einen Viertelston tiefer steht, als das Piano, so ist das bei solch niedlichem Gesichtlein und den ganz leidlichen Rosenlippen am Ende wohl zu ertragen. – Nach dem Duett allgemeiner Beifallschorus! Nun wechseln Arietten und Duettinos, und ich hämmere das tausendmal geleierte Akkompagnement frisch darauf los. Während des Gesanges hat die Finanzrätin Eberstein durch Räuspern und leises Mitsingen zu verstehen gegeben: Ich singe auch. Fräulein Nanette spricht: »Aber liebe Finanzrätin, nun mußt du uns auch deine göttliche Stimme hören lassen.« Es entsteht ein neuer Tumult. Sie hat den Katarrh – sie kann nichts auswendig! – Gottlieb bringt zwei Arme voll Musikalien herangeschleppt: da wird geblättert und geblättert. Erst will sie singen »Der Hölle Rache etc.«, dann »Hebe, sieh etc.«, dann »Ach ich liebte etc.«. In der Angst schlage ich vor »Ein Veilchen auf der Wiese etc.«. Aber sie ist fürs große Genre, sie will sich zeigen, es bleibt bei der Konstanze. – O schreie du, quieke, miaue, gurgle, stöhne, ächze, tremuliere, quinkeliere nur recht munter; ich habe den Fortissimozug getreten und orgle mich taub. – O Satan, Satan! welcher deiner höllischen Geister ist in diese Kehle gefahren, der alle Töne zwickt und zwängt und zerrt. Vier Saiten sind schon gesprungen, ein Hammer ist invalid. Meine Ohren gellen, mein Kopf dröhnt, meine Nerven zittern. Sind denn alle unreine Töne kreischender Marktschreier-Trompeten in diesen kleinen Hals gebannt? – Das hat mich angegriffen – ich trinke ein Glas Burgunder! – Man applaudierte unbändig, und jemand bemerkte, die Finanzrätin und Mozart hätten mich sehr ins Feuer gesetzt. Ich lächelte mit niedergeschlagenen Augen, recht dumm, wie ich wohl merkte. Nun erst regen sich alle Talente, bisher im Verborgenen blühend, und fahren wild durcheinander. Es werden musikalische Exzesse beschlossen: Ensembles, Finalen, Chöre sollen aufgeführt werden. Der Kanonikus Kratzer singt bekanntlich einen himmlischen Baß, wie der Tituskopf dort bemerkt, der selbst bescheiden anführt, er sei eigentlich nur ein zweiter Tenor, aber freilich Mitglied mehrerer Singe-Akademien. Schnell wird alles zum ersten Chor aus dem »Titus« organisiert. Das ging ganz herrlich! Der Kanonikus, dicht hinter mir stehend, donnerte über meinem Haupte den Baß, als säng' er mit obligaten Trompeten und Pauken in der Domkirche; er traf die Noten herrlich, nur das Tempo nahm er in der Eil' fast noch einmal so langsam. Aber treu blieb er sich wenigstens insofern, daß er durchs ganze Stück immer einen halben Takt nachschleppte. Die übrigen äußerten einen entschiedenen Hang zur antiken griechischen Musik, die bekanntlich die Harmonie nicht kennend, im Unisono ging; sie sangen alle die Oberstimme mit kleinen Varianten aus zufälligen Erhöhungen und Erniedrigungen, etwa um einen Viertelston. – Diese etwas geräuschvolle Produktion erregte eine allgemeine tragische Spannung, nämlich einiges Entsetzen, sogar an den Spieltischen, die für den Moment nicht so wie zuvor melodramatisch mitwirken konnten durch in die Musik eingeflochtene deklamatorische Sätze, z. B.: Ach ich liebte – achtundvierzig – war so glücklich – ich passe – kannte nicht – Whist – der Liebe Schmerz – in der Farbe etc. – Es nahm sich recht artig aus. – (Ich schenke mir ein.) Das war die höchste Spitze der heutigen musikalischen Exposition: nun ist's aus! So dacht' ich, schlug das Buch zu und stand auf. Da tritt der Baron, mein antiker Tenorist, auf mich zu und sagt: »O bester Herr Kapellmeister, Sie sollen ganz himmlisch phantasieren; o phantasieren Sie uns doch eins! nur ein wenig! ich bitte!« Ich versetzte ganz trocken, die Phantasie sei mir heute rein ausgegangen; und indem wir so darüber sprechen, hat ein Teufel in der Gestalt eines Elegants mit zwei Westen im Nebenzimmer unter meinem Hut die Bachschen Variationen ausgewittert; der denkt, es sind so Variatiönchen: »Nel cor mi non più sento« – »Ah vous dirai-je, maman etc.«, und will haben, ich soll darauf losspielen. Ich weigere mich: da fallen sie alle über mich her. Nun so hört zu und berstet vor Langweile, denk ich und arbeite drauflos. Bei Nro. 3 entfernten sich mehrere Damen, verfolgt von Tituskköpfen. Die Röderleins, weil der Lehrer spielte, hielten nicht ohne Qual aus bis Nro. 12. Nro. 15.

schlug den Zweiwesten-Mann in die Flucht. Aus ganz übertriebener Höflichkeit blieb der Baron bis Nro. 30. und trank bloß viel Punsch aus, den Gottlieb für mich auf den Flügel stellte. Ich hätte glücklich geendet, aber diese Nro. 30, das Thema, riß mich unaufhaltsam fort. Die Quartblätter dehnten sich plötzlich aus zu einem Riesenfolio, wo tausend Imitationen und Ausführungen jenes Themas geschrieben standen, die ich abspielen mußte. Die Noten wurden lebendig und flimmerten und hüpften um mich her – elektrisches Feuer fuhr durch die Fingerspitzen in die Tasten – der Geist, von dem es ausströmte, überflügelte die Gedanken – der ganze Saal hing voll dichten Dufts, in dem die Kerzen düstrer und düstrer brannten – zuweilen sah eine Nase heraus, zuweilen ein paar Augen; aber sie verschwanden gleich wieder. So kam es, daß ich allein sitzen blieb mit meinem Sebastian Bach und von Gottlieb wie von einem spiritu familiari bedient wurde! – Ich trinke! – Soll man denn ehrliche Musiker so quälen mit Musik, wie ich heute gequält worden bin und so oft gequält werde? Wahrhaftig, mit keiner Kunst wird so viel verdammter Mißbrauch getrieben als mit der herrlichen, heiligen Musika, die in ihrem zarten Wesen so leicht entweiht wird! Habt ihr wahres Talent, wahren Kunstsinn: gut, so lernt Musik, leistet was der Kunst Würdiges und gebt dem Geweihten euer Talent hin im rechten Maß. Wollt ihr ohne das quinkelieren: nun, so tut's für euch und unter euch und quält nicht damit den Kapellmeister Kreisler und andere. – Nun könnte ich nach Hause gehen und meine neue Klaviersonate vollenden; aber es ist noch nicht eilf Uhr und eine schöne Sommernacht. Ich wette, neben mir beim Oberjägermeister sitzen die Mädchen am offnen Fenster und schreien mit kreischender, gellender, durchbohrender Stimme zwanzigmal: »Wenn mir dein Auge strahlet« – aber immer nur die erste Strophe, in die Straße hinein. Schrägüber martert einer die Flöte und hat dabei Lungen wie Rameaus Neffe, und in langen, langen Tönen macht der Nachbar Hornist akustische Versuche. Die zahlreichen Hunde der Gegend werden unruhig, und meines Hauswirts Kater, aufgeregt durch jenes süße Duett, macht dicht neben meinem Fenster (es versteht sich, daß mein musikalisch-poetisches Laboratorium ein Dachstübchen ist) der Nachbarskatze, in die er seit dem März verliebt ist, die chromatische Skala hinaufjammernd, zärtliche Geständnisse. Nach eilf Uhr wird es ruhiger; so lange bleib ich sitzen, da ohnedies noch weißes Papier und Burgunder vorhanden, von dem ich gleich etwas genieße. – Es gibt, wie ich gehört habe, ein altes Gesetz, welches lärmenden Handwerkern verbietet, neben Gelehrten zu wohnen: sollten denn arme, bedrängte Komponisten, die noch dazu aus ihrer Begeisterung Gold münzen müssen, um ihren Lebensfaden weiterzuspinnen, nicht jenes Gesetz auf sich anwenden und die Schreihälse und Dudler aus ihrer Nähe verbannen können? Was würde der Maler sagen, dem man, indem er ein Ideal malte, lauter heterogene Fratzengesichter vorhalten wollte! Schlösse er die Augen, so würde er wenigstens ungestört das Bild in der Phantasie fortsetzen. Baumwolle in den Ohren hilft nicht, man hört doch den Mordspektakel; und dann die Idee, schon die Idee: jetzt singen sie – jetzt kommt das Horn etc. – der Teufel holt die sublimsten Gedanken! – Das Blatt ist richtig vollgeschrieben; auf dem vom Titel umgeschlagenen weißen Streifen will ich nur noch bemerken, warum ich hundertmal es mir vornahm, mich nicht mehr bei dem Geheimen Rat quälen zu lassen, und warum ich hundertmal meinen Vorsatz brach. – Freilich ist es Röderleins herrliche Nichte, die mich mit Banden an dies

Haus fesselt, welche die Kunst geknüpft hat. Wer einmal so glücklich war, die Schlußszene der Gluckschen »Armida« oder die große Szene der Donna Anna im »Don Giovanni« von Fräulein Amalien zu hören, der wird begreifen, daß eine Stunde mit ihr am Piano Himmelsbalsam in die Wunden gießt, welche alle Mißtöne des ganzen Tages mir gequältem musikalischen Schulmeister schlugen. Röderlein, welcher weder an die Unsterblichkeit der Seele noch an den Takt glaubt, hält sie für gänzlich unbrauchbar für die höhere Existenz in der Teegesellschaft, da sie in dieser durchaus nicht singen will und denn doch wieder vor ganz gemeinen Leuten, z. B. simplen Musikern, mit einer Anstrengung singt, die ihr gar nicht einmal taugt; denn ihre langen, gehaltenen, schwellenden Harmonikatöne, welche mich in den Himmel tragen, hat sie, wie Röderlein meint, offenbar der Nachtigall abgehorcht, die eine unvernünftige Kreatur ist, nur in Wäldern lebt und von dem Menschen, dem vernünftigen Herrn der Schöpfung, nicht nachgeahmt werden darf. Sie treibt ihre Rücksichtslosigkeit so weit, daß sie sich zuweilen sogar von Gottlieb auf der Violine akkompagnieren läßt, wenn sie Beethovensche oder Mozartsche Sonaten, aus denen kein Teeherr und Whistiker klug werden kann, auf dem Piano spielt. – Das war das letzte Glas Burgunder. – Gottlieb putzt mir die Lichter und scheint sich zu wundern über mein emsiges Schreiben. – Man hat ganz recht, wenn man diesen Gottlieb erst sechzehn Jahre alt schätzt. Das ist ein herrliches, tiefes Talent. Warum starb aber auch der Papa Torschreiber so früh; und mußte denn der Vormund den Jungen in die Liverei stecken? – Als Rode hier war, lauschte Gottlieb im Vorzimmer, das Ohr an die Saaltüre gedrückt, und spielte ganze Nächte; am Tage ging er sinnend, träumend umher, und der rote Fleck am linken Backen ist ein treuer Abdruck des Solitärs am

Finger der Röderleinschen Hand, die, wie man durch sanftes Streicheln den somnambülen Zustand hervorbringt, durch starkes Schlagen ganz richtig entgegengesetzt wirken wollte. Nebst andern Sachen habe ich ihm die Sonaten von Corelli gegeben; da hat er unter den Mäusen in dem alten Oesterleinschen Flügel auf dem Boden gewütet, bis keine mehr lebte, und mit Röderleins Erlaubnis auch das Instrument auf sein kleines Stübchen transloziert. – Wirf ihn ab, den verhaßten Bedientenrock, ehrlicher Gottlieb, und laß mich nach Jahren dich als den wackern Künstler an mein Herz drücken, der du werden kannst mit deinem herrlichen Talent, mit deinem tiefen Kunstsinn! – Gottlieb stand hinter mir und wischte sich die Tränen aus den Augen, als ich diese Worte laut aussprach. – Ich drückte ihm schweigend die Hand, wir gingen hinauf und spielten die Sonaten von Corelli.

Höchst zerstreute Gedanken

Man stritt heute viel über unsern Sebastian Bach und über die alten Italiener, man konnte sich durchaus nicht vereinigen, *wem* der Vorzug gebühre. Da sagte mein geistreicher Freund: »Sebastian Bachs Musik verhält sich zu der Musik der alten Italiener ebenso wie der Münster in Straßburg zu der Peterskirche in Rom.«

Wie tief hat mich das wahre, lebendige Bild ergriffen! – Ich sehe in Bachs achtstimmigen Motetten den kühnen, wundervollen, romantischen Bau des Münsters mit all den phantastischen Verzierungen, die, künstlich zum Ganzen verschlungen, stolz und prächtig in die Lüfte emporsteigen; sowie in Benevolis, in Pertis frommen Gesängen die reinen grandiosen Verhältnisse der Peterskirche, die selbst den größten Massen die Kommensurabilität geben und das Gemüt erheben, indem sie es mit heiligem Schauer erfüllen.

*

Es gibt Augenblicke – vorzüglich wenn ich viel in des großen Sebastian Bachs Werken gelesen –, in denen mir die musikalischen Zahlenverhältnisse, ja die mystischen Regeln des Kontrapunkts ein inneres Grauen erwecken. – Musik! – mit geheimnisvollem Schauer, ja mit Grausen nenne ich dich! – Dich! in Tönen ausgesprochene Sanskrita der Natur! – Der Ungeweihte lallt sie nach in kindischen Lauten – der nachäffende Frevler geht unter im eignen Hohn!

Heinrich von Kleist

Die von Kleist willkürlich Bach zugeschriebene Anekdote, veröffentlicht 1810/11 in den »Berliner Abendblättern«, bezog sich in der von Kleist benutzten Vorlage auf den Komponisten Georg Benda (1722 – 95).

Anekdote

Bach, als seine Frau starb, sollte zum Begräbnis Anstalten machen. Der arme Mann war aber gewohnt, alles durch seine Frau besorgen zu lassen; dergestalt, daß da ein alter Bedienter kam, und ihm für Trauerflor, den er einkaufen wollte, Geld abforderte, er unter stillen Tränen, den Kopf auf einen Tisch gestützt, antwortete: »sagts meiner Frau.« –

Carl Friedrich Zelter

Goethes Altersfreund und Leiter der Berliner Singakademie, in der die Bach-Pflege einen wichtigen Platz einnahm, schrieb den folgenden Brief an den preußischen Staatsrat Christoph Ludwig Friedrich Schultz am 29. Juni 1814:

In Berka habe ich nebenher einige artige Gedichte für die Liedertafel in Musik gesetzt, unter welchen die Fischpredigt des Heiligen Antonius von Padua nicht schlimm ist. Gelegentlich werde ich sie mit abgehen lassen. Endlich ist der Brunneninspektor in Berka (ein Mann von unendlicher Faßlichkeit und kubischen Vermögens) zugleich Organist, führt ein Frauchen bei sich, nicht dicker als eine Stopfnadel, einen guten Madeira und Steinwein und spielt Sebastian Bachsche Sachen wenig schlechter als Forkel in Göttingen. Von dieser Fleischkuppel, woran die biegsamsten Finger hängen, läßt sich Goethe alle Abend eine Stunde lang Bachsche Stücke vorspielen, legt sich jedoch vorher zu Bette, indem er behauptet: man müsse der Bachschen Musik nicht merken lassen, daß man zuhöre, da sie für sich selbst musiziere; andere Musik, meint der seltsame Mann, setze gern Zuhörer voraus, vor denen sie erscheine, um gewisse Serviteurs und Bücklinge zu machen.

Johann Wolfgang Goethe

Goethe hat seinen Eindruck von Bachs Musik am 21. Juni 1827 in einem Brief an seinen Freund und musikalischen Berater Carl Friedrich Zelter formuliert.

Wohl erinnerte ich mich bei dieser Gelegenheit an den guten Organisten von Berka; denn dort war mir zuerst, bei vollkommener Gemütsruhe und ohne äußere Zerstreuung, ein Begriff von eurem Großmeister geworden. Ich sprach mir's aus: als wenn die ewige Harmonie sich mit sich selbst unterhielte, wie sich's etwa in Gottes Busen, kurz vor der Weltschöpfung, möchte zugetragen haben, so bewegte sich's auch in meinem Innern, und es war mir, als wenn ich weder Ohren, am wenigsten Augen und weiter keine übrigen Sinne besäße noch brauchte.

Eduard Devrient

Zelter hatte in seiner Berliner Singakademie wiederholt Werke von Bach aufgeführt. Nur zu einer Aufführung der Matthäus-Passion ließ er sich nicht bewegen. Wie Devrient und sein Freund Felix Mendelssohn Bartholdy es dann doch schafften, Zelter zu überreden, hat Devrient später (1868) dargestellt. Mit der Wiederaufführung der Matthäus-Passion 1829 – genau hundert Jahre nach ihrer Leipziger Uraufführung – begann der Siegeszug von Bachs Passionsmusik.

Indessen nahmen unsere Gesangsübungen der Bachschen Passion weiteren Fortgang und steigerten unser aller Begeisterung dafür aufs äußerste.

Immer heißer wurde in mir das Verlangen, den Jesus öffentlich zu singen, immer lebhafter tauschten wir die Wünsche aus, daß es möglich sein möchte, das Wunderwerk zur Aufführung zu bringen. Aber allgemein schreckte man auch zurück vor den unüberwindlichen Schwierigkeiten, welche das Werk an sich – mit Doppelchor und Doppelorchester – dem Studium in den Weg legen würde, und vor denen, welche die Umständlichkeit der Singakademie und die abgeschlossene, unförderliche Haltung Zelters drohten. Schließlich wurde es sehr in Frage gestellt: ob das Publikum auf ein so weltfremdes Werk eingehen werde? Man hatte wohl in geistlichen Konzerten hie und da ein kurzes Stück von Sebastian Bach der Merkwürdigkeit wegen hingenommen, nur die wenigen Kenner hatten Freude daran gehabt, jetzt aber sollte man einen ganzen Abend nichts als Sebastian Bach hören, der nur als unmelodisch, berechnend, trocken und unverständlich im Publikum bekannt war? Das würde als eine unverschämte Zumutung erscheinen.

Felix' Eltern selbst, die doch gern das Problem einer Aufführung der Passion durch ihren Sohn gelöst gesehen hätten, vermochten nicht sich diesen Bedenken zu verschließen, Marx äußerte sich zweifelhaft, und die alten Akademistinnen schüttelten die Köpfe. Felix hielt die Aufführung für so unmöglich, daß er auf mein und der mutvolleren Freunde Baur, Schubring, Kugler Andringen nur mit Scherz und Ironie antwortete. Er erbot sich zu einer Aufführung Knarre und Waldteufel[1] zu spielen, stellte alle Stadien, welche die Unternehmung zu durchlaufen hätte, im lächerlichsten Lichte dar und sich selbst zumal, wenn er, ohne das größte amtliche Ansehen, wagen wolle, das musikalische Herkommen in Berlin aus den Angeln zu heben.

So hoffnungslos stand es um die Auferstehung der seit hundert Jahren begrabenen Passionsmusik, selbst bei ihren Bewunderern.

*

Mir ließ die Sache keine Ruh. Als wir im Januar 1829 eines Abends den ganzen ersten Teil des Werkes gesungen hatten – Baur dabei den Evangelisten, Kugler die vornehmsten Bässe –, und wir mit einem überwältigenden Eindruck nach Haus gegangen waren, da kam mir in ruheloser Nacht der Gedanke: auf welchem Wege eine Aufführung durchzusetzen sei. Mit Ungeduld erwartete ich den späten Wintertag, Therese stimmte meinem Plane ermutigend bei, und so machte ich mich zu Felix auf.

Er schlief noch. Ich wollte wieder gehen, aber sein Bruder Paul meinte: es sei jetzt überhaupt an der Zeit, ihn zu wecken, und begann die Operation. Ich überzeugte mich dabei, daß Felix mir nicht zuviel von seinem totenähnli-

1 Kinderinstrumente, womit in Berlin der Weihnachtslärm gemacht wird.

chen Schlafe gesagt hatte. Paul faßte ihn unter den Armen um den Leib und richtete ihn auf, rufend: »Felix, wach auf, es ist acht Uhr!« Er schüttelte ihm den Oberkörper, aber es dauerte lange, bis Felix traumselig sprach: »Ach, laß doch – ich hab's immer gesagt – es ist lauter Dudelei!« Sein Bruder aber ließ nicht nach mit Rütteln und Anrufen, bis er den endlich Ermunterten wieder aufs Kissen niederlassen konnte. Nun schlug Felix die Augen hell auf, und mich am Bett erblickend, rief er mit seinem freundlichen Ton: »I Edeward, wo kommst du her?« Ich sagte ihm nun, daß ich etwas mit ihm zu reden habe, Paul führte mich in das niedere Arbeitszimmer, wo auf dem großen weißen Schreibtische Felix' Morgenbrot und auf dem Ofen sein Kaffee wartete.

Als er erschien, hieß ich ihn an sein Frühstück gehen und eifrig essen, damit er mich nicht zu oft unterbreche. Er ging mit gutem Humor und noch besserem Appetit darauf ein, und ich erklärte ihm nun rundheraus, ich hätte in dieser Nacht beschlossen, die Passion müsse in den nächsten Monaten, noch vor seiner beabsichtigten Reise nach England, in der Singakademie aufgeführt werden.

Er lachte. »Wer dirigiert sie denn?«

»Du!«

»Den Teufel auch! Unterstützen will ich die Musik mit –«

»Komm mir nicht wieder mit deinem Waldteufel! Die Sache ist jetzt außer allem Spaß und gründlich überlegt.«

»Potz Wetter, du wirst feierlich. Nun laß einmal hören.«

Nun stellte ich ihm die Folgerung auf: wir hätten die Matthäus-Passion als das größte und wichtigste deutsche Musikwerk erkannt, folglich dürften wir auch nicht ruhen, bis dasselbe wieder zu lebendiger Wirkung gekommen sei und wieder die Gemüter erbaue. Da mir Felix diese Aufstellungen nicht hatte widerlegen können, so durfte ich die Summe ziehen: »Die Aufführung kann zur Zeit niemand als du mit überzeugendem Erfolge unternehmen, folglich mußt du es tun.«

»Wenn ich's durchsetzen könnte, ja!«

Nun eröffnete ich ihm, daß, wenn er selbst die Veranstaltung wirklich nicht durchzusetzen vermöge, ich mir folgendes ausgedacht: Es sei ihm bekannt, daß die Singakademie sowohl als Zelter selbst sich mir, für meine beinahe zehnjährige Mitwirkung bei allen ihren Konzerten, verpflichtet erachteten, ich würde also einen Gegendienst von beiden verlangen dürfen, und der sollte die Überlassung des Saales und die Erlaubnis und Befürwortung einer Einladung der Singakademie zur Mitwirkung bei der Passionsaufführung sein.

Felix vermochte nicht zu leugnen, daß man mir beides nicht verweigern werde. Ich setzte ihm also weiter auseinander, daß, wenn er meine Genossenschaft nicht verschmähen und als dirigierender Mitunternehmer auftreten wolle, auch der musikalische Kredit des Unternehmens gesichert sei, und wenn wir schließlich dessen Geldgewinn für irgendeinen wohltätigen Zweck bestimmten, so würde die Sache nach allen Seiten hin gedeckt sein. So schloß ich denn: »Ich biete dir also hiermit dies anständige Compagniegeschäft, übernehme dabei alle geschäftlichen Besorgungen und singe den Jesus, du aber dirigierst das vergessene Wunderwerk wieder in die offene Welt hinaus.«

Felix war gedankenvoll, dann sagte er: »Was mir am meisten an deinem Vorschlage gefällt, ist, daß wir die Sache miteinander machen sollen, das ist hübsch. Aber glaube mir, wir würden zunächst an Zelters Widerspruche scheitern. Er hält die Aufführung der Passion für unmöglich, weil er und andere sie bisher nicht unternehmen mochten.«

Ich setzte bessere Hoffnung auf Zelters tüchtige Natur und auf die starke Gemütseite seines bärbeißigen Charakters, für den schlimmsten Fall aber war ich entschlossen, selbst gegen Zelters Widerspruch die Sache bei der Vorsteherschaft der Singakademie anzubringen und ihn zur Nachgiebigkeit zu nötigen. Gegen solche extreme Schritte hatte Felix die stärkste Abneigung, hielt sie für pietätswidrig; ich überredete ihn, daß sie nicht nötig sein würden, und so willigte er, nach langem Hin- und Herdebattieren, ein, sich dem Unternehmen nicht zu entziehen.

Die Eltern und Fanny stimmten meinem Plane bei, den sie als den einzigen erfolgverheißenden ansahen. Es mußte sie freuen, wenn Felix, vor seinem Ausfluge in die Welt, noch eine große und denkwürdige Aufgabe löste. Der Vater hegte zwar noch Besorgnis vor Zelters Widerstande, ich aber war guten Mutes.

Felix, nun mit der Sache sehr beschäftigt, dachte sich noch ein kluges Verfahren aus, um sich und das Unternehmen nicht zu kompromittieren. Die Chorübungen sollten mit der etwas vermehrten Mitgliederzahl des häuslichen Kreises im kleinen Akademiesaale, ohne angekündigten weiteren Zweck, fortgesetzt werden, dieser Chor sollte sich aus Mitgliedern der Singakademie nach Lust und Neigung, auch Neugier, allmählich vermehren, dadurch gewönne er einen sichern Kern und vermöge – wenn alles gut gehe – die Masse mit sich zu ziehen. Für den Fall aber, daß das Studium keinen Erfolg verspreche oder andere Hinderungen sich fänden, könne die Sache aufgegeben werden, bevor die Absicht einer Aufführung ausgesprochen worden.

*

So vorbereitet rückten wir dem alten Zelter aufs Zimmer, im Erdgeschoß der Singakademie. Vor der Tür sagte Felix mir noch: »Du, wenn er aber grob wird, geh' ich fort; ich darf mich mit ihm nicht kabbeln«. – »Grob wird er ganz gewiß«, antwortete ich, »aber das Kabbeln übernehme ich.«

Wir klopften an. Die rauhe Stimme des Meisters rief uns laut hinein. Wir trafen den alten Riesen im dichten Tabaksqualm, mit der langen Pfeife im Munde an seinem alten, mit doppelter Klaviatur versehenen Flügel sitzend. Die Schwanenfeder, mit der er zu schreiben pflegte, hatte er in der Hand, ein Notenblatt vor sich. Er trug seine sandfarbene kurze Pikesche, Unterbeinkleider, die, unterm Knie gebunden, noch auf kurze Hosen berechnet waren, derbe wollene Strümpfe und gestickte Schuhe. Den Kopf, mit den zurückgestrichenen weißen Haaren, hatte er gehoben, das Gesicht mit seinen derben, bürgerlichen und doch bedeutenden Zügen hatte er nach der Tür uns zugewendet, und als er uns durch seine Brille erkannt, rief er freundlich in seiner breiten Weise: »I, sieh' da! schon so früh zwei so schöne junge Leute! Nun was verschafft mir denn die Ehre? Hier, Platz genommen!«

Er führte uns zu einem Winkel des Zimmers, wo er auf einem schlichten Sofa niedersaß; wir holten uns Stühle.

Nun begann ich meinen wohlüberlegten Vortrag von der Bewunderung des Bachschen Werkes, das wir in seinen Freitagsmusiken zuerst kennengelernt, dann im Mendelssohnschen Hause weiter studiert hätten, und daß wir jetzt der dringenden inneren und äußeren Aufforderung nachgeben möchten, einen Versuch zu machen: das Meisterwerk der Öffentlichkeit zurückzugeben und – wenn er es erlauben und unterstützen wolle – mit Hülfe der Singakademie eine Aufführung zu veranstalten.

»Ja«, sagte er gedehnt und reckte dabei das Kinn in die Höhe, wie er zu tun pflegte, wenn er etwas mit großem Nachdruck besprach, »wenn das so zu machen wäre! Dazu gehört mehr, als wir heutzutage zu bieten haben.« Nun verbreitete er sich über die Forderungen und Schwierigkeiten des Werkes, daß man für diese Chöre eine Thomasschule brauche, und eine, wie sie damals beschaffen gewesen, als Sebastian Bach ihr Kantor war; daß auch ein Doppelorchester notwendig sei und daß die Violinspieler von heutzutage diese Musik gar nicht mehr zu traktieren verständen. Das alles sei schon lange und vielfach bedacht und erwogen worden, und wenn sich die Schwierigkeiten so bald hätten aus dem Weg räumen lassen, so wären schon längst alle vier Passionsmusiken von Bach aufgeführt.

Er war warm geworden, stand auf, legte die Pfeife weg und schritt durchs Zimmer. Wir waren auch aufgestanden, Felix zupfte mich am Rock, er gab die Sache schon verloren.

Ich erwiderte nun, daß wir, namentlich Felix, diese Schwierigkeiten sehr hoch anschlügen, daß wir aber den Mut hätten, sie nicht für unüberwindlich zu halten. Die Singakademie sei durch ihn schon mit Sebastian Bach bekannt, er habe den Chor so vortrefflich geschult, daß derselbe jeder Schwierigkeit gewachsen sei; Felix habe durch ihn das Werk kennengelernt, verdanke ihm auch die Anweisungen für seine Direktion, ich brenne vor Verlangen, die Partie des Jesus öffentlich vorzutragen, wir dürften hoffen, daß derselbe Enthusiasmus, welcher uns bewege, bald alle Mitwirkenden ergreifen und das Unternehmen gelingen lassen werde.

Zelter war immer ärgerlicher geworden. Er hatte hie und da Äußerungen des Zweifels und der Geringschätzung eingeworfen, bei denen Felix mich wieder am Rock gezupft, dann sich allmählich der Tür genähert hatte; jetzt platzte der alte Herr los: »Das soll man nun geduldig anhören! Haben sich's ganz andere Leute müssen vergehen lassen, diese Arbeit zu unternehmen, und da kommt nun so ein Paar Rotznasen daher, denen alles das Kinderspiel ist.«

Diesen Berliner Kernschuß hatte er mit äußerster Energie abgefeuert, ich hatte Mühe, das Lachen zu verbeißen. Hatte Zelter doch einen Freibrief für alle Grobheit, und für Christi Passion von Sebastian Bach und von unserm alten Lehrer konnten wir uns wohl noch mehr gefallen lassen.

Ich sah mich nach Felix um, der stand an der Tür, den Griff in der Hand, und winkte mir mit etwas blassem und verletztem Gesicht zu: daß wir gehen sollten; ich bedeutete ihm, daß wir bleiben müßten und fing getrost wieder an zu argumentieren: daß, wenn wir auch jung, wir doch wohl nicht mehr so ganz unreif wären, da unser Meister uns doch schon manche schwierige Aufgabe zugemutet habe; daß gerade der Jugend der Unternehmungsmut zustehe, und zuletzt müsse es doch wohltuend für ihn sein, wenn gerade zwei seiner Schüler sich an dem Höchsten versuchten, das er sie kennen gelehrt.

Meine Argumente begannen jetzt sichtlich zu wirken, die Krisis war überstanden.

Wir wollten nur den Versuch machen, fuhr ich fort, ob das Unternehmen sich durchsetzen lasse, dies nur möge er erlauben und unterstützen; gelänge es nicht, so könnten wir immer noch, und ohne Schande, davon ablassen.

»Wie wollt ihr denn das machen?« sagte er stehenbleibend, »ihr denkt an nichts. Da ist zuerst die Vorsteherschaft, die konsentieren muß, da sind gar viele Köpfe und viele Sinne – und Weiberköpfe sind auch dabei, ja! – die bringt ihr nicht so leicht unter einen Hut.«

Ich entgegnete ihm: die Vorsteher seien mir freundlich gesinnt, die tonangebenden Vorsteherinnen, als Mitsingende bei den Übungen im Mendelssohnschen Hause, schon gewonnen, ich hoffte die Bewilligung des Saales und die Zustimmung zur Mitwirkung der Mitglieder wohl zu erlangen.

»Ja die Mitglieder!« rief Zelter, »da fängt der Jammer erst an. Heute kommen ihrer zehn zur Probe und morgen bleiben zwanzig davon weg, ja!«

Wir konnten von Herzen über diesen Witz lachen, denn er zeigte uns, daß unsere Partie gewonnen war. Felix setzte dem alten Herrn nun seinen Plan mit den Vorübungen im kleinen Saale auseinander, sprach ihm von der Zusammensetzung des Orchesters, das Eduard Rietz führen sollte, und da Zelter schließlich keine praktischen Bedenken mehr vorbringen konnte, so sagte er: »Na, ich will euch nicht entgegen sein – auch zum Guten sprechen, wo es Not tut. Geht denn in Gottes Namen daran, wir werden ja sehen, was draus wird«.

So schieden wir dankbar und als gute Freunde von unserm alten, wackren Bären.

»Wir sind durch!« sagte ich auf der Hausflur. »Aber höre«, erwiderte Felix, »du bist eigentlich ein verfluchter Kerl, ein Erzjesuit.« – »Alles zur höheren Ehre Gottes und Sebastian Bachs«, entgegnete ich, und wir jubelten draußen in die Winterluft hinaus, nun der wichtigste Schritt gelungen.

*

Alles andere machte sich nun leicht, die Schwierigkeiten verschwanden wie Gespenster, denen man zu Leibe rückt. Die Vorsteherschaft willigte unbedenklich in alle unsere Wünsche; die erste Chorübung im kleinen Saale hatte schon doppelt so viele Teilnehmer als im Mendelssohnschen Hause und sie wuchsen von einer Übung zur andern dergestalt, daß der Kopist nicht hinlängliche Stimmen schaffen konnte, wir auch schon nach der fünften Übung in den großen Saal gehen mußten. Man darf hierbei nicht vergessen, daß die große Zahl der Akademiemitglieder, welche, gelockt von dem merkwürdigen Unternehmen, zu diesen ersten Übungen kamen, nach Zelters Voraussage alle nicht wiedergekommen wären, wenn es nicht gelang, sie gleich bei der ersten Zusammenkunft zu gewinnen und zu fesseln.

Darum nahm Felix sofort – und wiederholte das in den ersten Vorübungen – nicht vereinzelte Stücke, etwa die leichten zuerst, sondern eine bestimmte Gruppe der Komposition zum Studienobjekte, übte die Chöre sogleich mit unerbittlicher Genauigkeit bis zu ihrem vollen Ausdruck und gab dadurch den Singenden einen ganz vollständigen Eindruck von der Besonderheit des Werkes. Seine Erklärungen und Anweisungen waren präzis, kurz und ebenso übergewichtig als jugendlich bescheiden vorgebracht.

Mehrere Male saßen wir indessen beide beisammen, die Abkürzung der Partitur für die Aufführung zu überlegen. Es konnte nicht darauf ankommen, das Werk, das doch auch durch den Geschmack seiner Zeit vielfach beeinflußt war, in seiner Vollständigkeit vorzuführen, sondern den Eindruck seiner Vorzüglichkeit zusammenzuhalten. Die Mehrzahl der Arien mußten weggelassen, von andern konnten nur die Einleitungen, die sogenannten Accompagnements, erhalten werden; auch vom Evangelium mußte fortbleiben, was nicht zur Passionserzählung gehört. Oft genug waren wir zwiespältiger Ansicht, denn es galt eine Gewissensaufgabe; aber was wir schließlich festgestellt, scheint doch das Rechte gewesen zu sein, da es späterhin bei den meisten Aufführungen angenommen worden.

Es wurde nun Zeit, die Solosänger einzuladen. Wir beschlossen vereint die Runde zu machen, und Felix war kindisch genug zu verlangen, daß wir dazu ganz gleich gekleidet sein sollten. Blauer Rock, weiße Weste, schwarzes Halstuch, schwarze Pantalons und dazu hellgelbe Handschuhe von Wildleder, die damals gebräuchlich waren.[2] In dieser Passionsuniform gingen wir denn – nachdem uns Therese, der die Sache sehr feierlich war, eine Festschokolade gegeben, die Felix liebte – sehr vergnügt unseres Weges. Wir besprachen den wunderlichen Zufall, daß gerade hundert Jahre seit der letzten Leipziger Aufführung vergangen sein mußten, bis diese Passion wieder ans Licht komme »und«, rief Felix übermütig, mitten auf dem Opernplatze stehenbleibend, »daß es ein Komödiant und ein Judenjunge sein müssen, die den Leuten die größte christliche Musik wiederbringen!«

Felix vermied sonst entschieden seiner Abstammung zu gedenken, hier riß ihn das Frappante der Bemerkung und die fröhliche Stimmung hin.

»Du führst das Wort, und ich mache nur die Reverenzen dazu«, sagte Felix vor der ersten Tür, wo wir ansprachen; wir hatten beides wenig nötig, die vier ersten Talente unserer Oper waren zur Mitwirkung ganz bereit. Ihr Hinzutreten zu den Proben, die Vollendung, die das Werk nun gewann, gab den Studien neues Interesse. Musiker und Kenner drängten sich zu den Proben, um die Komposition genauer verstehen zu lernen. Man staunte,

2 Unter welch strenger Kontrolle der zwanzigjährige Jüngling noch stand, erfuhr ich hierbei. Ich hatte, weil sein Taschengeld vorzeitig ausgegangen war, ihm den Taler zum Ankauf der Handschuhe geliehen, seine Mutter machte mir das zum Vorwurf: man müsse die schlechte Ökonomie junger Leute nicht unterstützen.

nicht sowohl über die Großartigkeit des Baues, sondern mehr über die Fülle der Melodien, über den reichen Ausdruck der Empfindung, der Leidenschaft, über die eigentümliche Deklamation und über die Wucht der dramatischen Wirkungen. Von alledem hatte man ja dem alten Bach nichts zugetraut.

Aber was Felix getan hat, diese Eigenschaften des Werkes ans Licht zu kehren, seinen Wunderbau in seiner ganzen Pracht erkennen zu lassen, das ist ebenso denkwürdig als die ganze folgenreiche Unternehmung. Die Genialität der Auffassung, mit der er sich des Werkes bemächtigt und zum heiligsten Eigentum gemacht, das war nur die Hälfte seines Verdienstes. Mit welcher Geschicklichkeit, Energie, Ausdauer und kluger Berechnung seiner Mittel er das antiquierte Werk wieder modern, anschaulich und lebendig gemacht hat, das muß man miterlebt haben, um den zwanzigjährigen Jüngling danach in der Bedeutung seiner Fähigkeiten und ihrer frühen Reife zu schätzen. Er hat in seinem ganzen Leben kein Meisterstück der Direktion geliefert als dieses erste und vielleicht schwierigste.

Die großen Proben waren durch Zelters autoritätverleihende Gegenwart gehoben, aber solange das Orchester nicht dabei war, hatte Felix mit der ganzen Arbeit der Direktion und der Flügelbegleitung fertigzuwerden, was bei den so vielfach rasch einschlagenden Chorsätzen von verschiedenen Rhythmen überaus schwierig war, wobei denn das Kunststück durchgeführt werden mußte, mit der linken Hand die ganze Begleitung zu erzwingen, während die rechte den Taktstock schwang.

Als das Orchester hinzutrat, ließ Felix – weil das damalige Konzertdekorum dem Dirigenten noch nicht erlaubte, die Rückenstellung gegen das Publikum einzunehmen, die ihm im Opernorchester immer erlaubt war – den Flügel in die Quere, zwischen die beiden Chöre, stellen, wodurch er freilich den ersten im Rücken hatte, aber doch den zweiten und das Orchester im Auge. Dieses bestand größtenteils aus Dilettanten des philharmonischen Vereines, nur die Führer der Streichinstrumente und die Bläser gehörten der königl. Kapelle an. Die letzteren waren auf der Höhe der amphitheatralischen Aufstellung durch die drei geöffneten Türen bis in den kleinen Saal hinausgerückt. Eduard Rietz war der Anker, der dieser schwankenden Körperschaft festen Grund verlieh.

Diese schwierige Situation beherrschte der Neuling Felix mit einer Ruhe und Sicherheit, als ob er schon zehn Musikfeste dirigiert hätte. Die feine und anspruchslose Weise, in welcher er durch Miene, Kopf- und Handbewegung an die verabredeten Schattierungen des Vortrages erinnerte und ihn so mit leiser Gewalt beherrschte; die gelassene Sicherheit, mit welcher er bei Generalproben und Aufführung, sobald große Stücke von gleichmäßiger Bewegung ganz im Zuge waren, kaum merklich nickend, als wollte er sagen: »Nun geht es gut und ohne mich«, den Taktstock sinken ließ und mit verklärter Miene zuhörte, die ihn beim Musizieren seltsam verschönte, gelegentlich mir mit den Augen zuwinkend, bis er wieder vorausempfand, daß es nötig sei den Taktstock zu gebrauchen – alles das war so bewunderungs- als liebenswürdig.

Wir hatten oft über musikalische Direktion disputiert. Mich störte – und stört mich heute noch – das unausgesetzte, notwendig mechanisch werdende Taktieren der Dirigenten. Die Musikstücke werden damit förmlich durchgefuchtelt. Ich hielt es immer für angemessen, nur da zu taktieren, wo schwierige Stellen oder zu fürchtende Schwankungen der Ausführung es nötig machen. Die Aufgabe aller Direktion ist doch wohl: sich möglichst vergessen zu machen. Felix nahm sich vor, mir zu zeigen, wie weit man darin gehen dürfe, und er zeigte es bei der Passionsaufführung in der vollendetsten Weise.

Ich erinnere mich dessen mit um so mehr Befriedigung, als man in neuerer Zeit das merkwürdige Hantieren des Dirigenten zu einem Hauptreiz von Musikaufführungen gemacht hat.

*

Zu dem bahnbrechenden Einfluß, den Sebastian Bach auf die Musik der Neuzeit durch die Passion gewinnen sollte, gehörte es allerdings, daß die erste Wiederaufführung so vollkommen gelang, als dies am 11. März 1829 geschah; sie ist um deswillen denkwürdig. Die Singakademie leistete mit diesen Chören das Trefflichste, was sie je vermocht, und wer den Stimmenklang dieser 3 bis 400 hochgebildeten Dilettanten gehört, wer es erfahren hat, zu welch wirklich andächtigem Eifer bedeutende Musik sie hinreißen konnte, der wird begreifen, daß hier unter vollendeter Führung das Vollendete geleistet wurde.

Stümer sang den Evangelisten mit der wohltuendsten Korrektheit, ganz im Tone des Erzählers, ohne sich im Empfindungsausdruck des zweiten Teiles den unmittelbar redenden dramatischen Gestalten gleichzustellen. Auch die Arie: »Ich will bei meinem Jesu wachen«, hatte er übernommen, da sie zu hoch für Bader lag, der in seiner anspruchslosen Willigkeit mitzuhelfen den Petrus und Pilatus sang. Die Damen brachten ihre rührenden Stücke zu voller Wirkung, die gewinnende Stimme der Milder zumal das Accompagnement »Du lieber Heiland Du«, der vollquellende Ton des Fräulein von Schätzel die Arie »Erbarme Dich mein Gott!«, von Eduard Rietz mit seinem großen vollen Ton im stilvollen Ausdruck begleitet; ein Bußgesang ohnegleichen.

Ich meines Teils war mir bewußt, daß der Eindruck, den der Vortrag des Jesus hervorbringt, wesentlich über den Eindruck des ganzen Werkes entscheidet; auch hier sind alle Dinge zu ihm geschaffen. Mir galt es die größte Aufgabe, die einem Sänger werden kann. Mich beruhigte, daß die Partie gut in meiner Stimme lag, daß ich sie lange mit Felix und zu seiner vollen Befriedigung studiert hatte, und so konnte ich, getragen von dem Total der Aufführung, aus voller Seele singen und fühlte, daß die andächtigen Schauer, die mich bei den eindringlichsten Stellen durchrieselten, auch durch die totenstillen Zuhörer wehten.

Nie habe ich eine heiligere Weihe auf einer Versammlung ruhen gefühlt als an diesem Abend auf Musizierenden und Zuhörern.

Carl Friedrich Zelter

Zelters Brief an Goethe vom 12. März 1829 über die Wiederaufführung der Matthäus-Passion läßt vergessen, daß Zelter selbst ursprünglich dagegen gewesen war.

Unsere Bach'sche Musik ist gestern glücklich vonstatten gegangen, und Felix hat einen straffen ruhigen Direktor gemacht. Der König und der ganze Hof sah ein komplett volles Haus vor sich; ich hatte mich mit einer Partitur neben dem Orchester in ein Winkelchen gesetzt, von wo aus ich mein Völkchen beobachten konnte und das Publikum zugleich. Über das Werk selber wüßte ich kaum zu reden; es ist eine so wunderbar sentimentale Mischung von Musik im allgemeinen, den Sinn der Sache in der höchsten Potenz [über in – Potenz unlerserlicher Änderung] in der Idee aufzubauen, daß das Wort des Dichters selbst zur Idee wird. Meldeten sich nicht hin und wieder melodische Ähnlichkeiten mit neuern deutschen Opernkomponisten, wie zum Exempel mit Gluck und Mozart, wodurch man wieder auf unsere Zeit auf einen Moment zurückkommt, so dürfte man sich zwischen Himmel und Erde und zugleich 30 Jahre älter fühlen. Und das mag es sein, was diese Musik im allgemeinen kaum ausführbar macht. Hätte doch der alte Bach unsere Ausführung hören können! das war mein Gefühl bei jeder gut gelungenen Stelle, und hier kann ich nicht unterlassen, meinen sämtlichen Jüngern der Singakademie wie den Solosängern und dem Doppelorchester das größte Lob zu spenden. Man könnte sagen, das Ganze wäre ein Organon, worin jede Pfeife mit Vernunft, Kraft und Willen begabt sei, ohne Zwang, ohne Manier. Da ist kein Duett, keine Fuge, kein Anfang, kein Ende, und doch alles wie eins, und jedes am

Orte, was es allein und zusammen ist. Eine wunderbar dramatische Wahrheit ergibt sich: man hört, wie die falschen Zeugen, das ist: man sieht sie, auftreten. Die Hohenpriester: »Es taugt nicht« etc., »es ist Blutgeld.« Und die turba: »Ja nicht auf das Fest«, etc. und die Jünger: wahre ehrliche Jungens; Lumpen: »Wozu dienet dieser Unrat?«; es scheinen ganz eigene Töne zu sein, die man noch nicht kannte, aber erkennen muß. Dann dazwischen das herzliche Leid um den edeln Menschensohn, den Freund, den Ratgeber, den Helfer, den Bescheider und so weiter.

Daß das nun alles neu und doch natürlich ist, bemerkt sich daran, daß es nicht sowohl gern vernommen und danach gegriffen wird, als daß man es gleich noch einmal und wieder und wieder vernehmen und zuletzt begreifen möchte und Ein Guß ist, wie zerstreut auch die Handlung sich im Textbuche gestaltet. Der Evangelist, Stümer vom Königlichen Theater, einer meiner ehemaligen Schüler, hat so vortrefflich (besonders in der Ausführung) seine Relation abgesungen, daß man mit Genuß das Evangelium wiederholen hört. Ich hatte ihm vor der Aufführung den Rat gegeben, die Relation nicht durch Empfindsamkeit zu tardieren, und er hat's aufs beste getan.

»Nun, ihr Musen, genug!« Lebe wohl und: *»Erkenne mich, mein Hirte!«*

Johann Wolfgang Goethe

Goethe, der Zelter am 28. März 1829 antwortet, hat die Matthäus-Passion nie gehört.

Deine letzten Briefe, mein Teuerster, in Ernst und Spaß, haben mir zu guter Stunde wohlgetan. Der neueste, die Nachricht der glücklichen Aufführung des großen älteren Musikstücks enthaltend, macht mich denken. Es ist mir, als wenn ich von ferne das Meer brausen hörte. Dabei wünsch ich Glück zu so vollendetem Gelingen des fast Undarstellbaren. In dem Innern des Kenners und Mitgenossen solcher Kunst mag es bei dem Anhören von dergleichen Werken vorgehen, was mit mir in diesen Tagen geschah, da ich die Verlassenschaft des Mantegna wieder vor Augen stellte. Es ist schon die ganze Kunst, das Mögliche und Unmögliche derselben, vollkommen lebendig und doch noch nicht entwickelt; wäre sie es aber, so würde sie das nicht sein, was sie hier ist, nicht so ehrwürdig, nicht so reich an Grund und Hoffnung. Was du an Felix erlebst, gönn ich dir von Herzen; mir ist es unter meinen vielen Schülern kaum mit wenigen so wohl geworden.

Felix Mendelssohn Bartholdy

Am 22. Juni 1830 schreibt Mendelssohn seinem verehrten Lehrer, Carl Friedrich Zelter, einen Brief, worin er ihm u. a. von seinem letzten Besuch bei Goethe in Weimar berichtet.

Oft habe ich des vormittags dem Goethe vorspielen müssen; er wollte einen Begriff davon haben, wie die Musik sich fortgebildet habe, und verlangte deshalb von den verschiedenen Komponisten, wie sie einander folgten, etwas zu hören. An den Beethoven wollte er nicht gern heran; ich konnte es ihm aber nicht ersparen, da er hören wollte, wo es jetzt »mit den Tönen sich hingewendet habe«, und spielte ihm das erste Stück der c-moll Symphonie [Nr. 5, op. 67], das ihm auch sehr gefiel. Über die Ouvertüre von Seb. Bach aus D-dur mit den Trompeten [BWV 1068], die ich ihm auf dem Klavier spielte, so gut ich konnte und wußte, hatte er eine große Freude; »im Anfange gehe es so pompös und vornehm zu, man sehe ordentlich die Reihe geputzter Leute, die von einer großen Treppe herunterstiegen«, – auch die Inventionen und vieles aus dem Wohltemperierten Klavier habe ich ihm gespielt. – Eines Mittags meinte er, ob ich nicht das Handwerk grüßen wolle und zu dem Organisten gehen, damit er mich die Orgel in der Stadtkirche sehen und hören ließe. Das tat ich denn und habe mich recht über das Instrument gefreut. [. . .] Der Organist, nachdem er mir gesagt hatte, ich möge wählen, ob er mir was Gelehrtes oder was für die Leute vorspielen sollte (denn für die Leute müsse man nur schlechte, leichte Sachen komponieren), gab denn auf mein Bitten was Gelehrtes; es war aber nicht viel an dem Dinge; er modulierte hin und her bis man schwindlig wurde, und es wollte nicht neu werden; er machte eine

Menge Eintritte, und es wollte keine Fuge werden. Als ich ihm was spielen sollte, ließ ich die d-moll Toccata von Sebastian los [BWV 565] und meinte, das sei gelehrt und zugleich auch für die Leute, d. h. für gewisse; aber siehe, kaum hatte ich angefangen, so schickte der Superintendent seinen Bedienten und ließ sagen: man möchte gleich mit dem Orgelspiel aufhören, da es Wochentag sei und der Lärm ihn im Studieren störe. Über die Geschichte hat sich Goethe sehr erbaut.

Robert Schumann

Das Denkmal, das Felix Mendelssohn Bartholdy 1840 in Leipzig auf eigene Kosten errichten ließ, war das erste Bach-Denkmal überhaupt. Schumanns Bericht erschien 1840 in der »Neuen Zeitschrift für Musik«, deren Redakteur Schumann war.

Mendelssohns Orgelkonzert

Mit goldenen Lettern möcht' ich den gestrigen Abend in diesen Blättern aufzeichnen können. Es war ein Konzert für Männer einmal, ein gutes Ganzes vom Anfang bis Ende. Wiederum fiel mir ein, wie man mit Bach doch niemals fertig, wie er immer tiefer wird, je mehr man ihn hört. Von Zelter und später von Marx ist darüber Treffliches und Treffendes genug gesagt worden, und doch, hört man dann, so will es wieder scheinen, als ließe sich ihm mit dem bloßen Wortverstand nur von weitem beikommen. Die beste Versinnlichung und Erklärung seiner Werke bleibt nun immer die lebendige durch die Musik selbst, und von wem dürfte man da eine treuere und wärmere erwarten als von dem, der sie uns gestern gab, der die meisten Stunden seines Lebens gerade diesem Meister zugewandt, der der erste war, der mit aller Kraft der Begeisterung das Andenken an Bach in Deutschland auffrischte, jetzt auch wieder den ersten Impuls gibt, daß sein Bild auch durch ein äußeres Zeichen dem Auge der Mitwelt nähergebracht werde. Hundert Jahre sind schon vergangen, ehe dies von andern versucht, sollen vielleicht noch hundert vergehen, daß es zur Ausführung kömmt? Es ist nicht unsere Absicht, durch einen förmlichen Aufruf zu einem Denkmal für Bach etwa zu bitten; die für

Mozart und Beethoven sind noch nicht fertig, und es dürfte schon damit noch eine Zeit währen. Aber hier und da *anregen* möchte die Idee, die jetzt von hier ausgegangen, namentlich in den Städten, die sich in neuerer Zeit um Aufführung Bachscher Werke besonders verdient gemacht, Berlin und Breslau, in denen es viele geben wird, die wissen, was die Kunst Bach schuldet; es ist im kleinen Kreise der Musik kaum weniger, als was eine Religion ihrem Stifter. Mendelssohn spricht sich selbst in seinem das Konzert ankündigenden Zirkular in klaren, einfachen Worten darüber aus: »Bis jetzt bekundet kein äußeres Zeichen in Leipzig das lebendige Andenken an den größten Künstler, den diese Stadt je besessen. Einem seiner Nachfolger ist bereits die Ehre eines Denkmals in der Nähe der Thomasschule zuteil geworden, die Bach vor allen andern gebührt; da aber in der jetzigen Zeit sein Geist und seine Werke mit neuer Kraft hervortreten und die Teilnahme dafür in den Herzen aller wahren Musikfreunde nie verlöschen wird, so ist zu hoffen, daß ein solches Unternehmen bei den Bewohnern Leipzigs Anklang und Beförderung finden möge« usw. usw.

Daß nun der von solcher Künstlerhand geleitete Anfang ein würdiger war und daß ihn ein den Zweck reich unterstützender Erfolg krönte, war zu erwarten. Wie Mendelssohn das königliche Instrument Bachs zu handhaben versteht, ist schon anderweitig bekannt; und dann waren es lauter köstliche Kleinodien, die er gestern vorlegte, und zwar in herrlichster Abwechselung und Steigerung, die er nur zu Anfang gleichsam bevorwortete und zum Ende mit einer Phantasie beschloß. Nach einer kurzen Einleitung spielte er eine Fuge in Es-Dur, eine gar prächtige auf drei sich übereinander aufbauenden Gedanken, hierauf eine Phantasie über den Choral »Schmücke dich, o liebe Seele«, ein unschätzbares, seelentiefstes Musikstück, wie es irgendeinem Künstlergemüt entsprungen, sodann ein groß-brillantes Präludium mit Fuge in a-Moll, beide sehr schwierig auch für Meister auf der Orgel. Nach einer Pause folgte die Passecaille in c-Moll, einundzwanzig Variationen, genialisch genug ineinander gewunden, daß man nur immer erstaunen muß, auch von Mendelssohn vortrefflich in den Registern behandelt; nach diesen eine Pastorella in F-Dur, wie nur irgendein Musikstück dieses Charakters in tiefster Tiefe gedacht werden kann, der sich dann eine Tokkata in a-Moll mit bachisch-humoristischem Präludium anschloß. Den Schluß machte eine Phantasie Mendelssohns, worin er sich denn zeigte in voller Künstlerglorie; sie war auf einen Choral, irr' ich nicht, auf den Text »O Haupt voll Blut und Wunden« basiert, in den er später den Namen *Bach* und einen Fugensatz einflocht, und rundete sich zu einem so klaren, meisterhaften Ganzen, daß es gedruckt ein fertiges Kunstwerk gäbe. Ein schöner Sommerabend glänzte zu den Kirchenfenstern herein; außen im Freien wird noch mancher den wunderbaren Klängen nachgesonnen haben, und wie es doch in der Musik nichts Größeres gibt als jenen Genuß der Doppelmeisterschaft, wenn der Meister den Meister ausspricht. Ruhm und Ehre dem alten wie dem jungen!

Moritz Hauptmann

Der Thomaskantor (seit 1842) und Vorsitzende der Bach-Gesellschaft (seit 1850) schrieb am 15. Februar 1859 einen Brief an den Komponisten Franz Xaver Schnyder von Wartensee, der ihn nach dem Vortrag und der Besetzung Bachscher Kantaten- und Oratorienmusik gefragt hatte. Da dieser Brief im Nachlaß von Johannes Brahms gefunden wurde, galt lange Zeit Brahms als Adressat, erst 1971 konnte Schnyder von Wartensee als Korrespondenzpartner identifiziert werden.

Lieber verehrter Freund!

Auf Ihren lieben Brief mit den Anfragen über Vortrag und Besetzung Bachscher Kantaten- und Oratorienmusik kann ich Ihnen freilich nur meine *Meinung* sagen, und die wird gerade nicht mehr gelten als eine andere: Sollte sie aber in einigen Punkten mit Ihren Ansichten zusammentreffen, so würde mir's eine Freude sein.

Die ersten drei Fragen betreffen die Choräle. 1) Ob eine Nuancierung durch *forte* u. *piano*, *crescendo* u. *diminuendo* bei den Chorälen zulässig sei. 2) Ob man die bei S. B. vorgeschriebene Orchesterbegleitung weglassen dürfe. 3) Ob bei manchen Chorälen ein kleiner Chor für den ganzen eintreten dürfe. Wenn ich die drei Fragen zusammennehmen darf, so möchte ich im Ganzen darauf antworten, daß alles, was nur im Entferntesten an Effektmachen streift, gerade bei der Ausführung dieser Choräle mir ganz ungehörig scheint. Solche Mannigfaltigkeit will leicht etwas Gefallsüchtiges annehmen. Der Choral in Bachschen Kantaten mag lieber fester Pfeiler bleiben, in dem lyrisch-dramatisch bewegten Fluß des Kantateninhaltes, und bedarf dazu eines gesund kräftigen Vortrags.

Wenn er selbst einmal posaunet, ein andermal geflötet, oder von sich selbst aus dem Posaunen ins Flöten übergeführt wird, so verliert er diese Qualität des Ruhenden im Bewegten. Gewiß kann es zuweilen von schöner Klangwirkung sein, auch den Choral zu nuancieren; seine wahre Wirkung geht aber daran verloren. In Bachs Originalpartituren fehlt die Angabe begleitender Instrumente bei den Chorälen meistenteils; in den Originalstimmen aber, die zu großem Teil von seiner Hand geschrieben sind, allezeit aber seine Zusätze und Korrekturen enthalten, sind zu allen Chorälen alle in dem Musikstück angewendeten Instrumente, mit Ausnahme von Trompeten und Pauken, im Einklang mit den Singstimmen gehend, ausgeschrieben, ohne alle Bezeichnungen von *forte* und *piano*, die sonst in den Stimmen nicht fehlt; der vollbezifferte Orgelbaß ist auch nicht vergessen. Man dichtet, glaub ich, diesen Stücken etwas an, wenn man sie anders als einfach-groß haben will; ihre Musik braucht nicht noch einmal in Musik gesetzt zu werden, vom Vortrag ist auch eigentlich hier nicht die Rede. Von guten Sängern, nicht schlecht, aber schlicht und recht gesungen, tragen sie sich selbst vor. Es ist wohl ein Phantasie-Stück von Rochlitz, wie sie mehr bei seinen historischen Versicherungen vorkommen, wenn er sagt, Bach habe die Choräle der Passion von der Gemeinde mitgesungen haben wollen und sei in dieser Anordnung mit dem Dichter übereingekommen. Diesem Zweck würde die kunstvolle Ausarbeitung dieser Choräle sehr ungünstig gewesen sein: Der gesamte rhythmisch unpräzise Gesang der Gemeinde, die Verdopplung der Melodie durch zwei Oktaven würden alle Gliederung und Bedeutenheit in den Melodien der Mittelstimmen zerdrücken. So hat Bach es gewiß nicht gewollt; aber in der Idee können die Choräle immer Repräsentation der Gemeinde sein und sind in diesem Sinne zu singen, als vom Volke, von einer großen Menge, mit Ausscheidung der unmusikalischen Schlakken, aber ja ohne alle sentimentale Beigabe, die dem Volke fremd ist.

Die 4. Frage betrifft das Retardieren bei den Schlüssen. Zu einem Schluß von Beethoven wird man zu retardieren nicht leicht versucht sein. Hier wird man genug darauf vorbereitet, daß er nicht unerwartet komme. Bei den Schlüssen älterer Musik ist in der Regel vor dem letzten Akkord etwas zurückzuhalten; immer aber nur beim letzten Schluß, der das Musikstück beschließt. Unleidlich ist mir's bei andern Schlüssen, die im Gange des Stückes vorkommen: Wenn noch ein weiterer Fortgang da ist, fehlt aller Grund, die Bewegung aufzuhalten. Aber auch am Ende kann nicht von einer Retardation von mehreren Takten die Rede sein: Der Ausgang des vorletzten Taktes wird auf den Schluß schon genug vorbereiten können. Jenes längere Vorbereiten macht mir den Eindruck des Bremsens auf der Eisenbahn, jedenfalls eines sehr unmusikalischen. Auch bei Chören darf der Schluß des Gesanges nicht retardiert werden, wenn noch ein Nachspiel folgt; erst dieses wird kurz vorm Ende nur soviel zurückzuhalten sein, wie es sich richtigem Schlußgefühl von selbst notwendig macht. Beim Schluß der Solostimme in Arien kann es wohl Fälle geben, daß etwas Fermatenartiges vorkommt, ohne eben die Corona 𝄐 zu haben; dann meine ich, daß nach diesem kurzen Aufenthalt es besser ist, das Nachspiel zuletzt ohne Retardation zu schließen, keinenfalls zweimal zurückzuhalten.

Daß bei solchem geringen Ritardando von einem langsamen Absterben, von *morendo* u. *calando*, nicht viel anzubringen sein wird, ergibt sich wohl von selbst, es ist dies überhaupt der ganzen Gattung widernatürlich. So sind aber auch im Allgemeinen die Effekte des *crescendo* und *diminuendo* hier in sehr gemäßigtem Grade anzuwenden. In lebendig polyphonischer Musik, wo verschiedene Stimmen verschiedenes zugleich zu singen haben, wird ihnen nicht selten ganz Unnatürliches zugemutet werden, wenn sie zu einem gemeinschaftlichen Anwachsen oder Abnehmen sich vereinigen sollen. Jede einzelne Stimme wird sich zu ihrem Vortrage freiwillig nur durch den Gang ihrer Melodie bestimmen lassen wollen, und das wird, indem das Hervortretende einer jeden auch im Ganzen, im Verein der Stimmen heraustritt, gerade die Wirkung hervorbringen, wie sie dem polyphonischen Satze zukommt: nicht die einer anschwellenden und einsinkenden ungegliederten Masse, sondern eines auch in seinen Gliedern belebten organischen Wesens. Zu einem Crescendo bedarf es S. Bachs reicher Stimmenkombination nicht, das ist wohlfeiler zu haben. Die Aeolsharfe bringt es am schönsten, die spielt aber keine Fuge. Dem fortklingenden Akkord ist Anwachsen und Abnehmen des Klanges die Belebung; dem polyphonischen Satze kann es, zum Effekt gesteigert, der Tod sein, indem es die Gliederung zur Masse desorganisiert. – Ein Crescendo u. Diminuendo ist auch schön und gut, aber nur, wo es hingehört. Im Choral ist Homophonie, im einfachen; es würde mehr als der fugierte Satz dynamische Abstufung zulassen: Hier läßt es aber wieder die Musikgattung nicht zu.

Zur Frage 6. Ob man die Oboe in der Echoarie des Weihnachtsoratoriums[1] mit der Klarinette vertauschen dürfe, wenn eine gute Oboe da sei? habe ich zu sagen, daß der Klarinetton mir überhaupt in Bachscher Musik nicht angenehm ist und ohne Not ich nie dies Instrument dabei gebrauchen mag. Der Klang ist schön, aber zu fett für die

1 Teil IV, Nr. 39: »Flößt, mein Heiland, flößt dein Namen« (Anm. d. Hrsg.).

Am 1sten Heil. Weyhnacht-Feyertage,

Frühe zu St. Nicolai und Nachmittage zu St. Thomæ.

Tutti.

Jauchzet! frohlocket! auf! preiset die Tage,
Rühmet, was heute der Höchste gethan,
Lasset das Zagen, verbannet die Klage,
Stimmet voll Jauchzen und Frölichkeit an:
Dienet dem Höchsten mit herrlichen Chören
Laßt uns den Nahmen des Höchsten verehren.

Da Capo.

A 2 Evan-

Johann Sebastian Bach: Weihnachtsoratorium (BWV 248). Originaltextdruck, erste Seite

Bachschen feinen Konturen und zu sinnlich. Ist aber nun eine gute Oboe vorhanden, warum soll man ein anderes Instrument dafür nehmen? Hier kann sich auch die Antwort auf die 8. Frage anschließen: mit welchen Instrumenten man die pastorale Symphonie des Weihnachtsoratoriums[2] besetzen solle? – Bei einer hiesigen Aufführung waren es zwei Oboen und zwei englische Hörner (in F, wie die Oboi di Caccia). Die letztern ersetzen gewiß die Jagdoboen völlig, sie sind wie diese Altoboen; aber leider auch nicht überall zu haben. Dann muß man freilich wie so oft bei S. Bach sich zu helfen suchen, wie es gehen will. Klarinetten und Bassetthörner stimmen wenigstens gut zusammen, aber die Klangart ist's nicht, die dort sich so schön ausnimmt, recht wie zunftgeadelte Hirten auf dem Felde.

Frage 7, was mit den Arien anzufangen, die nur mit beziffertem Baß begleitet sind? – in der Originalpartitur fehlt auch hier die Bezifferung, die nur in der Orgelstimme, da aber allezeit von Bachs Hand geschrieben steht. – Auch die Arien mit Baß und einem obligaten Instrument sind immer sehr dick beziffert. Den geschicktesten Orgelspieler, der vorhanden, angenommen, ist man immer aus der Not noch nicht heraus. Nimmt man ein schwaches Register, so wird die Harmonie unbestimmt, man weiß nicht recht, was man hört, nimmt man mehrere, so deckt es die Stimme und das obligate Instrument. Überhaupt ist die Orgel mit ihrem mechanischen Blaston mir zur Begleitung des Gesanges kein liebes Instrument. Ich habe öfters bei Bachschen Stimmen zu den Arien ein beziffertes Cembalo gefunden, und es wäre das zur Begleitung des Sologesanges vielleicht der Orgel vorzuziehen, ist auch überall zu haben. In schwachem Orgelton

2 Gemeint ist die »Sinfonia« (Nr. 10), die den zweiten Teil einleitet (Anm. d. Hrsg.).

watet man wie auf einer Sumpfwiese, ohne festen Tritt. Ein geschickt gemachtes diskretes Arrangement für Saiteninstrumente kann in manchen Fällen auch zu raten sein. In der Matthäuspassion habe ich's zu einigen Nummern gesetzt, u. a. zu der Kontratenorarie mit obligater Oboe.[3] Solche Begleitung wird am besten wirken, wenn man sie nicht hervorhört. Als Zutat darf sie nicht klingen.

Wie alte Maler gemalt haben, können wir auf jeder Galerie sehen. Wie die Musik weit weniger alter Komponisten geklungen hat, zu ihrer Zeit, wissen wir nicht so bestimmt. Es ist aber nicht zu glauben, daß Bachs Arien, mit den Mitteln, die ihm zu Gebot standen, ausgeführt, uns möchten anmutig geschienen haben: Vieles mag und muß sehr hölzern gewesen sein, und es war nicht immer ein Verlust, wenn etwas davon mit der Orgel zugedeckt wurde. Wer möchte aus den feinverschlungenen Linien einer Solostimme und eines Soloinstrumentes, wenn beide gut ausgeführt werden, immer den dicken Generalbaßqualster dazu hören, wie er in der Bezifferung mit Elefantentritt über die feinste Gliederung wegschreitet. Ich habe noch kein Bachsches Sologesangstück mit Orgel gehört, das man nicht anders hätte wünschen mögen. Denken läßt sich's schon gut, im Klang ist's anders. Ein paar Takte Mozart darauf, und man ist aus einer schweren Luft wie im Himmel. Aber das betrifft nicht die Orgel-Begleitung nur; es liegt in der ganzen Art und Weise dieser Gesangsmusik – das sage ich zu Ihnen, da ich weiß, wie Sie Bach lieben, und Sie wissen, wie ich ihn liebe. Diese Liebe aber kann mich nicht blind machen für Stillosigkeit, denn so muß ich's nennen, wenn eine Singstimme mit Worten vom Komponisten nicht anders wie eine Oboe behandelt wird, sich überhaupt immer mit Instru-

3 Gemeint ist die Arie »Ich will bei meinem Jesu wachen«, Teil I, Nr. 26 (Anm. d. Hrsg.).

menten, als ebenbürtige, kontrapunktisch herumwinden muß. Es wird sehr respektabel sein, wenn ein Sänger auch solchen Gesang leisten kann, das ist eine Virtuosität, zu verlangen ist es nicht, denn es ist nicht zu verlangen, daß einer Oboe und Geige singen könne. Darüber kann mich auch eine virtuose Ausführung nicht täuschen, sie kann das Ungehörige nicht gehörig machen.

Das gehört aber nicht mehr auf die Fragen, es ist nur eine Meinung, wie es die Antworten auf jene auch nur sind, bei denen ich mich ganz gut auch mit solchen vertragen kann, die anderer sind. Für manchen ist's der Name Bach, der ihm gefallen läßt, was ihm entschieden nicht gefallen kann; ein anderer kennt ihn wirklich, ist aber so verbissen, daß er keinen Unterschied mehr macht zwischen Vortrefflichem und Geringerem, der, wenn S. Bach Albrecht Dürer wäre, auch vor der Architektur seiner Randzeichnungen himmeln würde, wie er bei mancher nicht geschmackvollen Zutat von Bach himmelt, die nicht ihm, die nur seiner Zeit gehört. Die Enthusiasten beider Art wissen das Schönste und Größte an ihm oft gerade nicht zu würdigen.

Aber nun leben Sie wohl, sehr werter Freund, und seien Sie aufs herzlichste gegrüßt von Ihrem

freundschaftlich ergebenen
M. Hauptmann

EDUARD HANSLICK

Erst 1862 erklang die Matthäus-Passion erstmals auch in Wien. Aus diesem Anlaß schrieb Eduard Hanslick, einer der größten Musikkritiker des 19. Jahrhunderts, diese Besprechung.

Die »Matthäus-Passion« von S. Bach

Die Singakademie gab Bachs »Passionsmusik nach dem Evangelium Matthäi«. Es war für Wien die *erste Aufführung* dieses Werkes, das an religiöser Erhabenheit wie an künstlerischer Vollendung in der gesamten Musik kaum seinesgleichen hat. A. B. Marx durfte es wagen, die Bachsche »Matthäus-Passion« das »fünfte Evangelium« zu nennen. Der Eindruck, welchen wir durch die unmittelbare Kraft dieser Musik erfahren, läutert und befestigt sich vollends, wenn wir die uralt ehrwürdigen Wurzeln derselben ins Auge fassen. Bachs Musik ist letzte reichste Blüte eines durch Jahrhunderte sich durchziehenden religiösen Kunstzweiges. Die Passionsmusiken, gegenwärtig als unbestrittener Besitz des protestantischen Kultus angesehen, verdanken ihren Ursprung und erste Ausbildung der katholischen Kirche. Bis ins zwölfte Jahrhundert läßt sich der Gebrauch der katholischen Kirche verfolgen, die Leiden Christi in episch-dramatischer Form während der Karwoche in der Kirche musikalisch aufzuführen. Längst vor Palestrinas Zeiten wurde in der Sixtinischen Kapelle die Passionsgeschichte so aufgeführt, daß ein Sänger die Worte des Evangelisten, ein zweiter die Reden Christi sang, ein dritter endlich alle übrigen redend eingeführten Personen repräsentierte. Dazwischen trat stellenweise das Volk (turba) in mehrstimmigem Chor auf. Die lateinischen Bibelworte wurden nach von der Kirche normierten, psalmodischen Weisen abgesungen, welche »Akzente« hießen. Die evangelische Kirche übertrug die Sitte dieser Passionsaufführungen in ihre Liturgie. Auf Luthers Anordnung wurde an jedem Karfreitag vormittags die Leidensgeschichte des Herrn jährlich abwechselnd aus einem der Evangelisten von dem Geistlichen am Altare, und zwar deutsch, abgesungen, in eintöniger, von keinem Chor unterbrochener Psalmodie. Allmählich gegen das Ende des sechzehnten Jahrhunderts begann sich der musikalische Teil dieser kirchlichen Feier zu erweitern und auszubilden. Es kann hier nicht ausgeführt werden, wie durch immer reicheren Chorsatz, durch Einfügung von Arien und Duetten, durch genauere Charakteristik der biblischen Persönlichkeiten sich diese Gattung in Deutschland zu ihrem ersten Höhepunkt, den »Vier Passionsmusiken« von Heinrich Schütz (1665), erhob, durch den Königsberger Sebastiani eine noch künstlerischere Ausbildung (zum Beispiel durchgängige Instrumentalbegleitung) erfuhr. Eine neue Wendung nahm Form und Charakter der Passionsmusiken zu Anfang des achtzehnten Jahrhunderts in Hamburg. Den (meist nicht mehr bibelgetreuen) Worten des Evangelisten wurden nebst den Kirchenliedern der Gemeinde frei gedichtete, fromme Betrachtungen und Nutzanwendungen gegenübergestellt. Der berühmteste Versuch in der Reihe dieser poetisch kläglichen, von pietistischer Anschauung bestimmten Passionsgedichte war »Der für die Sünde der Welt gemarterte und sterbende Jesus« von dem Hamburger Ratsherrn Brockes. R. Keiser, Mattheson, Telemann, Händel und andere haben ihn komponiert. Die poetischen und religiösen Anschauungen dieser Kreise sind der Boden, aus welchem die wunderbare Passionsblume Sebastian Bachs erblühte.

Bachs Passionsmusiken sind natürlich für die Kirche berechnet, indem die ganze Gattung einen liturgischen Bestandteil des protestantischen Gottesdienstes bildet. Doch wurzeln die Passionsmusiken durchaus nicht so fest in dem kirchlichen Boden wie die katholische Messe; mehr von dem allgemeinen Charakter eines Oratoriums, sind sie viel leichter aus dem liturgischen Vorgang loszulösen. In Bachs »Passion« erzählt der Evangelist (Tenor) mit den Worten der Bibel die Leidensgeschichte; Christus (Baß), Petrus, Judas, Pilatus, das jüdische Volk und so weiter treten im Verlauf der Erzählung redend auf und verleihen ihr dramatisches Leben. An alle die Empfindung oder Betrachtung besonders erregenden Momente knüpfen sich Arien, Chöre und Kirchenlieder, teils der wirklichen, teils einer idealen Gemeinde. Große Chöre, in welchen sich die Gemeinde frommen Betrachtungen hingibt, eröffnen und beschließen das Werk. Man sieht, daß zu dem lyrischen Elemente, das in diesem Oratorium den Grundton bildet und auch äußerlich vorherrscht, noch das epische und dramatische sehr wesentlich hinzutreten. Von jeder dieser drei Ausdrucksformen gibt die »Matthäus-Passion« unvergleichliche Muster. Wenn hier die Erzählung sich zur tiefempfundenen Arie ausbreitet, dort gewaltig dramatische Chöre wie Blitze einschlagen, um sich bald wieder in lang aushallendem Choral zu beruhigen und zu vertiefen, so fällt es schwer, dem einen oder dem anderen den Vorzug zu geben. Dennoch gehört wohl das Bedeutendste den lyrischen Partien an, welche dem innerlich arbeitenden Empfindungsleben Bachs gewiß auch am nächsten standen. Gleich die erste Nummer, vielleicht die vollendetste des Ganzen, ist ein polyphones Wunderwerk, dessen durchgeistigte Kunst wir bewundern, ohne davon erdrückt zu werden. Es ist ein Doppelchor der »Töchter Zions« und der Gläubigen, auf welchen weithin die Silberklänge eines dritten, höher postierten Chors (Knabenstimmen) sich niedersenken. Kein majestätischeres Portal läßt sich zu dem gotischen Dom denken, mit dem man so oft mit Recht die »Matthäus-Passion« verglichen hat. Unter den Arien sind die bedeutendsten jene, welche der Solostimme die gewaltigen festgefügten Schichten des Chores unterbreiten, wie die Tenor-Arie in c-Moll (Nr. 26), die Alt-Arie »Ach, nun ist mein Jesus hin« und andere. Diesen stehen die kleinen Arien, zwar nicht minder imposant und kunstreich, doch nicht weniger tief und sinnig, zur Seite. Es würde bei der großen Anzahl derselben fast ebenso schwerfallen wie bei den Chören, die besten namhaft zu machen. Allerdings ist gerade der Genuß der Arien für ein größeres Publikum durch ihre veraltete Form und die ungewohnt dürftige Instrumentierung erschwert. Häufig begleiten nur Oboe und Violoncell oder Flöten und Bässe die Singstimme, zu welcher diese zwei oder drei Instrumente, jedes sich unabhängig fortbewegend, meist in streng gemessene kontrapunktische Beziehung treten. Die dünne Begleitung (namentlich wo, wie bei der Wiener Aufführung, die füllende Orgel wegbleibt), das Fehlen aller Blechinstrumente verleiht diesen Arien einen ungemein keuschen, ernsten, aber auch fremdartigen Ausdruck. Nach dem langen, uns ungewohnten Vorherrschen figurierender Oboen und Flöten klingt es schon wahrhaft erfrischend, wenn eine Violine die schöne Alt-Arie im zweiten Teil begleitet. Kleinere Ariensätze von köstlicher Einfalt und Reinheit wie »Du lieber Heiland, du«, »Golgatha« mit den zwei tiefen Oboen (hier Klarinetten) und so weiter besitzt die »Matthäus-Passion« in stattlicher Zahl. Untergeordneter, doch von hohem Interesse sind die epischen Partien des Werkes. Die Rezitative des Evangelisten haben eine Lebendigkeit und Schärfe der Deklamation, die mitunter auch das Gewaltsame, Eckige nicht scheut. Der erzählende Fluß der klassischen italienischen Rezitative steht unserm Meister fern, dessen Eigenart es mit sich bringt, die charakteristische Bedeutsamkeit überall, auch auf Kosten der Schönheit, voranzustellen. Bedenklich für unsere Zeit erscheint die hohe Tenorlage, in welcher Bach den Evangelisten rezitieren läßt; die tiefere Orchesterstimmung seiner Zeit reicht hier zur Erklärung nicht aus. Bach muß für den Evangelisten einen Sänger zur Verfügung gehabt haben, der mit ganz ungewöhnlicher Leichtigkeit in der höchsten Tenorlage deutlich rezitierte, eine Art Haut-contre, wie die Franzosen jene jetzt ausgestorbene Gattung hoher, sich dem Alt nähernder Tenöre nannten. Wem wäre der schöne Zug nicht aufgefallen, daß alle Reden Christi von lang aushaltenden Geigentönen wie von verklärendem Licht umflossen sind, während die Rezitative des Evangelisten, der Apostel und so weiter nur von kurzen Baßnoten gestützt werden! Das dramatische Element macht sich schon in den Reden und Gegenreden der handelnden Personen geltend; mit entscheidender, bewußter Kraft tritt es jedoch in den kurzen Chorsätzen der Juden im zweiten Teil auf. Welch mächtige, dabei ungesuchte Wirkung! Sie ist um so bemerkenswerter, als die Kraft und Verfeinerung des dramatischen Ausdrucks unbestritten dasjenige Element in der Musik ist, welches eine spätere Kunstepoche am glücklichsten weitergeführt hat. Wie tief Mendelssohns wirksamste Chöre diesen Vorbildern Bachs verpflichtet sind, wird niemand entgangen sein.

Als Ganzes macht die »Matthäus-Passion« einen tiefen, ganz und gar eigentümlichen Eindruck, einen mächtigeren Eindruck, als wir nach dem Studium der Partitur selbst prophezeit hätten. In der Gewalt und Eigenart dieses Totaleindruckes verschwindet alles Einzelne, was den

Hörer im Verlauf etwa fremdartig, ungenügend, selbst widerwillig berühren möchte. In ihrer höchsten Offenbarung sehen wir eine Kunstrichtung vor uns auferstehen, die wir als erhaben verehren, obgleich sie nicht mehr die unsrige ist. Hier versteht man Zelters Wort, Bach sei »eine Welt für sich«; man fühlt, dies Werk ist einzig, wie sein Schöpfer einzig war. Eben deshalb bleibt dem Hörer auch die Versuchung ferne, Vergleiche anzustellen. Ohne viel Nutzen würde er damit nur sich und das Werk beeinträchtigen. In Parallelen zwischen der »Matthäus-Passion« und der im Ohr des Publikums noch nachklingenden D-Messe von Beethoven mag die subjektive Vorliebe, das individuelle Verhalten des Hörers sein Recht wahren; ein objektiver Maßstab der Wertschätzung wird sich nicht finden lassen. Die religiösen Anschauungen Bachs sind von jenen Beethovens so weit verschieden, wie die Richtungen ihrer musikalischen Phantasie auseinandergehen. Daß Beethovens Werk eine größere Zahl von Hörern unmittelbar erfaßt und mit sich fortreißt, können wir weder bezweifeln noch bedauern, ist es doch musikalisch und kirchlich aus modernem Geist geboren. Man kann auf Beethoven übertragen, was von Shakespeare gesagt wurde, daß er nämlich überall und doch nirgends religiös ist. Von Bach darf die erste Hälfte des Satzes gelten. Niemand wird ihn mit Shakespeare vergleichen, aber an den ihm an Genie allerdings untergeordneten Milton erinnert uns der fromme Thomaskantor häufig. Wie Miltons Poesie direkt aus dem englischen Puritanertum, so mündet Bachs Kirchenmusik aus der großen pietistischen Bewegung des siebzehnten Jahrhunderts. Das Wort nicht im tadelnden Sinn genommen, sondern im historisch charakterisierenden. Den Zusammenhang Bachs mit dem deutschen Pietismus zu übersehen, bedarf es wirklich eines verschleierten Auges. Man betrachte die Texte seiner

Kantaten, Motetten, Passionen und die liebevolle Versenkung, den allerdings verklärenden, aber doch innerlichst damit zusammenstimmenden Ausdruck seiner Musik. Das den Pietismus charakterisierende Hereinziehen alles Gegebenen in die Innerlichkeit und zugleich das fortwährende emsige Herausholen und Anschauen des Empfundenen finden wir analog in Bachs Musik wieder. Das ist jedenfalls etwas von der bloßen Frömmigkeit sich Unterscheidendes. Tiefe Religiosität spricht doch auch aus Beethovens D-Messe; allein sie ist modifiziert, bereichert durch tausend Bildungselemente, die Beethoven in sich aufgenommen und die er auch im kirchlichen Schaffen weit entfernt ist, von sich abzuwehren. Wir brauchen übrigens, um dieses Unterschiedes innezuwerden, gar nicht den entfernten Beethoven, wir dürfen nur Bachs großen Zeitgenossen Händel herbeiziehen, dessen »Messias« denselben Inhalt wie die Passionsmusik behandelt. Im »Messias« atmet auch jeder Ton echte Frömmigkeit, dabei ist aber alles freier, heller, mutiger. Die tröstenden, sich aufschwingenden, das Gemüt befreienden Momente finden sich bei Händel ungleich zahlreicher, und er verweilt viel länger und nachdrücklicher bei ihnen, während über der ganzen »Matthäus-Passion« eine ergreifende tiefe, aber fast ununterbrochen düstere, unfreie, von der Betrachtung der eigenen Sündenhaftigkeit nicht loskommende Frömmigkeit wie schwerer Trauerflor lastet. Daß es Bach ohne ängstliche Bemühung gelang, alle sinnlichweltlichen Elemente fernzuhalten und dennoch auf einem so rigoros begrenzten Gebiet menschlichen Empfindens den Hörer unausgesetzt zu beschäftigen und zu erheben, ist das höchste Zeugnis für die Kraft seines Genies und seiner Empfindung.

Es freute uns zu beobachten, daß das überaus zahlreiche Publikum Bachs erstem und anstrengendem Meisterwerk mit ungeschwächter Teilnahme folgte. Der Vollgenuß eines solchen Werkes kann freilich nur demjenigen werden, der wohlvorbereitet herantritt und auch in die fast unergründliche Tiefe der künstlerischen Technik zu tauchen versteht. Diese Freiheit und Kunst der Behandlung des polyphonen Satzes ist für das arbeitende Studium eine Goldgrube musikalischer Erkenntnis. Außer einiger technischer Einsicht verlangt die Würdigung des Werkes auch historischen Sinn. Nur durch seine Vermittlung vermag man die Bedeutung des Ganzen völlig zu erfassen und unbeirrt von fremdartigen Einzelheiten es zu genießen. Diesen historischen Sinn, den schönsten Erwerb unserer Zeit, scheint das Publikum in der Tat auch in musikalischen Dingen sich mit jedem Jahr sicherer anzueignen; es versteht moderne Anschauungen, individuelle Neigung und Gewohnheit von den Denkmälern einer großen Vergangenheit fernzuhalten, und stößt es sich auch hie und da mit den Fühlhörnern, so zieht es sie doch nie zurück.

Richard Wagner

»Was ist deutsch?« fragt Richard Wagner in diesem 1865 verfaßten Aufsatz, der Bach wie einen deutschen Nationalheiligen feiert.

Will man die wunderbare Eigentümlichkeit, Kraft und Bedeutung des deutschen Geistes in einem unvergleichlich beredten Bilde erfassen, so blicke man scharf und sinnvoll auf die sonst fast unerklärlich rätselhafte Erscheinung des musikalischen Wundermannes *Sebastian Bach*. Er ist die Geschichte des innerlichsten Lebens des deutschen Geistes während des grauenvollen Jahrhunderts der gänzlichen Erloschenheit des deutschen Volkes. Da seht diesen Kopf, in der wahnsinnigen französischen Allongenperücke versteckt, diesen Meister – als elenden Kantor und Organisten zwischen kleinen thüringischen Ortschaften, die man kaum dem Namen nach kennt, mit nahrungslosen Anstellungen sich hinschleppend, so unbeachtet bleibend, daß es eines ganzen Jahrhunderts wiederum bedurfte, um seine Werke der Vergessenheit zu entziehen; selbst in der Musik eine Kunstform vorfindend, welche äußerlich das ganze Abbild seiner Zeit war, trocken, steif, pedantisch, wie Perücke und Zopf in Noten dargestellt: und nun sehe man, welche Welt der unbegreiflich große Sebastian aus diesen Elementen aufbaute! Auf diese Schöpfung weise ich nur hin; denn es ist unmöglich, ihren Reichtum, ihre Erhabenheit und alles in sich fassende Bedeutung durch irgendeinen Vergleich zu bezeichnen. Wollen wir uns jetzt aber die überraschende Wiedergeburt des deutschen Geistes auch auf dem Felde der poetischen und philosophischen Literatur erklären, so können wir dies deutlich nur, wenn wir an Bach begreifen lernen, was der deutsche Geist in Wahrheit ist, wo er weilte, und wie er rastlos sich neu gestaltete, während er gänzlich aus der Welt entschwunden schien. Von diesem Manne ist neuerlich eine Biographie erschienen, über welche die allgemeine Zeitung berichtete. Ich kann mich nicht entwehren, aus diesem Berichte folgende Stellen anzuführen: »Mit Mühe und seltener Willenskraft ringt er sich aus Armut und Not zu höchster Kunsthöhe empor, streut mit vollen Händen eine fast unübersehbare Fülle der herrlichsten Meisterwerke seiner Zeit hin, die ihn nicht begreifen und schätzen kann, und stirbt bedrückt von schweren Sorgen einsam und vergessen, seine Familie in Armut und Entbehrung zurücklassend – das Grab des Sangesreichen schließt sich über den müden Heimgegangenen ohne Sang und Klang, weil die Not des Hauses eine Ausgabe für den Grabgesang nicht zuläßt. Sollte eine Ursache, warum unsere Tonsetzer so selten Biographen finden, teilweise wohl auch in dem Umstande zu suchen sein, weil ihr Ende gewöhnlich ein so trauriges, erschütterndes ist?« – – Und während sich dies mit dem großen Bach, dem einzigen Horte und Neugebärer des deutschen Geistes, begab, wimmelten die großen und kleinen Höfe der deutschen Fürsten von italienischen Opernkomponisten und Virtuosen, die man mit ungeheuren Opfern dazu erkaufte, dem verachteten Deutschland den Abfall einer Kunst zu besten zu geben, welcher heutzutage nicht die mindeste Beachtung mehr geschenkt werden kann.

Friedrich Nietzsche

Der Philosoph, Kulturkritiker, Essayist, Lyriker und auch Komponist war ein Verehrer Richard Wagners, den er wiederholt besucht hat, bis es zum endgültigen Bruch zwischen den beiden kam. Über Bach hat sich Nietzsche nur gelegentlich geäußert.

In dieser Woche habe ich *dreimal* die Matthäuspassion des göttlichen Bach gehört, jedesmal mit demselben Gefühl der unermeßlichen Verwunderung. Wer das Christentum völlig verlernt hat, der hört es hier wirklich wie ein Evangelium; es ist dies die Musik der Verneinung des Willens, ohne die Erinnerung an die Askesis.

An Erwin Rhode, 30. April 1870

Sofern man Bachs Musik *nicht* als vollkommener und gewitzigter Kenner des Kontrapunktes und aller Arten des fugierten Stiles hört, und demgemäß des eigentlichen artistischen Genusses entraten muß, wird es uns als Hörern seiner Musik zumute sein (um uns grandios mit Goethe auszudrücken), als ob wir dabei wären, *wie Gott die Welt schuf*. Das heißt: wir fühlen, daß hier etwas Großes im Werden ist, aber noch nicht ist: unsere *große* moderne Musik. Sie hat schon die Welt überwunden, dadurch daß sie die Kirche, die Nationalitäten und den Kontrapunkt überwand. In Bach ist noch zu viel krude Christlichkeit, krudes Deutschtum, krude Scholastik; er steht an der Schwelle der europäischen (modernen) Musik, aber schaut sich von hier nach dem Mittelalter um.

Menschliches, Allzumenschliches

Wirkliche Größe des Charakters bei einem Musiker hat nur S. Bach.

Nachgelassene Fragmente

Johannes Brahms

Brahms, ein Verehrer Bachs und von ihm zeitlebens beeinflußt, schickt 1877 an Clara Schumann, die ihre rechte Hand wegen einer Entzündung nicht benutzen kann, eine Klavierbearbeitung für die linke Hand von Bachs berühmter Chaconne für Violine solo.

Pörtschach, Juni 1877.

Liebe Klara,

ich würde glauben, Dir lange nichts so Amüsantes geschickt zu haben, wie heute – wenn Deine Finger das Vergnügen aushalten! Die Chaconne ist mir eines der wunderbarsten, unbegreiflichsten Musikstücke. Auf ein System, für ein kleines Instrument schreibt der Mann eine ganze Welt von tiefsten Gedanken und gewaltigsten Empfindungen. Wollte ich mir vorstellen, ich hätte das Stück machen, empfangen können, ich weiß sicher, die übergroße Aufregung und Erschütterung hätte mich verrückt gemacht. Hat man nun keinen größten Geiger bei sich, so ist es wohl der schönste Genuß, sie sich einfach im Geist tönen zu lassen.

Aber das Stück reizt, auf alle Weise sich damit zu beschäftigen. Man will Musik auch nicht immer bloß in der Luft klingen hören, Joachim ist nicht oft da, man versucht's so und so. Was ich aber nehme, Orchester oder Klavier – mir wird der Genuß immer verdorben.

Nur auf eine Weise, finde ich, schaffe ich mir einen sehr verkleinerten, aber annähernden und ganz reinen Genuß des Werkes – wenn ich es mit der linken Hand allein spiele! Mir fällt dabei sogar bisweilen die Geschichte vom Ei des Kolumbus ein! Die ähnliche Schwierigkeit, die Art der Technik, das Arpeggieren, alles kommt zusammen, mich – wie einen Geiger zu fühlen!

Versuche es doch einmal, ich habe es nur Deinetwegen aufgeschrieben. Aber: überanstrenge die Hand nicht! Es verlangt gar so viel Ton und Kraft, spiele es einstweilen *mezza voce*. Auch mache Dir die Griffe handlich und bequem. Wenn es Dich nicht überanstrengt – was ich aber glaube – müßtest Du viel Spaß daran haben.

Hugo Wolf

Wolfs (hier gekürzt wiedergegebene) Satire auf das Konzertpublikum seiner Zeit entstand 1884 und zielte auf die sich ausbreitende Bach-Schwärmerei.

Ein Monolog

Unlängst in einer recht unfreundlichen Nacht gewahrte ich vor einer Annoncensäule einen Unbekannten, der beim Scheine einer Gaslaterne eifrig bemüht war, das Programm der Philharmoniker zu entziffern. Ich trete ein wenig näher und vernehme nun einen bald leise, bald heftiger geführten Monolog, der mir so viel Richtiges zu enthalten schien, daß ich, auf meiner Stube angelangt, denselben notierte und mir vornahm, dieses nächtliche Selbstgespräch des Unbekannten gelegentlich zu veröffentlichen. Hiermit tue ichs.

»Philharmonische Konzerte«, – so fing er an – »wahrscheinlich wieder die alte abgedroschene Leier! – Laßt sehen, – Bach, Mozart, Beethoven, Haydn – – gut, gut. – Das Publikum liebt klassische Musik – es ist gar gebildet, gar ernst, keusch, gar streng! – Beethoven, Mozart, Haydn sind ihm eigentlich schon zu gewöhnlich, zu melodiös, gar zu verständlich, zu menschlich. Hingegen Bach!! Zwar ist's diesmal nur ein Violinkonzert, aber wenn auch keine Doppelfugen, keine zwölfstimmigen Kanons drin rumoren, auf einen tüchtigen Kontrapunkt kann man sich getrost verlassen. – Ach Bach! (Hier ahmte er höhnisch die Verzückung des Publikums nach), ach Bach! Ja freilich, – das ist Musik! – Alles Granit, Erz! Überall Tiefe, Urwüchsigkeit, Größe, Hoheit, Genie! (im natürlichen Ton). Meiner Treu! Ich glaube, daß das philharmonische Publikum lieber in die pontinischen Sümpfe hüpfen als Kompositionen dieses gepriesenen Meisters anhören möchte, würden dieselben nicht das Programm der Philharmoniker zieren. Aber was tut man nicht der Mode zu Liebe! Bach ist beim philharmonischen Publikum zur fashion geworden, und es gehört zum guten Ton, sämtliche Bachschen Kantaten auf den Fingern herzuzählen und mitten in einem Mendelssohnschen Lied ohne Worte plötzlich auszurufen: Sehr schön, sehr nett, reizend, aber warum spielen Sie nicht die Matthäus-, Johannes-Passion, das Weihnachts-Oratorium, das wohltemperierte Klavier? ›Ich spiele Ihnen das italienische Konzert vor.‹ Das ist nichts; man spielt die h-Moll-Messe, auswendig oder mindestens aus der Partitur. – Donnerwetter! Der Mensch ist gebildet. – – Naive Seele. – Glaub's nicht. Spiele ruhig Deine Mendelssohnschen Lieder ohne Worte, denn schon bangt es Deinem Bach-Enthusiasten, Du könntest unversehens doch so ein Dutzend Bachsche Kantaten aufs Pult legen. Er würde ebenso gern Vitriol schlucken, als so eine Kantate zu Ende hören.

Wie mancher macht wohl den Umweg über sämtliche Bachsche Kompositionen, die er hören möchte, um schließlich beim ›lustigen Krieg‹ oder, wenn's gut geht, beim des-Walzer Chopins anzuhalten. ›Lug und Trug, ich weiß es besser!‹ Ja, was aller Tiefsinn Bachs nicht vermag, das gelingt der Mode. Sie ist das Medium zwischen diesem Komponisten und unserem Publikum, und da glücklicherweise dem letzteren die Autorität Bachs zu Hilfe kommt, darf man füglich annehmen, daß der Beifall für diesen Komponisten ein aufrichtiger ist, d. h., aus dem guten Glauben an dessen enorme Klassizität entspringt!«

Claude Debussy

»Diesen alten Bach, der die ganze Musik umfaßt«, hat der französische Komponist verehrt wie keinen anderen Musiker sonst und sich zeitlebens mit seiner Musik auseinandergesetzt. Zeitgenössischen Komponisten empfahl Debussy, sie sollten, bevor sie sich an ihre Arbeit setzten, zu Bach beten, »damit er sie vor Mittelmäßigkeit bewahre«. Die beiden Feuilletons stammen aus den Jahren 1901 und 1913.

Eugène Ysaye spielte das Violinkonzert in G-Dur von Johann Sebastian Bach[1], wie es vielleicht nur ihm gegeben ist, ohne sich als Störenfried zu gebärden; er hat die Freiheit des Ausdrucks, den ungekünstelt schönen Klang, beides Gaben, die für die Interpretation dieser Musik unerläßlich sind.

Das kommt einem um so mehr zum Bewußtsein, als alles übrige an der Aufführung sich mühsam und schwerfällig dahinschleppte. Es ist, als wollte man Bach durch die Steifheit, mit der man ihn interpretiert, das Gewicht der Jahrhunderte aufbürden, das auf seinem Werk lastet. Dabei ist unter all den Konzerten, die Bach geschrieben hat, gerade dieses besonders bewundernswert; hier findet sich in fast makelloser Reinheit jene »musikalische Arabeske«, oder vielmehr jenes Prinzip des »Ornaments«, das die Grundlage jeder Art von Kunst bildet. (Das Wort »Ornament« hat hier nichts mit dem zu tun, was die musikalischen Lehrbücher darunter verstehen.)

Die frühen Meister, Palestrina, Vittoria, Orlando di Lasso usw. bedienten sich dieser göttlichen »Arabeske«.

1 Ein Violinkonzert G-dur von Johann Sebastian Bach gibt es nicht; Debussy hat sich hier getäuscht und das in E-dur stehende oder das vierte Brandenburgische Konzert (G-dur) mit Violino piccolo gemeint (Anm. d. Hrsg.).

Sie fanden ihre Urgestalt im Gregorianischen Choral und stützten ihr zerbrechliches Geflecht durch widerstandsfähige Kontrapunkte. Bach nahm die Arabeske wieder auf und machte sie biegsamer, flüssiger. Die Schönheit konnte sich trotz der strengen Ordnung, in die der große Meister sie stellte, mit dieser freien, unaufhörlich zu neuen Gestalten drängenden Phantasie bewegen, die uns noch heute in Erstaunen setzt.

Das Erregende an Bachs Musik ist nicht so sehr der Charakter der Melodie als vielmehr ihr Kurvenverlauf. Noch mehr wirkt die gleichlaufende Bewegung der Linien, ihr zufälliges Zusammentreffen, ihr einmütiges Zusammengehen, auf die Empfindung ein. Mit dieser ornamentalen Konzeption gewinnt die Musik die Sicherheit eines mechanischen Ablaufs, der den Hörer beeindruckt und mancherlei Vorstellungen in ihm auslöst.

Man darf aber nicht glauben, daß dies etwas Unnatürliches oder Künstliches sei. Es ist im Gegenteil unendlich viel »wahrer« als das armselige kleine Menschengeschrei, das im Musikdrama tönt. Vor allem bewahrt die Musik hier ihren ganzen Adel; sie gibt sich nicht dazu her, dem Bedürfnis nach Empfindelei entgegenzukommen, das jene Leute mit Vorliebe zur Schau stellen, von denen es heißt »sie lieben die Musik so sehr«; diese Musik hat höheren Stolz: Sie zwingt zu Respekt, wenn nicht gar zur Bewunderung.

Es läßt sich übrigens leicht beobachten, daß nie jemand Bach »pfeift«. Auf diesen Lippenruhm hat Wagner nicht verzichten müssen: Zur Stunde, da die Luxusgefangenen aus den musikalischen Arrestlokalen strömen, werden auf dem Boulevard beschwingt die *Winterstürme* oder das Eingangsmotiv aus den *Meistersingern* gepfiffen. Ich weiß wohl, viele sehen darin den höchsten Ruhm, den die Musik zu vergeben hat. Trotzdem darf man wohl anderer Meinung sein, ohne allzusehr als Sonderling zu gelten.

*

Die Schönheit des Andante aus dem Violinkonzert von Johann Sebastian Bach[2] ist so groß, daß man ernstlich nicht mehr weiß, wie man sich hinsetzen und verhalten soll, um des Anhörens würdig zu sein. Sie bleibt einem lange im Sinn, und man wundert sich beim Hinaustreten auf die Straße, daß der Himmel nicht blauer ist und der Parthenon nicht aus der Erde emporwächst. Doch das wilde Hupen der Autobusse rückt die Dinge schnell wieder an ihren gewohnten Platz.

2 Gemeint ist Bachs Violinkonzert in a-moll (Anm. d. Hrsg.).

Rainer Maria Rilke

Rilkes Bach-Bild ist ungenau und zufällig. Wie er wirklich zu Bach gestanden hat, wissen wir nicht. Seine beiden Bemerkungen im Briefwechsel mit Sidonie Nádherný von Borutin datieren vom 14. November 1907 und vom 22. März 1920.

Und Musik (die mir zu stark ist, zu sehr Essenz, so daß ich sie nie zu hören wage –) mit Ihnen möchte ich sie einmal hören –: Bach, vor allem, von dem Sie so innig wissen, daß er »reicher ist als das weiteste Meer« –.

*

Sonst nichts Neues: es sei denn, daß ich Samstag im Münster die vollständig aufgeführte Matthäus-Passion gehört habe, – aber das ist eine undatierbare und eigentlich uneinräumliche Begebenheit, au dessus de la vie de tous les jours – –.

Albert Schweitzer

Schweitzers 1908 in Spanien gehaltener Vortrag vermittelt das Bild eines Spätromantikers. Seine Interpretation Bachs als einen »der größten Mystiker, die die Welt kennengelernt hat«, wirkt eher verwirrend, entsprach aber einem Bedürfnis jener Jahre.

Von Bachs Persönlichkeit und Kunst

Vor zwanzig Jahren sprach man weniger von Bach als heute. Seine Werke waren noch nicht alle herausgegeben und wurden nur sehr selten und unter ziemlich schlechten Bedingungen aufgeführt. Nicht nur die Gleichgültigkeit der breiten Öffentlichkeit verzögerte Bachs Siegeszug. Hinzu kam noch, daß die Musikwelt zwischen 1850 und 1880 sich vorwiegend um den Verlauf des Kampfes zwischen Wagner und seinen Widersachern kümmerte. Jener verkörperte den Geist der neuen Zeit, diese hingegen standen zur klassischen Kunst und ahmten sie nach, wobei sie Bach unter die Klassiker, als Gegenpol zum Bayreuther Meister einreihten.

1850 bildete sich unter Schuhmanns Förderung eine Gesellschaft, die sich zum Ziel setzte, Bachs Werke zu veröffentlichen. Von da an erschien jährlich während einer ganzen Generation ein dicker, grauer Folioband mit Werken des Meisters. Subskribenten waren wenig, einige starben, vergebens suchte Liszt bei seinen vielen Reisen nach neuen Gönnern. Nur mit Mühe konnte der Traum der Subskribenten verwirklicht werden: vor etwa zwölf Jahren wurde die Arbeit vollendet, allerdings mit einem ansehnlichen Defizit.

Als Wagner gesiegt hatte, breitete sich über die Musikwelt eine Art Leere aus. Unter den Lebenden ragte keiner derart heraus, daß man ihn hätte verherrlichen oder bekämpfen können. Somit wendeten sich alle der Vergangenheit zu: Bachs Stunde war gekommen.

Was wir heute von seiner Persönlichkeit wissen, verdanken wir Philipp Spitta, der vor zehn Jahren starb. Dieser Lehrer für Musikgeschichte an der Berliner Musikhochschule schuf die Grundlage für die historische Bach-Forschung.

Das Leben des Meisters mag in wenigen Worten erzählt werden. 1685 – also im selben Jahr wie Händel – wurde er in Eisenach (Thüringen) geboren. Wenige Jahre darauf starben seine Eltern; dann nahm ihn sein älterer Bruder auf, der Organist in Ohrdruf war. Später durfte er dank seiner schönen Stimme in der Internatsschule zu Lüneburg studieren. Im damaligen Deutschland nahmen ja alle höheren Schulen Knaben an, die singen oder ein Instrument spielen konnten; diese mußten dafür in der Pfarrkirche bei allen musikalischen Aufführungen mitwirken.

Anschließend wurde Bach Organist in Arnstadt, dann in Mühlhausen, worauf er 1709 nach jenem Weimarer Hof berufen wurde, der später durch Goethe und Franz Liszt berühmt wurde. Dort wirkte Bach als Cembalist, Organist und Konzertmeister, d. h. als Zweiter Kapellmeister. 1717 mußte er jäh den Hof verlassen. Das frei gewordene Amt eines Kapellmeisters, das er sich erhoffte, bekam ein unbegabter Musiker. Bachs Zorn gegen den Herzog machte sich derart Luft, daß einige seiner Äußerungen die Ohren des Angegriffenen erreichten. Dieser sperrte ihn für vierzehn Tage ein; dadurch wollte er ihm wohl Zeit geben, um über die Nachteile nachzusinnen, die dem entstehen, der Mächtige dieser Welt allzu hart rügt.

Darauf wurde Bach Cembalist und Kapellmeister am fürstlichen Hof zu Köthen. Die Jahre, die er dort verbrachte (1717 – 1723), zählen zu den glücklichsten seines Lebens. Der Fürst sah in ihm viel eher einen Freund als einen Diener.

Indessen wuchsen Bachs Kinder heran. Zu ihrer weiteren Ausbildung reichte das Städtchen nicht mehr aus. Daher bewarb er sich um das Amt des Kantors an der berühmten Thomasschule in Leipzig; er wurde 1723 gewählt und behielt diese Stelle bis zu seinem Tode. Für seine sehr große Familie reichte das bescheidene Gehalt kaum; aus Bachs beiden Ehen stammten einundzwanzig Kinder, deren acht ihn überlebten.

Außerdem aber litt er unter der Unzulänglichkeit der künstlerischen Mittel, die ihm zur Verfügung standen. Die Chöre waren hinsichtlich der Zahl und der Fähigkeit ihrer Mitglieder ungenügend. Zur Aufführung einer Kantate mußte er sich mit etwa sechzehn bis zwanzig Sängern begnügen, aus denen er noch die Solisten auszuwählen hatte. Was das Orchester betrifft, so stellte ihm die Stadt ein halbes Dutzend Musiker zur Verfügung, alle sehr alt und mit noch älteren Instrumenten, obschon etwa zwanzig zur Aufführung seiner Werke erforderlich gewesen wären. Deshalb mußte sich Bach mit einigen Studenten behelfen, denen er und seine Söhne Instrumentalunterricht erteilten. Man kann sich vorstellen, wie sehr der Meister jedesmal litt, wenn ein paar Schüler seine Soli für Flöte, Oboe, Violine, Trompete und Horn massakrierten: ebendiese Soli werden von unseren besten Instrumental-Virtuosen nur mit größter Mühe ausgeführt. Oder man stelle sich vor, wie die Rezitative und Arien aus den Passionen und Kantaten aus dem Munde von zehn- bis zwölfjährigen Schülern klangen. Da diese Werke in der Kirche aufgeführt wurden, konnten ihre Solopartien nicht von erfahrenen Solistinnen übernommen werden, die ja auf der Orgelempore nicht zugelassen waren. Den unglücklichen Meister schmerzte also jede Aufführung dieser großen Werke.

In Leipzig war er nicht beliebt. Vorher war er von Fürsten und hohen Herren umgeben, die ihn meistens als Gleichgestellten behandelten; nun fiel es ihm schwer, sich in die Welt der Leipziger Bürger und Spießbürger einzuleben. Auch seine niedrige Stellung empfand er sehr. Die ehrbaren Bürger, die im Stadtrat saßen, achtete Bach nicht so hoch, wie es ihnen nach ihrer Einbildung gebührte, ja, manchmal behandelte er sie, so scheint es, etwas von oben herab. Darüber hinaus verführte ihn sein Temperament zu unnötigen Zänkereien, die ihm bei seinen notwendigen Beziehungen zu seinen Vorgesetzten oft geradezu schadeten. Mit Gleichgestellten aber, etwa mit Künstlern, mit Rat- und Hilfesuchenden wurde dieser »hoffärtige«, ja unzugängliche Mann liebevoll und bescheiden wie kein zweiter: darin stimmen alle Berichte überein. Dennoch fühlten sich anscheinend alle, die mit ihm verkehrten, zu einem gewissen Abstand veranlaßt, so daß er nie echte Freunde gewann.

Im Gegensatz etwa zu Händel fehlte es in Bachs Leben an umstürzenden Ereignissen. Kurz vor seinem Tode wurde ihm eine große Genugtuung zuteil. Bachs Sohn war Cembalist am Hofe Friedrichs des Großen; dieser ließ den Meister durch ihn einladen, zu ihm zu kommen und vor ihm zu spielen. 1747 nahm Bach die Einladung an und brachte den künstlerisch begabten König zur glühendsten Bewunderung.

1750 starb Bach an den Folgen einer Operation, durch die man ihn von einer Augenkrankheit heilen wollte. Die Kinder seiner ersten Ehe kümmerten sich nicht um seine zweite Frau, die in Armut starb. Ein etwas besseres

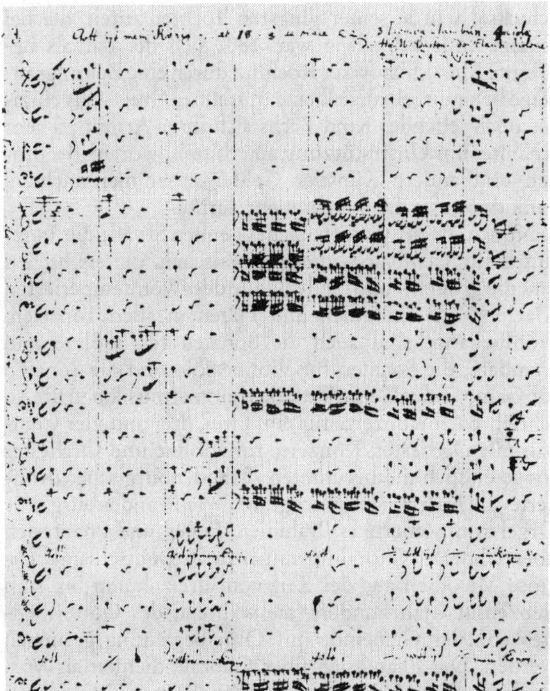

Johann Sebastian Bach: Kantate »Gott ist mein König« (BWV 71). Handschrift, erste Seite

Schicksal wurde seiner jüngsten Tochter zuteil, die bei seinem Tode achtjährig war. 1800 ließ der damals berühmte Musikhistoriker Rochlitz durch eine Zeitungsanzeige bekanntgeben, daß eine mittellose Greisin als einziges noch lebendes Kind Bachs sich ihrer Armut zu sehr schämte, um Unterstützung zu erbitten, worauf Beethoven und andere Künstler Gelder zusammenbrachten, dank denen sie dann nicht mehr darbte.

Nun zu Bachs Werken. Sicher kennen Sie alle die Tanzsuiten für Cembalo – die französischen, die englischen und die großen – und beide Bände des ›Wohltemperierten Klaviers‹ mit Präludien und Fugen in allen Tonarten. Wohlbekannt sind auch die Sonaten für Violine und Cembalo, die Sonaten für Violine solo und die Sonaten für Gamba oder Cello. Was die Kammermusik betrifft, so schrieb Bach Konzerte für ein, zwei, drei und vier Cembali mit Orchester, Konzerte für Violine und Orchester sowie endlich die berühmten ›Brandenburgischen Konzerte‹ als Auftrag des Markgrafen von Brandenburg. Für Orgel komponierte er Präludien, Fugen und Phantasien über Choräle. Choräle nennt man in Deutschland religiöse Melodien aus der Zeit vom dreizehnten bis zum siebzehnten Jahrhundert, die während des Gottesdienstes von der Gemeinde mit Orgelbegleitung gesungen werden. Die Phantasien über Choräle dienten als Vorspiele zu diesen Liedern, um die Sänger an die Melodie zu erinnern.

Soll ich erklären, was man unter Kantaten versteht? Es sind Werke, die einen oder zwei Choräle sowie einige Rezitative und Arien enthalten. Diese Musikgattung wurde von 1680 bis 1770 gepflegt. Schon zur Zeit Haydns und Beethovens war sie außer Gebrauch. Bei Bach muß man zwischen weltlichen und geistlichen Kantaten unterscheiden. Die ersten schrieb er für Feiern der Leipziger Universität und des Kurfürstentums Sachsen sowie für Geburtstage, Hochzeiten oder sonstige Familienanlässe. Von den rund zwanzig erhaltenen weltlichen Kantaten war eine der schönsten dazu bestimmt, als Tafelmusik bei der Hochzeit eines sehr reichen Leipziger Kaufmanns aufgeführt zu werden. Für ein solches Werk, das als Auftrag komponiert wurde, zahlte man damals 25 bis 30 Taler.

Was die geistlichen Kantaten angeht, so schrieb Bach wahrscheinlich 250 – 300, deren 180 noch vorliegen. Da geistliche Konzerte damals nicht stattfanden, wurden solche Kantaten während der Gottesdienste aufgeführt. Nach der Lesung aus dem Evangelium setzte sich der Geistliche; die Orgel spielte, dann, auf ein Zeichen Bachs, begann die Kantate. Sie dauerte gewöhnlich zwanzig Minuten. Der Text entsprach dem Evangelium, so daß die Kantate eine Art Musikpredigt war, die der Wortpredigt des Geistlichen vorausging. Im Gegensatz etwa zu Wagner fehlte Bach leider die Begabung, die Texte zu seinen Kantaten selber zu verfassen; diese bilden in seinen Werken den schwächsten Teil, verfügte doch der Meister über minderwertige Textdichter.

Die Passionen wurden am Karfreitag während des Abendgottesdienstes aufgeführt. Sie enthalten als Rezitativ einen Evangeliumsbericht, die Worte des Volkes werden vom Chor gesungen; Choralstrophen, Choräle und Arien drücken die Gedanken zur Handlung aus. Von Bach besitzen wir eine ›Matthäus-‹ und eine ›Johannespassion‹.

Recht bald nach seinem Tode begann man in ganz Deutschland, sich gegen die Bedeutung und den Platz der Musik im damaligen Gottesdienst aufzulehnen. Zunächst wurde daran gekürzt, dann wurden die Passionen, darauf auch die Kantaten abgeschafft. Zwanzig Jahre nach Bachs

Tode sang man in Leipzigs Kirchen keine Passionen mehr. Bis heute haben Passionen und Kantaten ihren Platz in den deutschen Kirchen nicht mehr wiedergefunden, und ich glaube kaum, daß dies je geschehen könnte. Um solche Werke jedoch aufführen zu können, hat man zur glücklichen Lösung der geistlichen Konzerte gegriffen, die in den Kirchen veranstaltet werden. In der Kirche St. Wilhelm in Straßburg zum Beispiel finden jeden Winter vier öffentliche geistliche Konzerte statt, jeweils am Sonntagabend und mit vier Kantaten. Dort durfte ich während vierzehn Jahren fast einhundert Kantaten mit der Orgel begleiten. Ferner wird am Karfreitag eine der Passionen aufgeführt. Die Unkosten werden von jenen Besuchern gedeckt, die für eine Mark einen Platz in der Kirche reservieren.

Die Motette hingegen wird noch in gewissen Kirchen gepflegt, und zwar aus dem ganz einfachen Grunde, weil sie nur von Chören gesungen und durch die Orgel unterstützt wird, also ohne Orchester und Solisten.

Von Bachs Lehrern habe ich noch nicht gesprochen: er hatte keine. Er lernte selbständig, indem er die Werke von Meistern aus allen Ländern abschrieb. Von seinen Schülern will ich auch nicht sprechen. Zwar wurden einige, besonders seine Söhne Friedemann und C. Ph. Emanuel, gute Musiker und sogar bemerkenswerte Komponisten; keiner aber setzte das Werk seines Lehrers fort. Bachs Schule brachte nichts zustande. Mozart, Haydn, Beethoven usw. gingen aus einer anderen Welt hervor und wurden von ihm keineswegs beeinflußt. Mit ihm ging ein Zeitalter, ja eine ganze Musikwelt zu Ende, die während einiger Jahrhunderte in Europa lebendig gewesen war. In Bach kommen die vielfältigen Gedanken dieses ganzen Zeitraums großartig zum Ausdruck. Beethovens Größe hingegen liegt einzig und allein in seiner Persönlichkeit und Eigenart; in seinem Werk brechen nur Gedanken heraus, die es vor ihm noch nicht gegeben hatte. In Bach findet man beide große Strömungen der früheren Musik und der Musik schlechthin: Er gehört sowohl der melodischen als auch der polyphonen Musik an. Keine Angst: ich werde Sie mit keinen langwierigen Ausführungen in Atem halten, kann doch der laienhafteste Laie verstehen: Entweder steht die Musik mit einer Melodie in Verbindung, so daß alles übrige nur Begleitung ist: dieser Gattung gehören das Volkslied sowie Mozarts und Chopins Werke an. Oder es gibt weder eine alleinige Melodie noch eine Begleitung, sondern es wirken verschiedene Melodien zusammen, indem jede Stimme, ob für Orgel, Cembalo, Chor oder Orchester, selbständig ihren eigenen Weg geht. All das sagt das Wort ›polyphon‹: auf Griechisch bedeutet ›poly‹ ›viel‹ und ›phone‹ ›die Stimme‹.

Die polyphone Musik entstand in den Niederlanden und verbreitete sich von dort durch ganz Europa. Sie war vor allem gesungene Musik. Vertreten wurde sie u. a. von Gabrieli in Venedig, von Schütz in Deutschland und von Palestrina in Rom. Ihr Verfall stand zu Bachs Zeit unmittelbar bevor; man war ihrer müde. Ähnlich wandte man sich etwas später von den tausend Linien des gotischen Baustils ab und ging, wie bei der Madeleine-Kirche in Paris, zum griechischen Stil über. Ende des 17. Jahrhunderts kündigte sich der Niedergang der polyphonen Musik an. Gerade dann erschien Bach.

Wer der melodischen Musik angehört, der weiß eine Melodie zu erfinden und verfügt über die Kunst der Schlichtheit, der Anmut, des Reichtums, wie wir sie bei den unbekannten Komponisten bewundern, die vom 14. bis zum 18. Jahrhundert religiöse und Volkslieder schrieben. Wie Mozart, so besaß auch Bach das Geheimnis der Melodie; dies werden Sie in wenigen Minuten und im

Konzert des kommenden Samstag feststellen dürfen, wenn Sie die geistlichen Lieder hören, die er für eine damals veröffentlichte Sammlung alter und neuer Kirchenlieder komponiert hat. Bei ihnen besticht vor allem eine gewisse deutsche Schwere – die echte, tiefe, deutsche Schwere –, gepaart mit italienischer Zierlichkeit und französischer Anmut.

In der melodischen Musik ist Bach *ein* Vertreter neben anderen; in der polyphonen aber stellt er eine Vollendung dar. Eben erwähnte ich Gabrieli, Palestrina und Schütz als große Meister des polyphonen Stils innerhalb der Vokalmusik. Dieser Stil war strengen Gesetzen unterworfen. Nach ihm erschien ein anderer, den ich instrumental nennen möchte, nämlich jener polyphone Stil, der nicht für die Menschenstimme mit ihrem Umfang und ihren Möglichkeiten geschaffen ist, sondern für die Instrumente mit ihrem großen Umfang und ihren verschiedenen Möglichkeiten. Dieser viel freiere Stil wird merkwürdigerweise auch für die Chöre verwendet. Palestrinas Werke weisen die strenge Schönheit des Vokalstils auf. Wäre er aber zu Bachs Zeit noch rein verwendet worden, so hätte man dies als altertümlichen Mißbrauch empfunden; die Stimmen wurden jetzt ebenso frei behandelt wie eine Violine oder eine Gambe. In einer Fuge für Orgel behandelte Bach die Stimmen nicht wesentlich anders als in einer Fuge für Chor; in diesem Stil komponierte er sogar die Chöre seiner Motetten.

Ich will hier nicht untersuchen, ob die Übernahme dieses freien Stils selbst für die Chöre nur einen Fortschritt bedeutete und ob Bach durch seine Behandlung der Stimmen in den hohen Registern nicht allzu instrumental komponierte. Es geht mir nur um die Feststellung, daß in den zwei Generationen vor ihm ein neuer polyphoner Stil entstand, bei dessen Gebrauch Bachs Vorgänger im Dunkel tappten. Zwischen Gabrieli, Schütz und Palestrina finden wir ja in der Musik keinen wirklich großen Namen. Vor Bach wurden Hunderte von Kantaten und Passionen komponiert; die Musikhistoriker graben sie aus und fordern uns auf, sie zu bewundern. Sie tun es vergebens; diese Werke können wir höchstens historisch bemerkenswert finden, sie vermögen uns nicht zu fesseln, weil es den Komponisten beim Umgang mit diesem so freien Stil an Begabung fehlte.

In diesem Stil erreichte Händel eine gewisse Vollkommenheit. Ein Teil seiner Werke ist für immer gerettet; der andere wird in der Vergangenheit begraben bleiben. Bach genügte den Forderungen dieses Stils völlig und vertritt die gotische Kunst in der Musik.

Zunächst soll hervorgehoben werden, wie mühelos er die Stimmbewegung handhabt: jede stellt eine wunderbare, eigenständige Linie dar. Erreichen alle einmal ein harmonisches Zusammenspiel, so geschieht dies fast als ein Wunder. Bei den Chorälen, die im Konzert vom kommenden Samstag aufgeführt werden sollen, könnten Sie jede Stimme getrennt singen lassen, und Sie würden feststellen, daß jede eine echte Melodie aufweist. Im heutigen Programm nach diesem Vortrag werden sie eine fünfstimmige Phantasie über den Choral ›An Wasserflüssen Babylon‹ hören; um jeder Stimme Bewegungsfreiheit zu sichern, mußte Bach den Pedalen zwei, statt wie üblich, eine anvertrauen; die Oberstimme singt die Melodie des Chorals, während die übrigen Stimmen variieren. Dieses polyphone Werk gehört zu den schönsten von Bach, weshalb ich es für den heutigen Abend gewählt habe; ferner erinnert es an eine Begebenheit im Leben des Meisters.

Im Jahre 1720, ehe er in Leipzig gewählt wurde, wollte Bach Organist in Hamburg werden; so fuhr er hin, um vor einer zuständigen Hörerschaft zu spielen. Zu diesem

Anlaß komponierte er diesen Choral. Dabei wollte er seine Begabung sowohl als Komponist wie auch als Virtuose beweisen, denn diese Pedalpartie ist die schwierigste in der ganzen Orgelliteratur.

Wer Bachs Kunst noch nicht kennt, dem kommt diese freie Bewegung der Stimmen sofort verworren vor. Er kann sie nicht verfolgen, spürt den Zusammenhang nicht, verirrt sich und gibt endlich auf. Es stimmt jedoch nicht, daß nur Musikgelehrte Bach verstehen können. Großes und Vollkommenes, ob im Bereich des Denkens oder der Kunst, ist zugleich weder unnatürlich noch gesucht, sondern schlicht, denn es entstammt nicht der Berechnung, sondern der Eingebung. Um Bach zu verstehen, braucht man nichts von der Harmonielehre, nichts vom Kontrapunkt zu wissen. Wie ich beobachten konnte, genügt es, dem Liebhaber das aufmerksame Hören beizubringen, und schon ist ihm Bachs Musik kein Buch mit sieben Siegeln mehr, sondern er versteht sie gut.

Der Meister wußte nicht nur mit Stimmen umzugehen, sondern ebenso mit der musikalischen Architektur. Jedes Werk weist bei aller Vielfalt der Einzelheiten ein ganz schlichtes Gefüge auf. Auch dies ist gotische Kunst in der Musik. In Bachs Fugen erscheinen alle Wendungen als selbstverständlich, passen zueinander und streben einer Konklusion zu. Alle Fugen sowohl seiner Vorgänger wie auch seiner heutigen Nachahmer scheinen hingegen aus verschiedenen Stücken entstanden zu sein, die hinterher aneinandergehängt wurden. Nach diesem Vortrag werde ich das Programm mit der Aufführung der ›Fuge in a-moll‹ [BWV 543,2] beschließen. Diese besteht aus drei Teilen: zunächst die Einleitung und die erste Durchführung des Themas; dann eine Art von großem Zwischenspiel, in dem das Thema sich durch ein langes Decrescendo zu entfernen und dann durch ein Crescendo wieder zu nähern scheint; endlich beginnt der letzte Teil mit dem Eintritt des Pedals. Ähnlich aufgebaut ist die ›Fuge in g-moll‹ [BWV 542,2], die ich am kommenden Samstag spielen werde.

Das Gefüge der Themen hingegen kann gar nicht zergliedert werden. Dazu möchte ich nur sagen, daß Bachs Themen bewundernswert geformt sind. Wer sie einmal gehört hat, kann sie nicht mehr vergessen, so ausgeprägt ist ihre Linie. Da wird jeder Vergleich mit dem doch großartigen Händel für diesen gefährlich. Er hat zwar wunderbare Themen komponiert, andere aber entstammen keinen ernsthaften Darstellungsbemühungen, sondern bestehen aus klischeehaften Formeln. Bei Bach hingegen ist jedes Thema eine neue Schöpfung. Man spürt, daß er erst durch lange geistige Bemühungen seine Themen zustande brachte. Er war zwar genial, aber arbeitete langsam und ruhig; Mozart und Schubert hingegen konnten beliebig viele Themen aus den Ärmeln schütteln.

Meister der Form war Bach also durch die Art und Weise, wie er die Stimmen behandelte, die Themen erfand und seine Werke aufbaute. Oft aber wurde er verkannt, indem er nur als Meister der Form dargestellt wurde. Träfe dies zu, dann bliebe Bach wohl das großartige Vorbild aller Ästhetikprofessoren: diese preisen ja die sogenannte reine Musik als vollkommen, die nichts anderes sein will als eine schöne, kunstvolle Struktur aus Tonlinien. Heute aber verstehen wir die Tonkunst anders. Wir erwarten nämlich, daß sie auch noch Gemütsbewegungen und tiefsinnige Gedanken wiedergibt, wenn das Wort es nicht mehr vermag. Der Philosoph Schopenhauer drückte als erster diese Auffassung der Musik aus. Wagner hat sie in seinen Abhandlungen weiterentwickelt: die Musik beginne dort, wo das Wort aufhört, und vereinige sich mit ihm, indem sie das ausdrücke, was das Wort enthält und nicht sagen kann; denn dieses spreche das Gemüt nur über die Wörter als Sinnbilder an, während die Musik Gefühle wecke.

Früher war sie mehr oder weniger reine Form. Zwar hege ich den starken Verdacht, daß es eine solche Vergangenheit nur als Einbildung der Ästhetikprofessoren gegeben habe. Wie dem aber auch sei, so gehört Bach ihr nicht an: er ist modern. Seine Musik hat eine Seele, die Seele des Mystikers Bach. Wie auch bei Paulus, so sehnt sich Bachs Herz nur nach dem Tode und der mystischen Vereinigung mit Christus. Dieses Gefühl auszudrücken, dazu dient ihm die Musik. Seine wirklich persönlichen Werke sind die, in denen er diese übernatürliche Welt schildert, in der seine Seele lebt und atmet. Dieser kräftige, hochgemute Mann lebte von seinen Kindern umgeben und gab sich dem ausgelassensten Frohsinn hin, der aus manchen seiner profanen Kantaten strömt. Um so mehr erstaunt es, daß Bach innerlich vom Leben derart abgesondert war. Wer kann die Tiefe der menschlichen Seele ermessen?

In seinen geistlichen Liedern und in seinen Chorälen für Chöre verherrlicht der Meister die mystische Vereinigung mit Christus, wie sie auf Erden einsetzt und erst nach dem Ableben vollkommen wird. Die beiden Arien, die Sie bald hören werden, habe ich am liebsten; sie überraschen durch dasselbe Gefühl. In der einen fragt die Seele: »Wo wird in diesem Jammertale für meinen Geist die Zuflucht sein?« Und eine Stimme antwortet: »Allein zu Jesu Vaterhänden will ich mich in der Schwachheit wenden« [BWV 114,2]. Die andere Arie ist ein Todeslied: »Und wenn der harte Todesschlag die Sinnen schwächt, die Glieder rühret, wenn der dem Fleisch verhaßte Tag nur Furcht und Schrecken mit sich führt, doch tröstet sich die Zuversicht: ich lasse meinen Jesum nicht« [BWV 124,3].

Auch am kommenden Samstag werden Sie eine Kantate hören, die für Bachs mystische Kunst bezeichnend ist. Sie wurde für das Epiphaniasfest geschrieben. An diesem Tage gedenkt man der Taufe Jesu durch Johannes, bei der Christi Göttlichkeit zum ersten Male offenbart wurde. Der Text glossiert die Stelle, bei der das Volk sich vor ihm verneigt und jede Seele schreit: »Liebster Immanuel, Herzog der Frommen, Du, meiner Seele Heil, komm, komm nur bald! Du hast mir, höchster Schatz, mein Herz genommen, so ganz vor Liebe brennt und nach Dir wallt« [BWV 123]. Durch diese Musik werden Sie Schreie, Tränen, Ausbrüche der Sehnsucht und der Freude hören und somit Bach kennenlernen.

In der Arie der Kantate zur Anbetung durch die drei Könige, die am kommenden Samstag gesungen werden soll, werden Sie hören, wie in Bachs Musik ein höchst leidenschaftlicher Mystizismus strömt [BWV 65,6]. Es scheint fast keine Kirchenarie mehr zu sein, sondern ein glühendes Liebeslied. Man stellt sich zwei tiefbewegte Menschen vor, die sich nach einer langen Trennung wiedersehen, sich heftig umarmen und dabei lächeln und weinen zugleich. Mit Fug und Recht hat man bemerkt, daß diese Stelle an die Schilderung der Rückkehr in Beethovens großer dreiteiligen Sonate erinnert [op. 81a].

Bachs Weltferne offenbart sich auch durch seine Haltung zu den eigenen Werken. Er schrieb sie nicht für die Welt, sondern für sich selbst. Er kümmerte sich nicht darum, was aus ihnen werden sollte, ob die Welt sie in ihrer Größe erkennen und bewundern würde, ob seine Werke je wieder aufgeführt würden. Er dachte überhaupt nicht daran, sie der Nachwelt zu übermitteln. Es fiel ihm nie ein, seine Passionen oder Kantaten herauszugeben. Er veröffentlichte nur einige Werke für Cembalo, als wollte er den Künstlern beweisen, daß er sehr wohl mit Geschmack zu komponieren vermochte. Was aber seine bewundernswertesten Werke betrifft, nämlich seine Kantaten und Passionen, so glich er nicht jenen großen Schöpfern, die – durchaus mit Recht – nach Anerkennung streben und dabei meinen, mit ihren Werken schenken sie der Welt etwas Wichtiges. Fast zufällig, wie durch ein Wunder kennen wir heute Bachs Passionen und Kantaten: Er selber tat dafür nichts.

Die zeitgenössischen Komponisten aber verkannten den Komponisten Bach, und wie! Nach dem zu urteilen, was uns heute vorliegt, wurde er der sechsten oder siebten Reihe zugeordnet, und zwar keineswegs aus Böswilligkeit, sondern aus Unkenntnis seiner besten Werke. Wer in seiner Kirche ständig beansprucht war, der konnte einfach nicht in die Thomaskirche gehen, um die Werke zu hören, die Bach dort aufführen ließ.

Und doch: welche heilige Stimmung herrscht in diesen Werken! Sie wurden nur um des Schaffens willen geschaffen, als Gespräche einer Seele mit sich selbst. Durch sie verlangte der Meister weder nach Ruhm noch nach Geld noch nach Unsterblichkeit. Wenn ich höre, wie junge Komponisten bitter klagen, daß ihre Werke verkannt und zuwenig aufgeführt werden, dann möchte ich ihnen sagen: »Geht zu Bach, setzt euch zu ihm, nehmt seinen Geist der Zurückgezogenheit und des Verzichts in euch, nur er macht fähig, wahrhaft unsterbliche Werke zu schaffen.« Unsere Künstler können ja keine ewigen Werke schaffen, denn sie komponieren zu sehr für den Ruhm der Welt, so daß ihre Kunst nicht ihr Leben und ihre Religion widerspiegeln kann, wie es bei Bach der Fall ist.

Somit bliebe von seiner Kunst dennoch wenig gesagt, wenn ich jetzt nicht auf seine musikalische Sprache einginge. In seinen Schriften tadelt Wagner fast auf jeder

Seite ganz treffend jene Komponisten, die sich um die Bilder des Textes kümmern und sich bemühen, sie musikalisch auszudrücken. Nach ihm diene die Musik nur zur Wiedergabe von Gemütsbewegungen; regelrechter Musikmaterialismus sei es, wenn einer durch die Musik beschreiben und durch Rhythmen und Themen den Liebhaber beeindrucken will, so daß dieser das Geräusch des Wassers, das Krähen des Hahns, den Galopp eines Pferdes hört oder die durch den Wind herumgewirbelten Blätter sieht.

Obschon Wagner es nicht so meinte, trifft seine Verurteilung Bach selber, dessen Musik ja von Bildern erfüllt ist. Wer die Kantaten und Passionen durchblättert, der entdeckt auf jeder Seite musikalische Schilderungen, die von der großen Bedeutung der Bilder des Textes für den Meister zeugen. Wie oft bemüht er sich, durch wunderbare Wellenbewegungen das Wesen des Wassers wiederzugeben, sobald das Wort Fluß, Meer oder See auftaucht! In der Tenorarie der Kantate, die Sie am kommenden Samstag hören werden [BWV 123,3], wandelt sich die Musik unvermittelt, wird auf einmal äußerst erregt, weil im Text der Satz vorkommt: »Wenn die Ungewitter toben ...« Da fühlte sich Bach also verpflichtet, das Bild des Ungewitters durch die Töne heraufzubeschwören. In einigen seiner Werke bekommt die Musik durch fünf oder sechs aufeinanderfolgende Bilder eine besondere Prägung. Der Meister mochte farblose Texte nicht, denn sie forderten ihn nur zur Wiedergabe von Gemütsbewegungen auf. Von seinem Dichter verlangte er offensichtlich eine bildreiche Sprache, aus der er viele Motive schöpfen konnte. Wohlbemerkt, Wagner verwendete hingegen gar keine Bilder.

Wenn ich an Bachs Musik das Bildliche hervorhebe, so möchte ich ihn jedoch nicht auf die Stufe aller jener Tonkünstler stellen, die vorwiegend beschreibende Musik komponierten. Von ihnen unterscheidet sich Bach durch seine verhaltene Art. Nie verließ er den Bereich echter Tonkunst. Bei den anderen, ja selbst bei den größten wie Berlioz und Strauss merkt man, daß ihre Beschreibung, wie wertvoll und bezeichnend sie auch sein mag, keine Musik mehr ist. Bach aber sah ein, daß die Musik in Tat und Wahrheit nicht zu schildern vermag; sie kann höchstens durch Gedankenverbindungen einen Eindruck vermitteln, so daß sie den eigenen Bereich, wie gesagt, nie verläßt. Bildhaft ist bei Bach das Thema oder das Motiv und entsteht aus malerischen Gedankenverbindungen; dann aber wird dieses Thema oder Motiv rein musikalisch behandelt.

Als Beispiel dazu mögen die beiden Arien gelten, die Sie gleich hören werden. In der ersten klopft der Tod an die Tür. Durch die ganze Arie werden Sie dumpfe Schläge hören, deren Rhythmus an das erste Thema bei Beethovens Fünfter erinnert, mit dem er nach eigener Angabe schildern wollte, wie das Schicksal an die Tür klopft. Über dieser tief traurigen Tongruppe gleitet der hoffnungsvolle Part des Soloinstruments. So stellte Bach die Heiterkeit zur Stunde des Todes dar, die im Text dieser Arie ausgedrückt ist [BWV 124,3].

Die Bildhaftigkeit der zweiten Arie ist vielschichtiger. Zwei Teile stehen zueinander im Gegensatz. Zuerst führt das Soloinstrument etwas Seltsames aus. Es scheint, als unterbräche es jäh seinen Flug; es will einen Satz bilden, doch gelingt es ihm nicht – und siehe, es versucht es immer wieder. Man meint einen Vogel zu sehen, der bald in einer Richtung, bald in einer anderen umherfliegt, als suchte er nach seinem Weg; plötzlich – hier beginnt der zweite Teil – hat er ihn gefunden, und wir hören schöne, geschmeidige Melodielinien, die nun den Eindruck eines

Carl Seffner: Bach-Denkmal in Leipzig. 1908

schnittigen Fluges vermitteln, bei dem der Vogel die Flügel kaum bewegt. Und diese Musik ist nichts anderes als das Bild zum Text, in dem ja die angsterfüllte Seele fragt: »Wo wird in diesem Jammertale vor meinen Geist die Zuflucht sein?« Dann antwortet eine Stimme: »Allein zu Jesu Vaterhänden will ich mich in der Schwachheit wenden« [BWV 114,2].

Bachs Musik spricht also das Vorstellungsvermögen des Hörers an. Oft kann man sie erst dann verstehen, wenn man die Idee herausgefunden hat, die dem Meister vorschwebte, während er dieses oder jenes Thema schuf. Dann aber sieht man ein, daß er das, was der Text besagt, in der allereinfachsten, allerselbstverständlichsten Art und Weise ausgedrückt hat. Ich wiederhole: in der Hinsicht steht Bach im Gegensatz zu Wagner. Meines Erachtens bilden beide Meister die beiden Pole der Tonkunst. Der eine vertritt eine Musik, die nur reine Gemütsbewegungen ausdrücken will, während der andere die bildhafte Musik darstellt. Zwischen beiden, dem einen oder dem anderen näher, stehen alle anderen Komponisten.

Noch ein Wort über die Aufführungen der Bachschen Werke. Das Problem ist deshalb schwierig, weil Bachs Instrumente nicht die unsrigen waren. Statt des heutigen Klaviers wurde das Cembalo verwendet, bei dem der Ton durch eine Art von Dorn hervorgebracht wird, der mittels der Taste die Saite anreißt und zum Schwingen bringt, genau wie es ein Geiger beim Pizzicato macht. Dieses Instrument klingt schwächer und heller als unser Klavier. Heute versucht man wieder, Cembali zu bauen; besonders die Firma Pleyel führt diese Arbeit aus. Ich muß gestehen, daß viele Werke auf dem Cembalo besser wirken als auf dem Klavier. Auf letzterem aber gelingen alle Werke mit vielen langen Notenwerten besser, weil das Cembalo den Ton nicht aushalten kann.

Auch Bachs Orgel war anders. Sie klang dünner, heller, weniger dröhnend als unsere. Zu Bachs Zeit lebte der berühmte Orgelbauer Silbermann aus Straßburg. Er wirkte im Elsaß und vor allem in Sachsen, und der Meister bewunderte ihn sehr. Mehrere seiner Instrumente sind noch erhalten, z. B. die schöne Orgel zu St. Thomas in Straßburg. Die Fugen, die darauf ausgeführt werden, klingen viel heller und durchsichtiger, die Töne vermischen sich nicht so leicht, wie so oft auf den heutigen Orgeln, nichts ist schrill, alles ist weich. Es wird uns gelingen, so glaube ich, Orgeln mit ähnlicher Klangfarbe zu bauen. Eine elsässische Orgelbaufirma, deren Arbeit ich leite, hat schon solche Orgeln gebaut, die von Fachleuten sehr bewundert werden. Die große Orgel des Konzertsaales in Straßburg, die jetzt im Bau ist, wird in bezug auf die Klangfarbe die alten Orgeln nachahmen.

Zu Bachs Zeit wurde mit einem anderen Bogen Geige gespielt als heute. Der Meister kannte den heutigen geraden Bogen nicht, der am Frosch mit einer Schraube gespannt wird. Damals wurde noch der alte Bogen verwendet, dessen Bezug mit einem Daumendruck angezogen wurde. Dieser Bogen war also unvollkommen gespannt; die Geige klang weicher und weniger intensiv als heute, und die Bogentechnik war vollständig anders. Eben dieser federnde Bogen wies den großen Vorteil auf, daß der Geiger ohne Kunstgriff mehrere Stimmen zugleich spielen konnte: Er brauchte den Bogen nicht über die Saiten zu reißen, um die Akkorde zu arpeggieren, konnte er doch durch einen leichten Druck mehrere Saiten zugleich berühren. Deshalb enthalten Bachs Sonaten für Violine solo sehr oft mehrstimmige Stücke, die mit dem damaligen Bogen ganz leicht ausgeführt werden konnten. Heute hingegen kann sogar der beste Virtuose, der ja nur über einen geraden, gespannten Bogen verfügt, solche Werke nur unvollkommen spielen; sie klingen immer etwas hart, und die Akkorde gelingen nicht, denn sie können nur durch Arpeggios ausgeführt werden. Ich zweifle nicht, daß man sie wieder mit dem alten Bogen spielen wird.

Ähnliches tut man ja auch mit den Oboen aus Bachs Zeit. Sehr oft erscheint in seinen Partituren die alte Oboe, die Oboe d'amore, die sich von der unsrigen stark unterscheidet. Heute sieht man ein, daß es keinen Sinn hat, die Ausführung solcher Stücke mit unseren Instrumenten zu versuchen; durch den heutigen Bau der Oboe d'amore wird die Schwierigkeit überwunden. Sie war merkwürdigerweise schon in Vergessenheit geraten, als Haydn, Mozart und Beethoven wirkten. Als unsere heutigen Komponisten aber den weichen, runden Klang dieses Instruments hörten, der sich deutlich von dem schrillen Ton unserer Oboe unterscheidet, bemächtigten sie sich seiner neuerdings, so daß es nun in ihren Partituren vorkommt. Somit verdanken wir Bach die Kenntnis von einem schönen Instrument.

Spricht man aber von Hörnern und Trompeten, dann o weh! werden die Gesichter der Dirigenten und Instrumentalisten nachdenklich ... Alle zittern, wenn ein Werk Bachs mit einem dieser Instrumente aufgeführt werden soll. Die Partien für Horn und Trompete sind deshalb so schwierig, weil sie immer in den hohen Lagen gespielt werden müssen: Solche Töne sind kaum auf einem Horn oder auf einer Trompete zu blasen. Eine Zeitlang meinte man, Bach hätte über besondere Trompeten verfügt, obschon man darüber nichts Genaueres zu berichten vermochte. Heute aber wissen wir, daß schon zu seiner Zeit mit der gewöhnlichen Trompete in C oder in D gespielt wurde; damals aber konnte man nicht, wie heute, die Tonart mit einer Klappe wechseln. Mit solchen Trompeten also spielten Bachs Zeitgenossen alle hohen Noten; es gelang ihnen dank einer kleinen Einzelheit (das Mundstück war flacher als heute) und vor allem durch Übung: seit der Kindheit führten sie nur solche Musik auf.

Da die Frage mich sehr beschäftigt, habe ich darüber mit vielen Trompetern gesprochen; alle haben mir versichert, daß ein heutiger Bläser Bachs Werke einfach nicht gut ausführen kann, wenn er zugleich die tiefen Partien in den heutigen Werken übernehmen muß. Durch diese bekommt er nämlich harte Lippen, während Bachs Werke besonders biegsame Lippen verlangen. Deshalb werden wir bald, so hoffe ich, Trompeter haben, die nur Bach aufführen und dadurch entsprechende Lippen bekommen. Diese Virtuosen werden gastieren, sooft Werke Bachs mit Horn- oder Trompetenpartien aufgeführt werden, wie jetzt Tenöre oder Soprane engagiert werden. Somit wird man endlich diese Solostellen bei Bach so hören, wie er sie sich vorstellte, nämlich schnittig, biegsam und durchsichtig. Ich muß gestehen, daß ich bei Bach-Aufführungen noch nie einen Trompeter gehört habe, der mich befriedigt hätte, nicht einmal in Paris, wo doch die besten Instrumentalisten der Welt wirken.

Eine andere schwierige Frage betrifft das Größenverhältnis zwischen Chor und Orchester. Für seine Aufführungen verfügte Bach über zwanzig Sänger und zwanzig Spieler; letztere waren nach Bachs Absicht keine Begleiter, sondern bildeten einen anderen Chor, eben einen Instrumentalchor. Unsere großen gemischten Chöre waren damals unbekannt; Sopran und Alt sangen Knaben, und sogar die Solopartien.

Heute werden Bachs Werke meistens von unseren großen Chormassen gesungen, aber fast alle unsere Aufführungen sündigen darin, daß wir den anderen großen Chor, nämlich den Instrumentalchor, übersehen. Ich glaube, daß wir einmal Bach mit kleineren Chören und größeren Orchestern aufführen werden. Mir schweben ein Chor von einhundert ausgewählten Sängern und ein Orchester von achtzig bis neunzig Instrumentalisten vor; in jedem Orchester sollte es je Partie nicht nur zwei oder drei Flöten bzw. Oboen geben, sondern gar acht bis zehn. Der Direktor des Berliner Philharmonischen Chores, Professor Siegfried Ochs, der zu den besten Interpreten Bachs zählt, vertritt ebenfalls diese Meinung und schreibt mir, er wolle einen Versuch in diesem Sinne wagen.

Jede Bach-Aufführung stellt uns also vor große Schwierigkeiten. Die Vollkommenheit steht immer noch in weiter Ferne; ich selber muß feststellen, daß die berühmten Bach-Konzerte, die in großen Hauptstädten mit entsprechender Musiktradition veranstaltet werden, kaum mehr als eine durchschnittliche Zensur verdienen. Nur sehr selten kommt man in den Genuß einer guten Bach-Aufführung.

Was die Interpreten im engeren Sinne betrifft, so möchte ich die negative Regel hervorheben, daß man Bachs Werke dem Zeitgeist nicht allzusehr anpassen darf. Einst wurden sie schulmäßig, langsam, schwerfällig, ohne dynamische Abstufungen aufgeführt. Dann aber kamen Liszt und Bülow und bewiesen, daß man Bach sehr wohl etwas virtuos aufführen kann. Heute aber wird dies zu weit getrieben: Beim Modernisieren beachtet man keine Grenzen, und zwar öfter nicht einmal die schriftlichen Anweisungen des Meisters.

Als erste positive Regel würde ich empfehlen, vor allem anderen der Klarheit nachzustreben. Verworrenes und Verschwommenes war Bachs Geist zuwider. Die Ausführenden dürfen nicht vergessen, daß sie polyphone Musik interpretieren; der Hörer soll jede einzelne Stimme mühelos verfolgen können, um das Ganze dadurch wiederherzustellen.

Somit ist gesagt, daß allzu lebhafte Tempi Bachs Absicht widersprächen, ob bei Chören oder bei Kompositionen für Orchester, Cembalo oder Orgel. Gründliche Erforscher seiner Werke neigen zu immer langsameren Tempi und zu deutlicherer Hervorhebung der einzelnen Stimmen; dazu könnte ich merkwürdige Beobachtungen bei unseren besten Musikern anführen. Bei Bach sind die Tempi nur relativ, noch mehr als bei den übrigen Komponisten. Wenn nämlich die Einzelheiten hervorgehoben werden, wenn der Hörer nicht überfordert, sondern durch die klare Interpretation gezwungen wird, jede Stimme bei jedem Tempo zu verfolgen, dann wird er bald glauben, es werde schnell gespielt, während in der Tat langsam gespielt wird. Diese Wahrheit hat ein Freund von mir, der gerne in Paradoxen spricht, so ausgedrückt: »Wer Bach spielen kann, der darf es langsam tun; wer ihn nicht spielen kann, der muß es schnell tun, sonst wird er leicht langweilig.«

Zweitens soll die Artikulation beachtet werden. Durch das Zusammenspiel der Partien muß der Hörer Thema und Motiv folgen können. Dies kann er aber nur dann, wenn der Interpret sich um die Akzente kümmert, die das Thema oder die Motive des Kontrapunkts charakterisieren. Es geht nicht darum, die starken Taktteile, wie bei irgendeiner anderen Musik, zu betonen, also rhythmisch zu spielen. Bachs Themen sind vom Takt unabhängig, und zwar noch mehr als bei irgendeinem anderen Komponisten; ihr eigener Rhythmus steht oft im Gegensatz zum Taktrhythmus. Es muß also die charakteristische, zu betonende Note gesucht werden, deren Hervorhebung das Thema verständlich und lebendig macht und die Beziehungen zwischen den Noten herstellt. Diese Betonung findet man nicht immer sofort; manchmal muß man sie lange suchen, was eine gewisse Erfahrung erfordert.

Dann aber wirkt das aufgeführte Werk ganz anders als ohne die charakteristischen Akzente.

Schließlich komme ich zur Frage der dynamischen Abstufungen. Auf dem Cembalo konnte Bach keine großen Unterschiede bewirken, sondern nur piano oder forte spielen und weder Crescendi noch Decrescendi machen, wie wir es auf unseren Klavieren tun. Um diese beiden Klangarten erhalten und wechselweise benutzen zu können, wurden Cembali mit zwei Manualen gebaut: auf dem einen spielte man forte, auf dem anderen piano. Sollen nun bei Bach-Aufführungen alle Möglichkeiten des heutigen Klaviers ausgenützt werden, um dynamische Abstufungen zu ermöglichen? Natürlich! Nur Pedanten können dies bestreiten. Wahrscheinlich litt der Meister darunter, daß er mit seinen Instrumenten keine dynamischen Abstufungen bewirken konnte. Lächerlich wäre es aber, bei Bach-Aufführungen solche dynamischen Abstufungen zu machen wie bei Werken Beethovens oder eines heutigen Komponisten. Es geht vor allem darum, den Aufbau des aufzuführenden Werkes hervorzuheben. Man darf ja nicht vergessen, daß Bachs Musik der Architektur ähnelt. Der Hörer soll die Struktur des aufgeführten Werkes klar erleben; dazu müssen die Hauptteile hervortreten, die Nebenteile nicht übermäßig auffallen und die verschiedenen Episoden klar herauszuhören sein; ferner dürfen die Kadenzen nicht mit den Modulationen und den harmonischen Veränderungen verwechselt werden. Um den Aufbau des Werkes hervorheben zu können, muß der Interpret ihn zuerst herausgefunden haben. Dazu soll er sich gründlich in das Werk einarbeiten und daran in allen Lebenslagen denken, beim Gehen wie beim Sitzen, beim Wachen wie im Schlaf und Traum, bis ihm der Aufbau in seiner ganzen Klarheit und Einfachheit erscheint. Erst dann kann der Interpret behaupten, er habe sich in das Werk genügend eingelebt.

Das Allerwesentlichste habe ich aber noch nicht gesagt. Es kommt vor allem darauf an, in welchem Geiste Bach wiedergegeben wird. Bei jeder Aufführung soll man dem Hörer etwas geben, ihm die Aussage der Musik mitteilen, ihn vom Weltlichen lösen. Die Töne sollen ihm vom Frieden und von der Heiterkeit und von jener Sanftheit erzählen, aus der wir Kräfte zum Weiterleben schöpfen. Versetzt Bachs Musik in diesen eigenartigen Zustand der Entrückung, kann man durch Aufführungen etwas davon den anderen mitteilen, dann hat man den Meister wirklich verstanden und darf sein wahrhaftiger Verkünder heißen. Man darf ja nicht vergessen, und damit will ich schließen, daß Bach nicht nur einer der größten Tonkünstler ist, sondern auch einer der größten Mystiker, die die Welt hervorgebracht hat.

Oskar Loerke

Oskar Loerke hat sich wiederholt in Vers und Prosa mit Bach auseinandergesetzt. Die drei Gedichte sind zwischen 1907 und 1913 entstanden, der Aufsatz »Johann Sebastian Bach oder: Wandlungen eines Gedankens über die Musik und ihren Gegenstand« wurde im Mai 1922 geschrieben und wird hier gekürzt abgedruckt. Ein damals geplantes selbständiges Buch über Bach ließ sich nicht verwirklichen.

J. S. Bach spielt Orgel bei Nacht

Leid aus Gottes Herzen
Sammelt sich um das Gehäus der Orgel her.
Schon leuchtet es mit und brennt im Geiste der Kerzen,
Die spielenden Füße waten darin, sie stampfen schwer.

Ein Ruf haust draußen: Jemand kommt, der den Kopf
euch zertritt;
Da ducken die weinenden Bäume das Haupt wie
verzweifelte Mütter.
Herzen schlagen im Sand, die Wasser schlagen wie
Schlagadern mit.
Und unter dem Horizonte murrt kriegerisch ein
Geschütter.

Ein Blitz tut sich wie eine weiße Wunde auf,
Der Strom trieft aus ihr mit all seinen Fischen und
nebligen Dünsten,
Und ein harter Donner tut seine donnernden Munde
auf,
An seinem Saum hängt die Welt mit schwächlichen
Menschenkünsten.

Die Welt schreit auf: Wer bist du, Furchtbarer, der uns zertritt?
Er war im Dunkel nur da, war in der Helle verschlungen.
Die Kerzen verbrannten. Aus Gottes Herzen brannte es mit,
Und sprach aus Tiefem in Zungen.

Nach einer Orgelmusik von J. S. Bach

Alles versank. – Er steigt wieder aus den Gedanken,
Und ich steige wieder auf den Berg aus Leid,
Der meine Welt ist,
Der in die Zeiten wie die Zeit
Unverrückbar gestellt ist.

Meine Füße wanken.
Steil durch eisigen Spukes Gehetz
Steige ich auf,
Denn eine Ewigkeit weiter auf den Knauf
Führt mein Gesetz.
Mein Gang schmilzt den Eisweg, dick umdampft er mich in chaotischen Lichtern,
Puffendes Bildwerk, drehn Menschenjahrhunderte in den rauchenden Trichtern.

Sie spielen durcheinander, sie wühlen,
Gemahlener Dunst auf zwielichten Mühlen,
Chaos wieder, verfallen sie alle,
Irdnes, Metalle,
Kräfte, Öle, Elixiere,
Minerale, bunte Getiere.
Ich will zum Gipfel: ich weiß, er ist leer,
Und hinter dem Gipfel der Gipfel mehr.

Meine letzte Stunde wird sich neigen,
Und ich werde immer noch steigen und steigen
Auf diesen eisigen Berg aus Leid,
Weil der meine Welt ist,
Die in die Zeiten wie die Zeit
Unverrückbar gestellt ist.

Widmung

zu den kleinen Tanzstücken J. S. Bachs

Sieh das Reis
In der Vase:
Es ist weiß
Vom greisen Mond,
Es ist leis
Mit Tau beschlagen,
Mit Kugeln aus Glase
Behangen:

Groß daran aufgegangen
Ist Mond bei Mond,
Die alle reisend in den Weltraum ragen,
Alle brausend und bewohnt
Von Wesen aus Sagen –

Doch nur ein Reis,
Betaut, in der Vase.

Johann Sebastian Bach

Wandlungen eines Gedankens über die Musik und ihren Gegenstand

»Bach ist kein Musiker, er ist die Musik selbst«, sagte der bedeutende belgische Komponist Edgar Tinel und empfahl ihn der singenden Katholischen Kirche als Reformator. Veränderte man das Wort in den Ausspruch: »Bach ist die Kunst selbst«, so hätte man es weder vergrößert noch verkleinert noch verfälscht, weil es nicht mehr eine Reihe erhabener und ergreifender Werke preist, sondern auf die Verfassung der Welt gerichtet ist, die gestaltet so offenbar wurde, daß sich nichts ändert, ob man die Welt als Gleichnis der Kunst oder die Kunst als Gleichnis der Welt ansieht.

Den Ausschlag der Waage nach der einen oder der anderen Seite zu rücken, das ist der eigentliche Kampf des bildnerischen Willens und Geschmacks aller Zeiten, welche Antithesen er auch zu seinem Feldgeschrei erwähle. Betrachtet man darum einen Geist wie Bach, so wird die Betrachtung eine brennende Not jeder Gegenwart treffen müssen, und von den Ergebnissen wird vieles auf andere Künstler vor ihm und nach ihm anwendbar sein, nur die Gesamtheit der Ergebnisse nicht. Was ist diese Gesamtheit? Etwas dem Grauen Vergleichbares, Winkel und Pentagramme zeichnen zu wollen und immer denselben Kreis ziehen zu müssen. Etwas wie das Glück, in alle Richtungen der Windrose zu wandern und doch den Zenith über sich zu behalten.

1

Bachs Themen ragen nicht in die Zeit, sondern in den Raum. Von seiner Mitte her, nämlich dem Sinne und Geiste der Themen, weisen viele Achsen in seine Dimensionen. Solche Achsen können verlaufen: melodisch nach der Höhe und Tiefe, rhythmisch nach der friedlichen und unruhigen Seite der Bewegung, harmonisch gegen die Dissonanz und volle Konsonanz, farbig von der hellsten Diatonik zur dunkelsten Chromatik. Die dynamische Achse wird meist erst in der thematischen Verarbeitung sichtbar in Gegensätzen wie: Solo, Ripieni, Tutti; oder Behauptung und Echo; vokal und instrumental. Die Tendenz nach allen diesen Richtungen kann mechanisch oder seelisch vom stillsten bis zum leidenschaftlichsten, extremen Stärkegrad befolgt werden. Danach werden Begriffspaare wie hoch und tief, konsonant und dissonant, ruhig und unruhig und so weiter das Resultat ihres Daseins nicht mehr genügend bezeichnen, zumal kein Paar vereinzelt auftritt; sie müssen gleichnishaften Namen weichen, Tag und Nacht, Alter und Jugend, Verzweiflung und Friede, Tod und Leben. All das als musikalische Raumdisposition. Musik als solche ist gegenstandslos, aber nicht abstrakt. Insbesondere die imitatorischen Formen, welche die Ära Bachs beherrschen, fordern, daß etwas vorhanden sei, was imitiert werden könne. Was sich in ihnen voneinander absetzt, kann also nur räumlich sein. Zeitliche Relationen konturieren nicht den Kanon oder die Fuge als Ganzes, sondern nur ihr Baumaterial. Die zeitlichen Relationen richten ihre Zeitdauer nach dem Raume ein, den das Thema sich aufbaut. Die Beziehungen stehen von Anfang an fest.

Daher kennt die Musik Bachs keine Entwicklung ihrer Gegenstände aus dem Chaos. Höchstens könnte das

Chaos zum Gegenstande der Entwicklung werden. Als Form wohl, sonst in keiner Weise kennt sie einen Beginn, einen Schluß. Sie bricht an, sie bricht ab – sie ist da. Sie scheint ewig nach dieser sinnlichen Tatsache, nicht nach dem Urteil des ihr Ewigkeit zugestehenden Bewunderers.

Die Formen einer Fuga, eines italienischen Konzerts, eines Tanzes, einer Dacapo-Arie mit Orchesterritornell, die sich ja alle in den wortbegleiteten und wortauslegenden Kirchenmusiken finden, hängen ausschließlich vom Willen zu ihrer eigenen Gestalt ab. Sie können, sobald sie zu sich selbst entschlossen sind, nicht mehr auf ein Ding außerhalb ihrer selbst blicken, sie müssen sich ihre Dinge schaffen. Das musikalisch Urerschaffene hat seine Raumverdrängung, seine Zeitrelationen. Daß es sich der draußen gültigen Zeit bedient, um sich empirisch zu entfalten, nimmt seiner Gesetzlichkeit nichts weg, gibt ihr nichts zu. Der Spieler oder Hörer braucht die Gangart Allegro oder Adagio zur Ausführung, die Gegenstände selbst brauchen sie nicht: sie sind allegro oder adagio. In der späteren, der Homophonie mehr zugeneigten Musik änderte sich das. Dort ist der Komponist schon der Zuhörer oder Vorspieler seiner Regungen und Erregungen – Mozart vielleicht ausgenommen. Beethovens Musik sagt: Leid geht schweren, betrübten Schrittes einher; schwärmerische Glut hat ihr Wesen, sich zu zeigen. Bei Bach ist es umgekehrt: weil das Leid Leid ist, bewegt es sich seufzend, trübselig. Nicht die Person deutet die Welt, sondern die Welt deutet sich selbst, und wo sie an Personen gebundene Inhalte hat, deutet sie somit auch die Personen. Die Teilnahme anderer ist eine Frage zweiten Ranges.

Man darf das von ihm erlöste Leben nicht mit dem unerlösten hier unten, hier um uns vermischen – um beider Leben willen nicht. Vollkommene Kunst steht nicht mit einer Fußsohle in der unerlösten Wirklichkeit von beispielsweise 1720, mit der anderen in der zeitbefreiten Wirklichkeit, sondern ganz und gar im idealen Raume, und dieser Raum zählt dann vielleicht in der nur ihm eigenen Zeit auch sein Jahr 1720. Geballtes Wasser, schwebende Kugel!

Sieht man Plastiken von Michelangelo, so kann man aus dem an ihnen Sichtbaren ermessen, welche physischen Lasten sie schleppen könnten und welche Berge von Schmerz und Einsamkeit, welchen Jubel sie nilgleich über das ganze Festland aussenden würden, wie eine Erde beschaffen sein müßte, die Kinder solcher Zeugung in Herberge nähme. So ist es bei Bach. Nichts ändert sich, wenn der Vernunftschluß von der Gestalt auf die Kraft in umgekehrter Richtung geschieht. Aus den Bergen Schmerz und Jubel tauchen die Einwohner, die sie besteigen und begackern müßten, die Riesenschicksale, die ihre Entstehung zuließen, die Weltweisheit, die sie fesselte oder entfesselte, die sie weit hinausstieß oder ihr Feld beschränkte. Der Anteil eines jeden enthält die Disposition des Ganzen: Das Gewebe, die Verflechtung des Ton-Alls, worin das eben Ertönende nur ein Beispiel ist. Das Beispiel wäre, wie es ist, nicht ohne das Gewebe. Diese Uranlage scheint sich einem Gesetze zu unterwerfen – aber wunderbar, das Gesetz entsteht erst in dem Augenblick, in dem danach gehandelt wird, um nun ewig zu gelten.

Weil die restlose Disposition des Ganzen von jedem seiner Punkte her wirkt, ist in ihm kein Ereignen selbstgefällig. Jedes ist ja vom Ganzen her auf das ihm Gebührende beschränkt. Es ist hart, d. h. einmal für allemal. Das Sentimentale jedoch ist das Haltlose, das Einmalige, dasjenige, was sich für die Frist seiner Dauer an Stelle der Welt setzt, das Vergeßliche, das nur an sich selbst denkt, und das daher, musikalisch formal aufgefaßt, ebenfalls bloß sich selber prägt und die Ordnung vergißt, in der es sich aufhält. Es würde in Bachs Werk sterben; die Nachbarn würden ihm die Nahrung verweigern.

Bachs Weltanhörung ist eine Weltanschauung. Er hörte die Welt an, ohne zu richten, ohne zu klagen, ohne anzuklagen. Gericht, Klage, Anklage haben ihre Stätten in ihr, nicht außer ihr.

Es gibt ihm immer neben dem Weinen, das eben schluchzt, noch ein Lachen, ein Gefaßtsein, eine Unerschütterlichkeit. Denn es hat seine Gestalt und seine Gesinnung: es würde ja nicht weinen, wenn es sonst nichts anderes vermöchte. Es würde sich nicht einsam fühlen, wenn es nicht das Gemeinsame spürte.

[...]

Nicht Bach spricht sich in seiner Lyrik aus, die Welt spricht sich in ihr aus. Die Tränen, die dort fließen, sind nicht seine Tränen. Seine wären weniger erschütternd als diese. Die Natur sagt nichts doppelt. Darum kann Bach in der Kunst jede Träne weinen, nur nicht seine, und sollte diese auch gemeint sein. Woher nähme anders der Hörer eine Möglichkeit zu verstehen? Bach greift allein das Subjekt gewordene Objektive, und er ist sich selbst das Objekt. Vor dem Objekt bedeutete es keinen Unterschied, ob Bach sich selbst als den Klagenden meinte oder einen anderen. Bach meinte die Klage, und die gehörte niemand, wenngleich sie in jedem hausen kann.

Gäbe ein Libretto vor allem Gelegenheiten zu Assoziationen, so müßte eine Musik die dafür geeignetste sein. Überhaupt hätte dann jede Assoziation ihre beste Musik. Wir aber preisen die Freiheit.

Die Phantasie wiederholt schon als solche jedes Ding. Ihre Hauptkraft ist die Ermöglichung der Wiederholung. Alle Musik beruht auf dem Wiederholen, dem verwandelnden und vor der Verwandlung rettenden.

[...]

3

Hierdurch ist ihr Verhalten zu ihrem Gegenstande fast erläutert. Der Gegenstand wird nach innen und außen so ernsthaft angepackt, daß er immer irgendwie zugleich Person und Sache ist; durchweg Person, durchweg Sache. Als Personen treten auf: der König, der Held, der Vater, der Sohn, der Sünder, der Erlöser, der geringelte Lindwurm Teufel, es treten aber auch auf die Personen Allemande, Courante, Corrente (an dem Vergleich des deutschen und welschen Vertreters aus der gleichen Klasse oder Kaste wird das Persönliche besonders einleuchtend), ferner die minder typischen Personen »der Freudvolle«, »der Leidvolle«, die Personen Präludium, Fuga, Motette. Der Kreis wendet sich wunderbar aus dem Subjektiven ins Objektive hinüber und umgekehrt, und er schließt sich ohne Lücke. Ließe er beispielsweise etwas nur Prädisponierendes aus wie die Tonarten? Nein, sie drängen sich gerade zwischen 1650 und 1750 mit besonders gesundem Wachstum als Persönlichkeiten vor. Ihre Zahl wächst auf 24 an, während sich bereits im Jahrhundert vorher die Kirchentonarten umbilden. Wären sie nicht Persönlichkeiten gewesen, so hätte man sie nicht erst zu suchen brauchen. Bachs Bemühung leistete, da er Vorläufer darin hatte und eine platte Wiederholung selbstverständlich mied, eine Wiedergeburt aus der Intuition. Rudolf Wustmann übermittelt in einer überaus verdienstvollen Studie Matthesons Auffassung der Tonarten zu Bachs Zeit und belegt sie überzeugend reichlich aus den Werken des Meisters. Fast jede Tonart ist bei Bach ein Doppelcharakter, sie hat etwas Positives und Negatives zugleich. Sie besorgt das Parodieren des eigenen Wesens, zeigt das Dämonische der Verzerrung oder des Ausschließlichen, das zutage tritt, wenn einer nicht weit genug oder zu weit in seine Vereinzelung gerät. So teilt sich C-dur in das Strahlende, Jubelnde und in das Freche, Spöttische; Bach wendet es in den Passionen für die pharisäisch Selbstgerechten an. Die Stimmfarbe mancher Leute geht uns nicht aus dem Ohre, sie enthält mehr von ihrem Charakter, als was sie reden und tun. C-moll war minder heroisch als heute und im Widerspiel von lieblicher Trauer, gelinde zum Schläfrigwerden nach Matthesons Wort. Bach als der wohl größte Dichter des Todes auf Erden spürt gern den ewigen Schlaf. Die Grabgesänge der Matthäuspassion »So schlafen unsre Sünden ein« und »Ruhe sanft«, weiter »Wer weiß, wie nahe mir mein Ende«, »Ewigkeit, du machst mir bange« und viel anderes stehen alle in C-moll. E-dur gestaltet als Negativum Verzweiflung, tödliche Traurigkeit, etwas Schneidendes, Durchdringendes. Hat man dies einmal erfahren, so gewinnt eine anfangs etwas enttäuschend süßschmeckende Komposition wie die Kantate »Liebster Gott, wann werd' ich sterben« an Ernst und Rang. Der Choral »O Mensch bewein dein Sünden groß« wurde für seine erhabenste Krypte aus der ursprünglichen Tonart Es nach E transponiert. In gewisser Weise trifft es zu, daß die vierundzwanzig Tonarten nur zwei sind, Dur und Moll, Umschriften aus Gründen der Bequemlichkeit und Laune. Völlig unverändert bleibt die harmonische Färbung, ob ein höherer oder tieferer Ton der Ausgangs- und Richtpunkt ist. Die Modulationen nach benachbarten oder fremden Tonarten vollziehen unter veränderten Notennamen den gleichen Vorgang. Aber dennoch war für die Phantasieempfängnis des Komponisten der Ausgangsort nicht gleichgültig. Die Tonart war ihm die objektive Stimmungsbeleuchtung eines subjektiven Dranges, war ihm eine in sich gleichartige Wärmezone. Nur sie machte es möglich, daß darin gewisse in der Idealität verschwisterte

Gestalten entstanden. Andere Höhenschichten, andere Temperaturen würden die Entstehung verwehrt haben. Busoni zeigt uns eine schöne Beispielsgruppe für die Tonartenvegetation bei Bach. Das Es-dur treibt dreimal brüderlich ähnliche Themen hervor, in der Es-dur-Orgelfuge, im fugierten Teile des Es-dur-Präludiums im ersten Teile des Wohltemperierten Klaviers und in der Es-dur-Fuge im zweiten Teile. (Nach Busoni Bachs Urmotiv überhaupt.) Nicht nur in dieser Gruppe enthüllen die Tonartengeschlechter, also etwas bloß irrational Faßbares, ihre spezifischen Kristallisationsneigungen. Man braucht Bachs Lieblingstonart h-moll nur beiläufig zu nennen und sieht sofort Urgestein aus seinen bittren Hochgebirgsschluchten. Fis-dur, ein himmlisch-höllisches Trotzfeuer des Hirns, des Empörers zwischen dem Orte der Wonnen und dem Orte der Pein, schleudert die Worte: »Eröffne den feurigen Abgrund der Hölle!« Was als stumpfe Folgeleistung nach Vorbildern der Realität, als stumpfe Geborgenheit in Schulregeln, also auch in einem Teile der Realität belanglos bliebe, wird hier Blitz aus polaren Wetterbildungen. Es ist leicht, über den alten Festungsgefangenen Christian Friedrich Daniel Schubart zu spötteln. Dennoch orakelt seine Charakteristik des es-moll etwas suggestiv Ungefähres, seltsam Erwartungserweckendes. Es gleiten Stücke wie das Präludium und die Fuge dieser Tonartenpersönlichkeit im ersten Teile des Wohltemperierten Klaviers an uns vorüber: »Empfindungen der Bangigkeit des allertiefsten Seelendrangs. Der brütenden Verzweiflung; der schwärzesten Schwermut, der düstersten Seelenverfassung. Jede Angst, jedes Zagen des schaudernden Herzens, atmet aus dem gräulichen es-moll. Wenn Gespenster sprechen könnten, so sprächen sie ungefähr aus diesem Tone.«

Wird aber nicht all dies hinfällig, wenn wir erfahren,

daß die Normalhöhe des Ausgangstons im ganzen Tonsystem, die amtliche Eichung für die verschiedenen Geschichtsepochen verschieden war? Die Stimmung alter Orgeln zählt ihrem kleinen a durchaus nicht die jetzigen 870 Schwingungen in der Sekunde zu, sie gibt ihnen bald mehr, bald weniger. Überdies normierten Kammer und Chor zu gleicher Zeit abweichend. Nichts wird hinfällig. Die Sinnlichkeit des Ohres hat ihren Geschmack geändert, in der Geistigkeit bleibt die Skala der Verhältnisse vom herauf- und herabgeglittenen Richtton aus fest. Es kommt darauf an, daß ein Punkt außerhalb der Materie angenommen werde, um den die geistige Totalität anschießen kann, es kommt nicht darauf an, wo er gefunden werde. Das Wo wird der Intuition jenseits des Willens ohnehin mit angezeigt. Was die von ihm ausgehenden Tonarten betrifft, so bleiben sie offenbar nur für den Schöpfungsakt entscheidend. Nach der Bergung einer Komposition in ihrer Gestalt mag sie höher oder tiefer gespielt und gesungen werden. Da sie mit den gleichen Intervallen durchgeführt wird, behält sie das Zeichen ihrer Geburt. Selbst in solchen scheinbaren Geringfügigkeiten verbirgt sich die geheimnisvolle Notwendigkeit, den rechten Ort im Nichts gefühlhaft zu finden, um den sich bestimmte Geister sammeln. Übrigens verändern außer den Transpositionen ja schon die körperlichen Organe verschiedener Menschen die Gefühlsfarbe, von den verschiedenen Instrumenten ganz zu schweigen.

Der Inhalt, der Gegenstand ruft nach seiner Tonart, so wie er nach seinen Instrumenten zu rufen scheint. In Beethovens Klaviermusik gibt es Klarinettengänge, gleich in der allerersten seiner Sonaten. So kann man bei Bach oft aus den Konturen der Melodie erraten, welche Instrumente wohl zu ihr gehören möchten. Die Persönlichkeit vergißt auch hier ihre Idee nicht.

Die Choräle prüfte Bach natürlich ebenfalls nach ihren Befunden als Person und Sache. Er zerstört jahrhundertalte Traditionen des Gemeindegesanges, um einen Choral in seinen tiefsten Charakter hinein zu entfalten. Als ein Ding, das ihm gehört, nimmt er ihn hin, steigt von der melodischen Horizontale in das Bergwerk der Harmonien, schlägt darin immer neue Stollen auf und gelangt, bietet sich irgendeine Gelegenheit, in seine überlieferungsferne Todesmusik. Die funkelt so stark, als hätte er alles, inbegriffen die Melodie, selbst erfunden. Der Choral als Gesamtheit ist ihm bei solchen Verlockungen nur Überschrift, mit Wort und Ton, mit Haut und Haaren gleichsam, handle es sich nun um eine Orgelphantasie oder eine Chorfuge. Aber er durchschaut ihn auch als eine Persönlichkeit, manchmal mit einem so wunderbaren Instinkt, daß er bei den rhythmischen Ursprüngen seiner Gestalt anlangt, die durch schlechte und ungeschickte Mittel der Überlieferung lange verschüttet gewesen war. Die langweilig plärrende Pfundnoten-Isometrie, die schon Luther, ein Verehrer der Pariser Kunstmusik, nicht leiden mochte, erstarkte muskulös zu wechselndem Metrum. Ohne Philologie stieß er auf die philologische Wahrscheinlichkeit. Doch hält er nicht zähe an seinen Funden fest: ein und dasselbe Lied gibt er schwerfällig sachlich für den Gemeindegesang her und eigentümlich naturhaft für den solistischen und konzertanten. Warum nicht? Das Kirchenlied war ihm das eigentliche Volkslied; oft war es ja als Liebesabschiedsgesang entstanden. Volk jedoch konnte man sowohl als Begriff wie als Gestalt fassen. Und selbst das lateinische Kirchenlied, der Choral im eigentlichen Sinne, war in älterer Zeit Volkslied gewesen, durch den gregorianischen Priestergesang zurückweisend auf römisches, vielleicht griechisches Volkstum. Ein opernhafter Bestandteil der Kunst Bachs, das aus der Renaissance stammende Rezitativ, wurde diesem lateinischen Chorale wesensverwandt, als es in ihr – Schütz kannte er nicht – eine deutsche Figur wurde. Volkstum und Volksfigur waren ebenso sehr die Tanzformen, die Gigue ein Engländer, die Sarabande ein Spanier, der Siziliano ein Italiener, die Courante ein Franzose. Und der Nichttanz, die Fuge, war alles zugleich, war Europäer. Das Völkergetümmel des Dreißigjährigen Krieges, das Gestampf der Nationen auf der heimatlichen Erde hob, als der einheitlich zusammengeschmolzene Gegenstand für eine einzige schöpferisch anschauende Persönlichkeit, seine trümmerhafte Hinterlassenschaft auf und gelangte zum Frieden in fruchttragender Ruhe.

Der Tanz blieb nicht auf das Gesichtsfeld des Tänzers, der ihn erfunden hatte, beschränkt. Er konnte sich auf die Ebene jeder sonstigen Form begeben und sich dort gleichberechtigte Gesten und Haltungen ersinnen. So erscheint der spanische langsame Passacaglio in der Eingangssinfonia zur Kirchenkantate »Gleich wie der Schnee und Regen vom Himmel fällt« und unterirdisch schwarz im Crucifixus der Hohen Messe. So erscheint die flatterhafte Giga beinahe in einer Sopranarie der Kantate »Bereitet die Wege, bereitet die Bahn«, der Siziliano rhythmisch im Chor »Also hat Gott die Welt geliebt«, und, übernommen aus dem E-dur-Klavierkonzert, in der Kantate »Gott soll allein mein Herze haben«. Ringsum wird die geringfügige Sache zur erhabenen Persönlichkeit erhöht, die geheiligte Person zur werktägigen Sache erniedrigt. Vor allem gilt es, einen möglichst guten Satz zu schreiben, und müßte der heilige Geist zum Orgelbravourstück verdampfen (»Komm, Heil'ger Geist, Herre Gott«), von einem Virtuosen nur mit sehr gelenken Fingern zu greifen, mit stampfenden Füßen zu treffen, mit klugen Mixturen in die Wölbungen der Kirche zu türmen. Umgekehrt, selbst in den Rezitativen, die doch oft auf die Sache zu verzichten und nur der direkten Charakteristik einer Person zu dienen scheinen, liegt das mathematische Gewissen des Harmonikers auf der Lauer: wurden alle Freiheiten proklamiert, was Nachahmung, Tempo, Motivbildung betrifft, Akkorde greifen dennoch zu und deuten die scheinbare Willkür modulatorisch. Und gerade hier, in den Rezitativen, wimmelt es am meisten von Sachlichkeiten. Hier treten die isolierten Naturalismen auf, die übrigens so kraß darum zu Naturalismen werden, weil sie isoliert sind, ein Hahnenkrähen, ein Glockenläuten, Klopfen, Beben, Wiegen, Laufen, Reißen und so weiter. Es geschieht hier durch die naturalistischen Motive das Gegenteil dessen, was durch sie in den Stükken von gebundener Form hervorgebracht wird. Hier entpersönlichen sie vorübergehend, dort verpersönlichen sie. Das Orgelvorspiel »Durch Adams Fall ward ganz verderbt« erhält seinen unverwechselbaren Charakter durch das drastisch bittere Fallmotiv, die nicht zu beruhigende Wiederholung der Septime, die »ganz verderbt« sich quer vor den traurigen Gang der Melodien stürzt. Eine solche malende Naturnachahmung ist schon darum weit mehr als Nachahmung, weil sie für die Dauer des Stückes thematisch festgebannt bleibt. Ein zehnmal wiederholter Fall Adams, eine dreißigmal durch ihr Motiv der verrenkten alterierten Intervalle wiederholte Kreuzigung, wo doch das Einmalige des Vorgangs das Historienbildende war, ist etwas ganz anderes als Fall und Kreuzigung.

Das vielberufene Malende malt nicht nur. Das mythologisch und dogmatisch Figürliche wird nie objektiver Inhalt dieser Musik, sondern ist Anregung zu persönlichsachlicher Erfindung. Also Programmusik in einem Sinne, daß die Welt das Programm schreibt, und nicht, daß die Musik es zu einer Welt schriebe. Danach richtet sich Bach bei der Wahl seiner Texte. Außer der Bibel enthielt das Gesangbuch – das damalige, Bachs achtbändiges! – das Beste aus der Poesie der Zeit. Das sonst auf Bestellung oder unbestellt Gedichtete war gewöhnlich Quark. Bachs eminente Bibelkunde schuf Ergänzungen, Beziehungen, Dispositionen, Anregungen zu musikalischer Bereicherung. Die Einteilung des Kirchenjahres, die ihm den Stoff perikopisch zumessen half, maß ihm in seinem Ablauf die ganze Welt zu. Er brauchte außerhalb nicht zu suchen und außerhalb seiner amtlichen Beschäftigung keine Zeit zu verlieren. Das Bühnendrama wäre für seine dramatische Mitgift, für seine dramatische Kenntnis eine Verengerung gewesen. Er hatte das Drama für die »absolute« Musik zu schaffen. Andere Meister konnten nachher gegen das Theater ausstrahlen und von da aus die Musik erobern. Die bescheidenen madrigalischen Texte, von denen selbst die schöneren im Verhältnis zu Bachs Musik bescheiden sind, liefern nur Stichwörter. Ein Musiksatz dauert zwölf Minuten, ein Madrigal zwölf Sekunden, wie soll es nicht ersticken! Es muß sich berauben lassen, um überreich beschenkt zu werden und sich nicht zu schämen. Es hat von seinem Inhalt abzulegen alles Psychologische, Geographische, Chronologische, Konfessionelle, Private, Philosophische. Vielleicht läßt es sich nun gebrauchen. Vielleicht ist es nun homogen geworden, was schon des äußerlichen Umstandes wegen notwendig wäre, daß Wortgewebe ganz verschieden dichte Maschen haben, während Bachs kompositorische Art in der gleichen gedrängtesten Dichtigkeit verharrt. Allein vor lauterer, starker Erzählung tritt die Musik zurück. Aus den betrachtenden, bekennerischen Texten entnimmt Bach nur den Hinweis auf seine Weltgegenden, auf die Provinzen, in denen weder ihm noch uns mehr das Wort helfen kann.

Ist das tragende Thema entdeckt, so hat dieses mit seiner Tatsache und seiner Wesenheit schon mehr zu tun als mit seinem Inhalt. Der Ernst liegt nicht im illustrierenden Parallelismus, sondern im schöpferischen. Formende Energie hier, dort Rohstoff. Auch die Stichwörter der Texte sind Rohstoff. Zieht der Tod herauf, so meint Bach nicht das Wort, das vom Tode berichtet, sondern er meint den integrierenden Weltbestandteil Tod. Heißt es im Texte »Wasserwogen«, so zeigt Bach schon dadurch, daß er die Wasserwogen bildet, eine gewisse Geschwindigkeit der Wellen, ein Licht über ihnen, eine Temperatur, eine Jahreszeit – wie gar nicht er ein Wort austuscht, das im Zusammenhange des Textes rasch vorübergeht und seinen Begriff dem Gesamtgedanken seines Satzes unterordnet, sondern daß er mit seinem Wunsche hinaustritt in die offene Welt, die musikalisch aufersteht und da ist, die konkret, nicht mehr nur begrifflich, vorgeschriebenen Begriffsbindungen widerspricht.

Die Auswalkung der christlichen Mythologie durch die Texte macht diese für ihn besonders zweckvoll, weil sie dadurch zu Scheuern werden, voll von dem Saatkorn der stärksten Leidenschaften. Ihm keimen viel Klage, viel Schmerz, viel Untergang, viel wilder Jubel zu, viel Wille, viel Wunder, viel Fragen, Versagen, Trost, Mühe und dergleichen. Mehreres davon verbündet sich leicht, einander versteifend, einander widersprechend, kontrapunktisch, obstinat. Die klein und eng verfolgten Gedanken der Poeten richten sich doch auf das Allgemeinste und Tiefste, werden, ins Grandiose mißverstanden, widerwillig zu Erklärern der Urzusammenhänge durch ihr summarisches Verfahren. Aus muffig Betrachtendem zuckt Lyrik und Drama.

Und die Gottheit selbst, der jüdisch-christliche Gott? Die Trinität ist von der göttlich kurzsichtigen, durch

Nähe berauschten Betrachtungsweise nicht ausgenommen, die sie zunächst zur Sache macht. Ihr wird der brausende Odem dann erst eingeblasen. Das Hineingeheimnissen, das verehrungswürdigsten Gipfelwerken wie der Divina commedia, dem Faust II, der h-moll-Messe gemeinsam scheint, tötet sie zuvor. Oder ist das viertönige Thema, das, kongruent bis auf sein Staccato und Legato, die Wesensgleichheit von Gottvater und Gottsohn wiedergibt, keine Tötung? Oder war die Trinität zunächst mehr als Material, wenn sie den Einfall: drei Oboen, drei Trompeten, im Dreiklang, den Chor aus sechs gleich zweimal drei Stimmen, mit den sechsflügligen Seraphim als unsichtbaren Schutzherrn, liefern mußte? Eine rein künstlerisch anschauende Gesinnung treibt auch die offenbar zum Preise der Dreifaltigkeit entstandene Es-dur-Tripelfuge für Orgel hervor, die den dritten Teil der »Klavierübung« abschließt, wie ihr Präludium mit unendlich großherziger Pracht ihn einleitet. Die Auseinanderlegung des dreieinigen Gottes in drei einige Götter befeuert Bachs Genialität zur überirdischen Sieghaftigkeit der dreiteiligen Fuge, die bei Dietrich Buxtehude oder Vinzent Lübeck noch das Streben nach Abwechslung spüren läßt und ungelenk riesenhaft einherstampft. Götter erstehen ihm vielspältig als Geister zahlreicher Formen. Das Dogma jedoch behält seinen Sinn nur, wenn die vielen ewigen Eigenschaften des Gottes in eine feste Wesenheit zusammengeschmiedet bleiben, und aller theologische Scharfsinn, alles Eiferertum weihte sich von je diesem Ziele. Selbst die historischen Kämpfe, die Reformationen gingen darauf aus, Eigenschaften, die sich lösten und verweltlichten, unbarmherzig mit Feuer und Schwert zurückzutreiben in den Urgrund. Die haarspalterischen Bestimmungen dienten dazu, den Bezirk des Unbestimmbaren zu vergrößern. Bach treibt nun die verschiedenen

Eigenschaften in eine verzückte Vereinzelung. Bis auf die eine, die gerade tönt, muß die Gottheit alle für die Dauer einer Musik vergessen. Im Grunde gibt es für Bach keine Drei-, sondern nur eine Zweieinigkeit, wie sie im Begriffe des Kontrapunktes primitiv eigentlich schon vorhanden ist. Gottvater, der Gleichnis- und Bildnislose, fehlt. Die beiden übrigen Personen sind bald König, Landesherr, Herrscher, Verwalter, bald Glorienträger und jubelnder seliger Geist. Sie sind Göttergruppen des Lichtes und Dunkels, doch nicht in einer Bedeutung wie Ormuzd und Ahriman. Christus in seiner irdischen Erscheinung ist ein Gott des Dunkels, umgeben von dithyrambisch hereinbrechenden Qualen, dionysisch schwärmenden Schmerzen, in seiner Erscheinung nach dem Tode ein Gott der Helle, der Heilige Geist seine Fortsetzung in die höchsten Regionen des Jubels hinein. Sie erscheinen sächlich auch als Götter der Instrumente, als träten sie aus ihrer Dumpfheit wie die Dryaden aus den Bäumen – der Gott der Streicher, der Trompeten und Hörner, der Orgeln und Pauken.

Von Fall zu Fall erschafft sich ein anderer dinglicher Schauer der Divinität, von Fall zu Fall ein anderer persönlicher. Aus Chören, Arien, Choralvorspielen, wortfernen Orgelstücken steigt etwas auf wie ein griechischer Olymp. Nordischer nur ist dieser Götterberg, aber auf ihm steht der Künstler Bach dem Privatmanne Bach gegenüber, der einen orthodoxen Sinai erklimmt. Angenommen, einem Hörer seiner Musik wäre die evangelische Lehre nicht bekannt, und er solle die Figuren deuten, die ihm im Feuer der Klänge erscheinen: die Phantasie wird jenseits von Worten und Gedanken parallele Gestalten zu Zeus, Hermes, Apoll, Herakles bilden. Oder nicht? Wenn man nicht predigt, Gott sei ein Herrscher, sondern ihn, dessen Ruhm in allen Landen herrlich ist, vorführt im Wohlgefühl seiner Gewalt, hat man da nicht sinnlich einen Menschen nach übersinnlichem Maße gemessen? Oder jener Gigant, platzend von edler physischer Kraft, von ungeheuerlicher Arbeitsfreude, wie ihn der Doppelchor »Denn dein ist das Heil«[1] umrast, ist es nicht Herakles selbst? Unschuldig und unabhängig wurde er noch einmal von einem um Jahrtausende später leuchtenden Hirne geboren. Bach kannte ja griechische Sagen und komponierte Stoffe daraus; ihre Gestalten aber sieht er mit Ironie, wenn es sich um den Glauben an die Wirklichkeit ihrer Existenz handelt, und erst abseits von dieser Ironie beginnt dann die Schönheit ihrer musikalischen Existenz. In die christlichen Mythen, maskiert in Überlieferung, folgend ihren Riten, erfüllend ihre Symbole, läßt die musikalische Wahrheit allerlei Gestalten ein, die das Christentum ausgereutet oder noch nicht zugelassen hat. Die Fanfaren der himmlischen Heerscharen klingen irdisch, für Bach war der Himmel ein Kontinent wie Amerika für Kolumbus. All das ist selbstverständlich, aber die klare Vorstellung dieses Selbstverständlichen wird erschwert durch die Vorstellung der Begleitumstände, unter denen es heute lebt: konfessionelle Kirchen die Aufführungsplätze, Institute für Kirchenmusik die Pflegestätten, höhere Kirchenbeamte besonders interessiert, Verständnis und Mißverständnis verknäult. Auf die Verdunkelung des musikalischen Tatbestandes muß hingewiesen werden. Warum ist sie eingetreten? Die Masse der Orgeln steht in den Kirchen. Organisten und Kantoren überwiegen unter denen, die eine genügend intime Kenntnis vieler geistlicher Instrumentalkompositionen Bachs und die zur Ausführung erforderliche Bildung besitzen. Es ehrt sie, wenn sie seine Kunst mit dem heutigen

1 Gemeint ist der Kantatensatz »Nun ist das Heil und die Kraft«, BWV 50 (Anm. d. Hrsg.).

Protestantismus gleichsetzen. Sänger und Sängerinnen kümmern sich vielfach nur um ihr Notenblatt. Sollten sie verstummen, weil sich nach einem Unterliegen vor intoleranten Ketzergerichten ihnen möglicherweise die Chortüren schließen würden? In den Privathäusern blüht hauptsächlich Bachs »weltliche« Musik. Mutige Pastoren verzichten auf Bachs Gottesstaat nicht. Bach sei aus der Kirche entsprossen, also muß er dorthin zurück, lautet ihre Beweisführung.

Gibt es, wenn von Geniewerken die Rede geht, eine profane und sakrale Malerei, eine profane und sakrale Dichtung? Sind heute Klopstock, Milton, Dante Kirchendichter? Rekrutieren diese sich nicht überwiegend aus Choraltextverfassern? Ebenso sind die täglich in der Gemeinde brauchbaren Kirchenmaler, Kirchenmusiker die Mittelmäßigen, wenig weit Ausholenden. Hängen wirklich große Bilder neben einer Kanzel, so sprengen sie den dogmatischen Eigensinn, der sie in ein enges Joch zwingen will. Wäre Dürer ein Kirchenmaler, obwohl wir seine frommen Reime, Tagebücher, Briefe, seine Klage um Luthers Tod kennen? Die Leidenschaft des großen religiösen Musikers ist die Einsamkeit des Menschen unter Dämonen.

4

Bachs Werk wirkt aufgeräumt durchaus. Die Ordnung darin erstreckt sich in gleicher Weise auf die Lebensarbeit wie auf den geringsten Motivschritt. Durch das Hervorheben des Wesentlichen verringert sich die Mannigfaltigkeit der Texte auf ein Minimum. Seelische Anziehungsherde bilden sich, um welche die lauen poetischen Abwandlungen gereinigt und beherzt zusammenschießen. Die Ordnung der Welt, jenseits der Fülle an Fabeln und

Personen, an Ereignissen und Schicksalen, wird ehern. Das Gewußte gewinnt Pindarische Gewißheit. Vulkanische Systeme bilden sich, mit Kratern, die weißes, rotes oder schwarzes Feuer speien, zugehörig der selbstgenugsamen Natur, entfernt von allen zeitlichen Vorlagen, Verordnungen und Deutungen. Ob man sagt, die gesamte Natur sei sinnlich, philosophisch oder musikalisch zu erfassen, gilt gleich. Und je näher die Glutflüssigkeit gegen die Materie der Vorstellungen anzudringen scheint, um so weiter entfernt sie sich davon. Die Librettisten Picander oder Salomon Franck werden um so ungefährlicher, je liebevoller sie ergriffen werden. Je konventioneller ihre Dichtung, um so tiefer verweisen sie den Tondichter in die ungeheuren Naturreserven.

Dieselbe Neigung, nichts Unbestimmtes zurückzulassen, Sauberkeit als Gleichnis einer Verantwortung auf Tod und Leben heranzuläutern, System als das Werktagskleid der Ehrfurcht zu ertragen, begegnet uns in allen Details. Robert Handke hat auf die kluge Verteilung des Diatonischen in harmonischer und melodischer Verwendung hingewiesen. Pirro macht auf einen merkwürdigen rhythmischen Weg aufmerksam, der doch so geradeaus führt wie eine Tonleiter: in der Kantate »Herr, gehe nicht ins Gericht« verwandeln sich Sechzehntel in Achteltriolen, diese in Achtel, diese dann in zusammengezogene Triolen und endlich in Viertel. Rhythmische Anschauungen wie die, daß sich bei dem Worte »erhöhet« das Tempo auf Achtel erhebt und bei dem Worte »erniedrigt« auf Viertel sinkt, finden sich nicht selten, wie überhaupt aus beinahe starren Teilungen der Zeit-Einheit durch die Zahl zwei oder ein Vielfaches bei Bach sich zuweilen die komplizierteste Rhythmik aller Musik zusammenfügt. In der Kantate »Der Himmel lacht« streiten zum Beispiel vier Rhythmen gleichzeitig um fünf Begriffe (Hinweis ebenfalls bei Pirro). Das zweite Stück der »Kunst der Fuge« synkopiert das punktierte Überleitungsmotiv auf seinem leichtesten Bruchstück: es lädt sich voll und schreitet aus eigener Kraft herunter, nicht mehr wie im Dienste, nicht mehr wie in Abhängigkeit vom großen Fluß des Ganzen. Die dynamischen Steigerungen durch einen tückisch logischen Aufbau der Massen und Klangfarben sind ein Phantasierreich für sich.

Ein Tonschritt oder -sprung kann gar nicht anders, als etwas bedeuten, oder man verläßt die Kunst und ist in der Physik. Er setzt jedoch nicht allegorisch das Eine für das Andere, das Musikalische für das Stoffliche, wobei das Eine so gut wie das Andere ausdrucksbefähigt bliebe, sondern er setzt etwas von Grund aus Verschiedenes. Einmal, stofflich, ist das Ergebnis erst am Ende des Ablaufs da, das andere Mal, musikalisch, schon am Anfang. Das Ergebnis wird uns körperlich, ästhetisch und moralisch (das ist beurteilt) ausgeliefert. Das Fühlen ist Glauben, denn das Glauben ist Sehen geworden.

Die Regeln in ihrer grandiosen Logik bewahren von der Welt – nichts. Jeder Ton innerhalb einer Kombination ist deutbar, aber er bedeutet, bevor der Geist hineinbläst, – nichts. Es besteht die ewige Drohung, der Klang werde zum Schall zurückverwandelt werden, und er wird es, sobald die artistische Lehre um einen einzigen Schritt zu weit vordringt; mögen ihn dann Menschenzungen und die Engelzungen der Geigen nachträglich süß und erhaben zu machen trachten, die kommen zu spät und vergebens. Der gleiche Ton kann ja Basis und Spitze sein. Er ist nicht er selbst, sondern der fünfte, sechste, siebente von einem anderen aus und nur als solcher er selbst. Er mag seine Geltung als chromatischer Ganzton oder chromatischer Halbton besitzen, als diatonischer Halbton oder gar als enharmonischer Halb- oder Ganzton. A ist nicht a. Es ist ein geometrischer Ort. Ohne seine Abstände nach oben und unten, nach vorn und hinten besteht er nicht, wie diese wiederum ohne ihn nicht bestehen. Dieses immanente Gefühl und Bewußtsein der gegenseitigen Abhängigkeit schließt in den Tönen ein anthropomorph trübes gegenseitiges Verlangen und Umwerben aus. Es vermöchte nicht mehr, als ohnehin erreicht ist. Die Verwandten hausen immer beieinander, Dominante und Unterdominante und so weiter, die gleichen Cliquen bilden sich unablässig. Ihre enge Verschwägerung drängte sogar die fremderen Familienmitglieder im Laufe der Zeit hinaus, nahm an ihnen Erhöhungen und Erniedrigungen vor, die sie einander ähnlich machten. Ihre systematische Struktur festigte sich. Sie waren vor dem Sturz aus dem Klang in den Schall gesichert, um so leichter konnte ihn der Stoff tun, dessen Gleichnis sie waren. Die unsichtbar mitklingenden Intervalle färben den Ton, und also färben sie auch die hörbaren akkordischen. Der Farbgrund ist durch sie besonders entschieden festgelegt. Bach macht verhältnismäßig wenig Ausweichungen, aber die Intervallverhältnisse und -beziehungen ändern sich natürlich fortwährend, so daß die Grundfarbe in sich reich schattiert ist. Seine scharfe Klarheit wird doch von einem Helldunkel umwoben. Nur mit letzter Anspannung wäre jede Nuance der Schattierung wahrzunehmen.

Die Tonsubstanz neigt rückwärts gegen das Dunkel des Schalls und vorwärts gegen das harte Licht des Themas. Ist dieses schlecht, so ist schon alles entschieden. Die »Mathematik« wird dann geistlos, die Kunst geht im Schlendrian, verwahrlost ist alles, die Rechnungen widerlegen sich, zweimal zwei ist nicht vier. Wiederholung, Versetzung und Tonartenwechsel sind Mißbrauch. Formeln widern an, wenn sie nur Formeln bleiben, jedoch ihr abstraktes Recht verlassen und Sinnlichkeit anfressen.

Eine Fuge beispielsweise mutet dann an, als legte ein irrsinniger Greis bunte Bälle in den Brettern eines Regals auf und ab, in gewissen Abständen nach oben und unten, und käme sich als sibyllinischer Magier vor.

Die Fragestellung aus der Gesamtordnung der technischen Bedeutung her ist bei Bach um so mehr berechtigt, als oft genug in vokalen wie auch instrumentalen Werken die Sätze miteinander seelisch nicht verbunden sind. Die heischenden Formen klammern den zu behandelnden Stoff alsbald in sich so ein, daß nichts für weitere Ausmünzung in einem Adagio nach dem Allegro und wieder in einem Allegro übrigbleibt.

Es gibt keine Zusammenhänge mehr, es gibt nur einen Zusammenhang. Die verschiedenen Themen sind längst keine Auslegung des musikalischen Inhalts, sondern Anregung, immer andere musikalische Charaktere auftreten zu lassen. Wie könnte auch das Kleinere das Größere auslegen? Das Verhältnis hat mit keiner Materie mehr etwas zu tun, auch mit der des Tones nicht. Die aus der Grundlage von zwei, drei, vier Tönen geborene Einheit, eben das Verhältnisgefühl, ist vom Stoffe völlig befreit. Es schwebt über der Dreiheit oder Vierheit der Töne. Seine Einheit ist nicht mehr Potenz, erst recht nicht Summe der Töne, sie ist etwas von neuem Einfaches. Die Mittel der Wirkung sind unverborgen, sie lassen sich entdecken, aber wenn man, angenommen, es wäre möglich, alle entdeckt hätte, so hätte man keins entdeckt. Das Hörbare ist ein Gleichnis. Hinter dem Gehör, aus seiner Phantasie, baut sich eine Totalität auf, in der auch alle anderen Sinne ihr Recht besitzen. Denn nur in der körperlich gebundenen Sinnlichkeit sind die Sinne in Zonen eingeschlossen. Wo deren Vermittlung aufhört und sie in die Phantasie einmünden, da fallen die Grenzen. Es beginnt eine Welt mit Morgen und

Abend, Tag und Nacht, Göttern und Menschen, aber sie sind alle aus demselben Stoffe.

Solche Arbeit, in der das Tonsymbol nur sich selbst bedeutet, also das Symbol aufhebt, ist auch ein Ethos des Anschauens, weit jenseits aller Moral, weit erhaben über alle Einstellung nach einem Geschmack. Käme es darin nur auf einen bürgerlichen Sonntagsschmaus des Genusses, auf irgendeine bloß lernbare Fähigkeit an, so unterschiede sie sich im Wesen nicht von der moralischen, politischen, sozialen Welt.

Bachs Malen mit musikalischer Bedeutung, die nichts außerhalb ihrer selbst bedeutet, ist Schilderei des Metaphysischen: ewiges Leben. Die Plattheit und Leichtfertigkeit des Glaubens, der eine schlaraffige und frömmlerische Fortsetzung des irdischen Lebens für wahr ausgibt, ist ersetzt durch Probeminuten (oder sind es Jahre?) eines wirklich jenseitigen Lebens in der Musik. Es wird Gegenwart, ist herabgezogen ins Irdische. Es verzichtet nicht aufs Diesseits, zeigt vielmehr, daß seine Forsetzung ohne Zeitbegrenzung, Zeiternüchterung unsinnig, geistwidrig wäre.

Schon der erste Aufbruch der Musik in den Motiven empfängt vom Zentrum her nüchterne Befehle, zweckmäßig arbeitsam zu sein, sich danach zu bilden und zu halten und sonst nichts. Wenn die Motive genauestens den gegebenen Gelegenheiten dienen, entfliehen sie ihnen doch durch eine während der ganzen Schaffensjahrzehnte Bachs wiederholte Typik so weit, wie es überhaupt denkbar ist, in eine Diktatur dieser einen Seele, dieser einmaligen, unwiederholbaren. Wie aber, liegt die typische Erscheinungsart nicht in der Luft, ist sie nicht den großen und gar erst den kleinen Meistern um 1700 gemeinsam? Man darf gegenfragen: sind Motive überhaupt vorhanden, wo sie arm und leer, bequem und überlieferungsgesichert sind? Ein Baum in einer Tapete, in einem Fries ist keiner, sondern nur ein Ornament; erst daß er wurzelt, wächst, grünt, rauscht – macht ihn zum Symbol der Naturkraft. Bachs Motiv drängt sich nicht vor, weil es richtig, absichtsvoll ist, in seiner Wirkung gleichsam verschwindet. Bei wem es flach ist, bei dem springt es heraus, da gewinnt es Ausschließlichkeit, drückt lähmend selbst auf die individuellere Umgebung: man hört nicht mehr die Umgebung, sondern das charakteristisch Konventionelle. Die Langeweile hat dann ein Recht zu der Abwehr, das erstemal sei das zehntausendste. Bei den Lässigen hat alles Schlechte üble Wirkungen: vom Atom her wirkt eine schematische Polyphonie durch das ganze System der Partitur. Bei Bach aber ist im schlicht und unscheinbar Gewollten des Motivs schon das ganze weltbeherrschende polyphone System inbegriffen. Ja, man mag behaupten, weil das Ganze in ihm klingt, klingt das es veranlassende Einzelne nicht. Es verbirgt sich vom Ganzen her. Es umfesselt die vielgestaltige Kraft, es ist der unheimlich leichte Vogelschritt, schicksalsvoll von dem zukünftigen Donner der unheimlichen Lawine, die er lösen wird. Bei den Konventionellen ist die Lawine nicht potentiell vorhanden, also auch nicht der Geisterschritt, unter dem sie aufspringt, sondern ein Schall auf und ab.

Denn im Auf und Nieder ruht die ganze Musik aller Zeiten, aller Geister. Mit der Notwendigkeit des Steigens und Fallens der Intervalle, Motive, Themen, Durchführungen, Sätze muß sie unentrinnbar arbeiten. Was mechanischer Zwang ist, das Setzen der Finger auf den Löchern der Flöte, den Tasten des Klaviers, das einfache Nichtverharrenkönnen, soll anders Musik gemacht werden, das gilt für alle innerliche Bewegung – soll anders Musik gemacht werden. Musik ist, von hier aus gesehen, das Gewühl und Gewimmel an einem düsteren oder lichteren

Ort, und das nach einem Orte hin. In dieser absoluten Zweiheit sind die Inhalte der Tonwelt vorgebildet, platonische Ideen aller konkreten Möglichkeiten, und wenn sie ihnen draußen in einem Texte begegnen, so gibt der Text nur eine unbestimmte Andeutung, höchstens eine bestimmte Anregung, welche dieser Ideen nun auftreten, sich enthüllen, ihr Drama aufführen sollen. Sollten nun innere Regungen pervers ausgedrückt werden, Leid mit Aufstürmen, Freude mit Hinabsinken und Zusammensinken? Bach war nicht der Finder dieser trivialen Einsicht, aber der Entdecker des Universums darin. Nicht nur Autoritäten wie Mattheson, auch ein einfacher Stadtpfeifer in Bremen wie Daniel Speer, der später Kantor in Göppingen und Waiblingen war, bestätigen theoretisch, was schon die vorbachische Musik als Gepflogenheit ergibt. Speer (vgl. Pirro, Wolfrum) schreibt: »Er soll einen vor sich genommenen Text wohl betrachten und das darbey befindliche, es heiße nun lang, kurtz, hoch, tieff, Himmel, Erde, Lauffen, Stehen, Reden, Schweigen, Wiederkommen, Weinen, Heulen, Frölich seyn, Ewig, ohn Ende, Prächtig, Gering, Einer, Zwey, Drey, Alle, in Ewigkeit, Amen, Alleluja, und dergleichen nachdenckliche Wort mehr, mit gebührendem Noten-Satz observieren.« Was Bach getan hat, ist, daß er das »von Fall zu Fall« durch das »ein für allemal« ersetzte. Damit streift er jeden Rest des Kopierens ab und wird zum Schöpfer. Jeder motorische Gedanke wird zur Variation des Grundgedankens überhaupt. Weil eine Welt da ist, vermag der Takt zur Welt zu werden; nicht weil der Takt ein Stückchen Welt getreulich abmalt, wird allmählich eine Welt gemalt sein. Die Polarität des Hinan und Hinab enthält alle Polaritäten. Aus ihrem Magnetismus, aus ihren Gesetzen der Schwere und Trägheit gruppieren sich die Elemente, verwandeln sich die Gruppen in Form. Das Verweilen in gleicher Tonhöhe wird zum Vorzustande, zur Entscheidungspause für das Fortstieben, zum Laden mit Kraft, zum Anlauf. Die Kantate »Dazu ist erschienen der Sohn Gottes« enthält die Textfortsetzung »daß er die Werke des Teufels zerstöre«. Diese Worte geben ein hackendes Unisono sämtlicher Chorstimmen auf c, bis bei zer-»störe«, mit Spitta zu reden, die Stimmen wie eine gewaltige Strahlengarbe nach allen Seiten auseinanderfahren. Das ununterbrochene Verweilen oder der wiederholte Anschlag eines Tones in der Tiefe kann eine besonders verstärkte, gewichtige Bewegung nach der Tiefe sein, kann das Grundlose dieser Tiefe anzeigen. Ein Verweilen in der Höhe, zum Beispiel das unersättliche c der beiden Flöten in der Kantate »Komm du süße Todesstunde«, schwebt wohl in die Unermeßlichkeit dieser jenseitigen Höhe hinauf; das ist hier besonders schön, weil der Tod als der Honig aus dem Munde des Löwen bezeichnet ist: wir sehen nicht den Löwen, sondern schmecken nur den Honig. Oder ein festgehaltenes hohes f der Trompete ist ein unheimlicher Magnet für einen konzentrischen Anflug: »Dein Wetter zog sich auf von weitem«, in der Kantate »Schauet doch und sehet, ob irgendein Schmerz sei wie mein Schmerz«. Es herrscht das volle Bewußtsein, daß die gleiche Erscheinung ungeheuer viel bedeuten könne. Wo wir den technischen Ausdruck aufwärts gebrauchen, kann Bach mit denselben Noten ein Steigen, Keuchen, Fliegen, Hinanfreuen, Schweben, Himmelstürmen meinen. Einmal wiederum mag er Stufe um Stufe nehmen, ein anderes Mal, ohne etwas anderes zu gestalten, Stufen überspringen bis zur Quartstaffel. Oder er verhüllt seinen Weg, verbirgt ihn in figuriertem Gewölk, mit einem Wogen hinan und hinab um die Stufe, die von der Gesamtheit dieses Gewoges erbaut wird. In sechs Tönen oder in acht ruht ein einziger, umsponnen, gefangen, umschmeichelt, ohne zu erklingen, oder nur flüchtig anklingend wie ein Art- oder Altersgenosse der sechs oder acht übrigen, und dennoch ist er der Gebietende. Er, der Unsichtbare, trägt den Sinn und trägt ihn empor oder hinab, wie die Königin der Bienen von den Arbeitsbienen versorgt wird. Abstände, variable Aufenthalte im Drange zur Höhe und Tiefe werden geschaffen. Steigende Motive sitzen als Kern in einer fallenden Tönegruppe, fallende in einer steigenden Figur. Es wird nach Gipfeltönen gezielt von einer Notengemeinschaft, der Schwung trifft bei heftigster Anstrengung zuweilen stets die gleiche Höhenlage, öfter jedoch verschiedene Höhen; natürlich, denn der Widerstand der harmonischen Atmosphäre regelt die Flugkraft. Etwas von der Mathematik der Parabel waltet in solchen Bemühungen. Es spukt auch noch von der Teilung der Oktave in zwei Tetrachorde, wie sie die griechische Musik und die Zeit der Kirchentöne hatte. Damit eine Bewegung wirklich »bis zum Himmel« steige, wirtschaften Tenor, Alt und Sopran, jeder nach seinem Vermögen, kommunistisch zusammen (Kantate »Man lobet dich in der Stille«); gleichsam schiefe Motive, meist mit viel Chromatik und meist abwärts gerichtet, bringen die festen Himmelsgegenden durcheinander, heben sie auf. Sie führen in mystische Zwischenwelten voll Geheimnis, Blutdunst, Qual, Tod, in die Einsamkeit, als noch Norden und Süden, Mond und Stern nicht war. »Seufzen, Klagen«, »Crucifixus«. Diese Abgründe gibt es immer, sie bleiben permanent jenseits der Welt die Welt. »Et incarnatus est« – das Hinabsinken göttlicher Befruchtung in den irdisch weiblichen Schoß hat nicht bloß die Dauer des Musikstücks in der h-moll-Messe, sondern es währte seit Ewigkeiten und wird in Ewigkeiten währen. Mehr als das Ereignis des unheimlich Unwiderstehlichen ist seine Tendenz. Schwaden des Geheimnisses ziehen vorüber, schräg hinab, bis zum Zerren und Ziehen des Todes: ». . . et homo factus est.« Die Empfängnis des Keimes ist schon das Mähen des Vernichters. Auf einen Punkt zusammengeschrumpft ist alle Gestalt des Lebens, und nur das Mysterium erfüllt alle Dimension mit seiner Dichte. So, wenn eine nachsprechbare oder ausgesprochene Bedeutung vorhanden ist, so auch, wenn das wortlose Sein waltet. In solcherlei Richtungstendenzen liegt wieder die ganze Welt mit Dingen und Personen, das Angelangtsein gleichzeitig in der Höhe und Tiefe. Unten liegt die Vernichtung, bis zu dem Sturz, »der Vorhang zerriß von oben an bis unten aus«, unten liegen die Gräber. Christus, der Tragische, Todumwitterte, Geopferte wohnt in der Tiefe, ihm gehört die Baßregion. Christus, den der Evangelist kündet, lebt in der Höhe der Mitte, der Tenor öffnet ihm die Breite der Welt. Dem Triumphator werden auch die weiblichen Stimmen der Höhe beigegeben – nicht mehr als Rollendarstellerinnen, weil es hier keine Rollen mehr gibt.

Aus welcher Skala jedoch bauen sich die übergewaltigen Flüge und Stürze in Himmel und Hölle auf? Aus sieben Tönen, in ewiger Wiederkehr. Die Tonleiter ist »alles«, ist der restlose Inhalt der Erde: »Welt, behalte nur das deine!« (Sie versinnlicht auch sonst das Hingehende, das Vergängliche.) Aber sie ist ebenso die Himmelsleiter, wie schon die Zahl sieben, etwa in der (mit den Geigen) siebenstimmigen Fuge des Credo der Hohen Messe das völlige und abgeschlossene Wesen allen Inhalts bekennt. Und der zermalmende Begriff »omnipotens« erscheint ebendort wieder als die siebenteilige Tonleiter. Also der elementare Anfang aller Musikunterweisung, das enge Alphabet der Fibel, das der unbegabteste Schüler für den dümmsten Hausgebrauch lernen muß, ist jenes »omnipotens«, der Schoß Gottes mit allen Möglichkeiten der Geschichte und dem Gebot über alle Wirklichkeiten. Das einfachste Mittel wurde zum besten. Beginn und Ende des Kreises erreichten sich. »Sicut erat in principio« – das »Magnificat« wiederholt nach vielen Stücken wie ein schlichtes da capo seinen Anfang: hier vernehmt ihr das principium der Dreifaltigkeit. [. . .]

5

Diese Verfassung wäre unvorstellbar ohne die Mitwirkung des Schweigens am Erklingen, als eine Überordnung der Ordnung. Das ausgespart Verschwiegene schreitet über und zwischen den Heerscharen der Zehntausende von klingenden Noten. Meer und Festland, Luft und Erde. Das Tönen grenzt das Schweigen ab, jagt, peitscht es zurück, geißelt es empor, das Element, das immer wiederkehrt, sich sammelt, ballt, mit gespenstischer Aura drückt, das hochgeschleudert wird, zurückstürzt, unerträglich spannt, zu klingen beginnt, übertönt, überschreit, nicht eingelassen wird und an Gewalt wider die schallende Gewalt zunimmt. Das Unsichtbare kämpft mit dem Sichtbaren, Jakob mit dem Engel. Der unerbittliche Zwist kann ganz gelinde dünken wie in dem Arioso »Am Abend da es kühle ward« oder im Chore »Bleib bei uns, denn es will Abend werden«, aber die nie tagende Nacht weht dennoch daraus herüber. Schweigen bestimmt die Wahl der Instrumente, gedämpfte Geigen und Lauten in der Himmelschlüsselblumen-Arie der Johannespassion, oder was es sei. Es läßt die Tonarten schwanken und sich nicht entscheiden, wie schon in der frühen c-moll-Orgelfuge, es kann alle Glieder lähmen bis auf eins, wie ebendort, wo lange nur der eine Schritt vom As-dur-Sextakkord zum verminderten Dreiklang geschieht, es setzt Quinten und Oktaven falsch und flicht a-moll und As-dur ineinander. Der Tag des hellen Verstandes, in dem Bach immer weilt, sähe sonst sofort den erlösenden Ausweg. Der größte Meister im Durchdringen der Dissonanzen brauchte sonst nicht so hartnäckig im Dissonierenden auszuharren wie etwa in der Kantate »Nimm von uns Herr, du treuer Gott«. Die Ordnung, zu reden, weil es das Schweigen gibt, zu schweigen, weil es die Rede gibt, ist vielleicht seine oberste Ordnung. Der darin beschlossene Widerstand befruchtet wohl jede Kunst, aber am erschütterndsten muß er in der tönenden sein. Obertöne krümmen die Regenbogen dieses Schweigens, sind die erscheinende Fata Morgana. Die Orgel mit ihren Klangmixturen hatte das systematisch-mechanisch festgelegt, es brauchte aus jahrhundertealtem Schlafe nur aufgeweckt zu werden. Nicht bloß in schreitend melodischen oder statisch harmonischen Intervallen spricht das Schweigen, sondern es umwebt das Ganze. Es naht erst, wenn der Geist entfaltet wird, nicht das Lernbare, nicht das Zeitübliche. Nicht die Summe und noch nicht die Potenz der Töne hat etwas von seiner Gloriole. Sie ist nicht an die Person eines Meisters gebunden, die nie wiederkehrt, aber auch nie ihre Gegenwart verliert. Sie kann im fünfzehnten Jahrhundert geleuchtet haben und im zwanzigsten wiederkehren. Hier ragt das Werk über seine Bedingungen hinaus, hier offenbart sich das Überpersönliche des Schöpfers, hier verstummt selbst ein Tönendes, wie schon in seinen gleichmäßigsten Figuren vielleicht unter vier ebenbürtigen Notenwerten nur der zweite und dritte Ton metaphysisch wichtig sind, die beiden Ecktöne dagegen nur physisch. Die unsichtbare Melodie, die halb sichtbare, die eingesponnene, umrankte, umblühte, verdorrende, sorgt für die innerlichen Übergänge (die Wagner von seinem Standpunkt aus als das Schwierigste erklärt), die ohne etwas schweigend Fortwirkendes gänzlich unerklärlich blieben. Dadurch erzeugt sich bei Bach auch die nur ihm eigene Gliederung in Haupt- und Nebensachen, obgleich er im Verlaufe seiner Musikstücke nur Hauptsachen gibt. Obwohl konstruktiv überflüssige Nebensachen fehlen, fehlen sie doch nicht in einer Weise, daß die Unmöglichkeit gefolgert werden müßte: lauter Hauptsachen!

6

Hiermit hängt das Fehlen gewisser Antinomien in Bachs Werk zusammen. Heidnische Elementarkräfte haben sie verzehrt. Wie alle Musik den Gegensatz des sittlich Vortrefflichen und Schlimmen in Schönheit verzaubert, so weiß Bach erst recht Gut und Böse nicht auszudrücken. Das Böse ist ihm, sobald er Kantor zu sein aufhört, das grotesk Charakteristische: die teuflische Schlange, die Spötter, die Sünder. Seine Teufel sind von einer liebenswürdigen Lebensfrische, die Sünder erblühen tropenüppig in der Leidenschaft des Schmerzes. Die Kurven und Tiefen der Themen für das Arge und Verworfene sind gegensätzlich nur zu den Kurven und Tiefen der Themen für das Reine und Gebilligte, nicht aber die eine ethische Färbung zu der anderen. Das Krumme, das Auswüchsige, das Großspurige, das Stotternde, das Zeternde: so etwa ist ihre Erscheinung. Ihr Unterschiedenes ist nichs als Erscheinung. Sie ordnen sich früher gefundenen Gegensatzpaaren unter, vor allem den melodischen, harmonischen, rhythmischen. Sie sind unentbehrlich, um einen wirklichen Kosmos zu bevölkern. Sie stellen sogar einen Glücksfall dar für ein so mächtig ausgebreitetes Lebenswerk und laufen mit den Kennzeichen der Familienähnlichkeit kreuz und quer durch seine Schichten. Wie die Narren und Schelme bei Shakespeare dürften sie nicht fehlen. Sie sind das untere Volk. Es wäre sogar nicht allzu spitzfindig, das eigentliche Volk, das Volk der turbae, als radikal böse in diesem Sinne zu bezeichnen, denn nie mangelt ihm das genial Charakteristische, das klar Individualisierende, nicht nur in den dissonierenden Gegenden, sondern noch in den pastoralen. Das Genie ist das »Böse« in unvergeßlichen Chören wie »Du Hirte Israel, höre«, im bußfertigen »Kyrie eleison«, in den Grablegungen, in den Kreuzigungschören, im Wutgebrüll »Barrabam!«

Mehr an die Oberfläche gerückt, heißt der durch die Musik ausgemerzte Gegensatz gut und böse – sakral und profan. Stellt ihn das Vorhandensein der weltlichen Kantaten und Tanzpartiten nicht doch auf? Kein Unterschied der Arbeit und Gesinnung ergibt sich gegenüber den anderen Stücken. Manche Kirchenkompositionen sind von konfessionell Gesinnten als besonders protestantisch empfunden worden. Spitta nennt die Motette »Singet dem Herrn«. So wären die Orgelphantasie über »Das sind die heiligen zehn Gebot«, die übrigen Paraphrasen der Katechismuslieder, die Kantate »Ein feste Burg« zu zählen. Folgt daraus nicht eigentlich, daß alles übrige minder protestantisch sei? Die Kirche wurde hier interessanter Bestandteil der Welt wie das Rüpeltum in der Bauernkantate. Wenn Musiken auf weltliche, höchst weltliche Strophen auf geistliche Strophen überführt oder, wie man damals sagte, parodiert wurden, so war der Wesensgehalt das tertium comparationis, nicht die inhaltlichen Angaben. Im Weihnachtsoratorium wird der Schlaf des Jesuskindes besungen, auf eine Melodie, mit welcher Frau Wollust den Herakles galant bedacht hatte. Die Melodie atmet aus dem gleichen Schlummer her, gleichgültig gegen Situationen und Personen, aus jenem Schlummer, der jenseits von gut und böse ist. Gleichermaßen wurden ja die musikalischen Formen nicht nach ihrem Ursprung gefragt, je nachdem sie würdig befunden wurden, einen geistlichen oder weltlichen Zweck zu erfüllen. Die Orgelweihkantate für Strömtal ist eine Folge von Tanzstücken wie Rondo, Gavotte, Gigue, Menuett, außer der französischen Ouvertüre. Konzertstücke leiten Kirchenkantaten ein, wahrscheinlich öfter, als sich heute kontrollieren läßt, und Bach überschrieb die Partituren selbst mit dem Worte concerto; es störte das »Jesu juva« daneben nicht. Ja, schwerste Chöre von den letzten Dingen sind solchen Konzertsätzen eingebaut, »Wir müssen durch viel Seufzen« in der zweiten des d-moll-Konzerts für Klavier. (Ich kenne die Zweifel an der Echtheit beider Werke.) Was sich gleichzeitig für Violine, Klavier und Orgel findet, wurde nur nach den Fähigkeiten dieser Instrumente bereichert, nicht nach Konzertsaal, Haus und Kirche beurteilt. In der Klaviermusik klingen kultische Stücke an. Die gleichen Stadtpfeifer, die ein unanständiges Quodlibet exekutierten, musizierten ein Weltgericht. Die französische Ouvertüre legt erst im zuckenden Weh des Kirchengesanges die spitzen, trockenen Manieren ab, die sie in der absoluten Musik zuweilen verstaubt und veraltet erscheinen läßt (vergleiche zum Beispiel »Preise Jerusalem«, »O Ewigkeit, du Donnerwort«, »In allen meinen Taten«), während die weltlichen Kantaten höchstens den Prozentsatz ihres Stimmungsanteils an einem Ganzen darstellen, nicht ihren Gegensatz zu ihm. –

7

Jedes Beispiel aus Bach ist ein Prisma mit unzähligen Brechungen des Lichts. Aber das Licht ist allenthalben dasselbe. Bachs Werk beantwortet den einen fragenden Gedanken: wie kann die Welt in der Kunst existent werden? Das Rätsel verschließt sich in seine Umkehrung: indem die Kunst Welt wurde! Noch die fremden Musiker und ihre Arbeit betrachtete Bach mit einem Auge, das sie als so anonyme Realitäten sah wie einen Stein, Halm und Vogel. Er entlehnte viel, aber er verletzte in seinem Gewissen keine Eigentumsrechte, da er nicht den Willen eines Menschen verwirklichen wollte, sondern den einer Welt. In der kleinsten Invention von wenigen Takten Umfang ist der Trieb ihres objektiven Bestandes mehr als sein eigener: sie gestattet ihm den Zutritt, sie nimmt seinen Geist auf, nicht er sie in den seinen. Wie ihm die Formen der Böhm, Pachelbel, Reinken, Buxtehude gehörten, als hätte er sich selbst in diesen Meistern vor seiner Geburt vorausgesandt, damit er sich mit ihrer Lebensarbeit vorarbeite, so hatte er Legrenzi, Corelli, Albinoni, Vivaldi, Fischer ausgesandt, daß sie ihm einige seiner Themen erfänden. Mit diesen Besitztümern der unteilbaren Wirklichkeit schaltete er als mit etwas Eigenem, das doch jedem freistand wie tiefsinnige und assoziative Wörter der Sprache, mit denen man Gedichte nach dem Maße seiner Natur und seines Talentes dichten konnte. Er gab den Orgelmeistern das Anonyme wieder, indem er die Summe jedes Einzelnen als Summanden in sein Werk fügte. Die französischen »Manieren« schrieb er zum Ärger zeitgenössischer Kritiker aus, weil sie ihm nicht Manieren blieben. Das grausige Durcheinander nördlichen und westlichen und südlichen Musizierens in seiner Zeit verschwand in ihm. Er hob die Anwendung der Formen ad libitum auf. Der Streit um den Geschmack nach dem blöden Prinzip: um den Geschmack lasse sich nicht streiten, zerstob in seiner freien Tat. Was geschichtlich ins Daseinsrecht gewachsen war, nacheinander, entfaltete sich in Bach nebeneinander und nahm so am universalen Bewußtsein teil: Künste waren Natur geworden, Naturen Kunst.

Gottlieb Friedrich Bach: Johann Sebastian Bach.
Pastell, um 1736

Jean Giono

Gionos 1934 erschienener autobiographischer Roman »Jean le Bleu« schildert u.a. die Begegnung des Kindes mit der Musik Bachs in einem südfranzösischen Dorf, vermittelt von zwei gescheiterten Musikern auf eine vielleicht absurde, aber ergreifende Weise: Kunst, die sich im Elend bewährt.

Dieses Gesicht an der Mauer besaß noch andere Kräfte und andere Gnaden. Es war menschlich schön und traurig. Seine Schönheit kam daher, daß es so tief menschlich war. Die Stirn, die Augen, Mund und Wangen, die tiefe Falte, die die Schwellung auf der einen Seite der Ziegellippen andeutete, die Haare: das alles bestand aus ungeschütztem, lebendigem Fleisch, das alles wurde freimütig, ohne Angst vor Freuden und vor Leiden, der harten Bildnerfaust des Lebens dargeboten. Oftmals fühlte ich, trotz der unversöhnlichen Härte der Gipsgedanken, die ihre Stirne bleichten, die Manneswurzel in meinem Klein-Jungen-Erdreich erbeben. Ich fühlte, es würde mir später lieblich sein, dieses Gesicht zu begleiten, zu beschützen, mit ihm zu leben und Trost in ihm für meine Mühsal zu finden; mit allen geheimen Kräften meines Innern flehte ich, es möchte nicht nur verwittertes Mauerwerk sein, ich wünschte so inbrünstig, daß es im Fleische in der Luft erstehen sollte, daß nach langen, langen Augenblicken des Schweigens und des Wartens eine lebendige Gestalt mein geblendetes Auge berührte.

Alles um mich herum fügte sich indessen so, daß ich dieses Gesicht niemals mehr vergessen sollte. Mir unbewußt schickten die geheimen Mächte das stumme Weberschiffchen durch die Fäden. Einige Tage nachdem die neuen Mieter in dem großen Nachbarhaus eingezogen waren, ging mein Vater wieder auf die Suche nach seinem Garten, und ich stieg auf den Boden hinauf, um ihn zu erwarten.

Ich schaute die Dame an. Es hatte die ganze Nacht durch unbändig in schiefen, vom Bergwind gepeitschten Strähnen geregnet, und die Nordwand war naß. Ein kleiner Wassertropfen perlte in den grünen Augen.

Ich weiß nicht, ob es wirklich einen Anfang nahm, den man als solchen bezeichnen könnte. Es mußte schon zuvor lebendig auf dem Grunde aller Dinge geruht haben. Das Entstehen glich nur einem Sichheben, einem Aufwallen alles Irdischen, es war eine Welle, die sich im Meere aufbäumt.

Ich hörte den Gesang einer Flöte.

Mir war, als redete der Ziegelmund.

Es war eine heiter-traurige Weise. Der Flötist spielte mit unerbittlicher Lauterkeit. Man spürte, er hatte diese Musik lange wie eine zusammengerollte Schlange in seinem Kopf herumgetragen, ehe er sie aus sich herausließ. Neben der Flöte ging eine düstre Geige her. Sie wanderten alle beide auf einer langen ansteigenden Straße fürbaß. Sie hatten den bedächtigen Gang von Leuten, die einen sehr weiten Weg haben.

Mein Herz setzte sich mit den gleichen großen Schritten in Gang, die ich viel später in mir sollte klingen hören. Ich streckte meine Hand im Schatten aus, und die Dame von der Mauer faßte meine Hand.

Schließlich ging ich hinunter in die Werkstatt meines Vaters. Er war schon da. Die Uhr schlug vier.

Mein Vater rührte sich nicht. Die Vögel waren wie tot.

»Hast du die Musik gehört?« fragte er mich.

»Ja.«

»Du hast ganz rote Augen.«

»Ich hab sie gerieben.«

»Deine Hände sind schmutzig.«

»Ich hab die Mauer angefaßt.«

»Wo warst du?«

»Da oben.«

Bis zur Abendsuppe sprachen wir nicht mehr. Mein Vater hatte die Käfige nicht von der Wand genommen. Er zog behutsam den Pechdraht fest und knüpfte die Knoten beim Nähen nicht mit einem Ruck wie sonst, sondern mit zwei Bewegungen aus dem Handgelenk, damit es nicht so knallte. Die Stille lag rings um uns herum wie Sand im Wind. Kaum ließ sich in geraumen Abständen ein Buchfink hören, der, aufgewacht, mit dem Schnabel an seinen Futternapf pochte. Ein Schaf stöhnte. Die Nacht da draußen schien auffahrend einmal mit den Flügeln zu schlagen, dann lag sie wieder reglos, ihr schwarzes Gefieder brütend über die Welt gebreitet. Ich saß unbeweglich, ich wagte kaum zu atmen, mein Blick ging durch den Papierlampenschirm hindurch, durch Wände und durch Himmelsgefilde, bis zur friedvollen Ruhe eines herrlichen grün und roten Gesichtes.

Der eine der beiden Männer, die Musik machten, hieß »Wahrhaftig« und der andere »Frau Königin«.

Der erste ging einmal dicht an mir vorüber, als ich auf dem Gehsteig vor unserm Haus spielte. Er roch nach molschen Äpfeln und nach altem Leder. Ich blickte der Länge nach an ihm hoch und hatte gerade Zeit zu erfassen, daß er geblümte Leinenhosen trug und ein blondes Gesicht mit zwei daran heruntertropfenden langen weichen Schnurrbartenden hatte. Ich hatte ihn nicht kommen hören. Er ging auf absatzlosen Leinenschuhen. Ein wenig weiter unten stieß er vor der Metzgerei mit dem dicken Abbé von der Erlöserkirche zusammen. Er blickte ihm mitten ins Gesicht und schrie aus vollem Hals: »Quak –

quak!« Dann ging er mit schlenkerndem Schnurrbart weiter, ohne sich zu beeilen.

»Frau Königin« trug einen gut gebürsteten, aber spekkig glänzenden Schwalbenschwanz. Ich traf ihn im Tabakladen.

»Geben Sie mir eine Drei-Pfennig-Zigarre», sagte er.

Er war der magerste und längste Mensch, den ich jemals erblickt hatte. Wenn er einen Finger rührte, knackte es; im Gehen knackten seine Beine, seine Arme knackten, und als er die Zigarre nahm, vollführte seine Hand ein Geknatter wie ein angezündeter Reisighaufen. Er brannte sein Kraut am Zigarrenanzünder an, blieb stehen und pumpte rasch mit geschlossenen Augen den Rauch.

Bei Tisch blickte mich mein Vater an und drehte dann zwei-, dreimal sein Stück Brot zwischen den Fingern herum.

»Wenn du musizieren lerntest?« sagte er schließlich.

Musik war für mich von geheimnisvollem Geist und Wesen, und hätte Vater zu mir gesagt: »Du sollst zaubern lernen«, die Angst, die mir die Kehle zuschnürte, hätte kaum größer sein können.

»Ich werde es nicht können«, sagte ich und erkannte meine eigene Stimme nicht wieder.

Mein Herz war mir mit einem Schlag in die Schuh gefallen, und mir war ganz kalt.

»Nein, ich glaube auch, du wirst es nicht können«, sagte mein Vater nach einer Pause, »aber das macht nichts. Geh nur zu den beiden Männern hier nebenan und hör zu.«

»Zwanzig Sous die Woche«, fügte er für meine Mutter hinzu, die die Groschen beisammenhielt.

»Wahrhaftig« öffnete mir die Tür, er blieb stehen und musterte mich mit schiefem Kopf und leerem Blick, während sein Schnurrbart sacht bis zu seiner Westentasche hinunterweinte.

»Da ist der kleine Herr«, sagte er endlich.

»Frau Königin«, der in der großen Kiste kramte, richtete sich knatternd wie ein Reisigbündel auf und trat auf mich zu.

»Nur herein!« sagte er und legte die Hand auf sein Herz.

Nachdem die Tür geschlossen war, standen wir alle drei da und sahen uns an. »Frau Königin« knackte mit den Händen, indem er sie höchst eilfertig rieb, und seine Ellenbogen flatterten zu seinen beiden Seiten wie gestutzte Flügel. »Wahrhaftig« wiegte ab und zu den Kopf und ließ seinen Schnurrbart wehen. Ich betrachtete das große düstre Zimmer, das so weiträumig und so hoch war, daß das Tageslicht nur wie ein kleiner Eisblock in der Mitte lag. Anfangs gewahrte man weder Wände noch Decke. Erst nach einer Weile erkannte ich um mich herum den Muskelkörper des Hauses.

»Ich glaube, es wird gehen«, sagte »Frau Königin«. – »Wenn der kleine Herr sich ganz hereinbemühen will. Einander anschauen ist noch kein Eintreten. Hier kann man sich niederlassen.«

Er zog mit dem Fuß einen Teppich heran, und ich setzte mich darauf nieder. »Frau Königin« schlug seine Beine neben mir untereinander, und »Wahrhaftig« zog sich in den Schatten zurück.

»Ich bin recht froh«, sagte »Frau Königin«, »daß es sich nicht um c d e f g a h c handelt. Wozu lernen? Was nützt es? Kann man die Hauptsache lernen? Wo kommt es her? Geheimnis.«

Er streckte seinen langen Finger knackend in den Schatten, aus dem »Wahrhaftig« mit seiner Geige und der Flöte auftauchte.

»Frau Königin« ergriff die Flöte, und ich bemerkte, daß seine Finger kein Geräusch mehr machten. Er neigte den Kopf schräg über den hölzernen Schaft, seine Hände ruhten wie Vögel auf der Flöte. Er sah mich an. Seine Augen erloschen.

»Herr Mozart«, sagte er.

Und sie begannen.

Man konnte nichts mehr sehen.

Sie hatten *Herrn* Rameau, *Herrn* Scarlatti und den kleinen Johann-Christian gespielt. *Herr* Haydn war dran gewesen, gerad als das Tageslicht entschwand. Es hatte bis zur vollständigen Dunkelheit gewährt. Jetzt war nichts mehr um mich herum als Musik. Ich sah nicht mehr die abgelöste Tapete, die von den Wänden hing, die beiden Strohsäcke auf dem nackten Fußboden, den Wasserkrug, die beiden Teller an der Erde und die große Bretterkiste. Dunkelheit herrschte. Zuweilen, wenn einer der »Herren« zu Ende war, schüttelte »Frau Königin« in einer Pause seine Flöte, daß sie wie eine Reitgerte pfiff.

»Was denkt der kleine Herr davon?« fragte »Wahrhaftig«.

»Mach Licht«, sagte »Frau Königin«, »wir werden sehen.«

Er zündete einen Kerzenstummel an.

»Gib her«, sagte »Frau Königin«.

Dann hielt er das Licht an mein Gesicht. Als er meine Augen sah, pfiff er nur durch die Zähne.

Er wandte sich zu »Wahrhaftig« und schüttelte ein-, zweimal den Kopf. Dann erhob er sich, und ich begriff, daß sie einander anblickten, ohne zu reden.

Ich sprach nicht mehr von Vater und Mutter. Es gab nichts mehr. Einmal nur fragte mich mein Vater:

»Na, Jungchen, wie steht's?« Und er fügte hinzu: »Hast du noch immer keine Lust, musizieren zu lernen?«

»O nein!« sagte ich, »nein!«

Ich wurde dunkelrot, und dann streichelte ich seine breite, zerschundene und geschwärzte Hand.

Am Sonntag brachte ich meine zwanzig Sous.

»Auf die Kiste«, sagte »Frau Königin«.

Ich legte mein Geldstück auf die Kiste.

»Wahrhaftig« schälte Kartoffeln.

»*Herr* Mozart war ein kleiner Junge«, sagte »Frau Königin«.

»Aber er war trotzdem *Herr* Mozart«, sagte »Wahrhaftig«.

»Jawohl«, stimmte »Frau Königin« bei.

»*Herr* Haydn«, sagte er dann, »war ein alter Herr. Er aß Fasan und trank perlenden Wein aus einem großen, so–o hohen Glas. Man borgte ihm Schlösser, Teiche, Bäume und ganze Wälder von weißem Flieder. Aber – er konnte vergessen.«

»Ja«, sagte »Wahrhaftig«, »er ließ sich nicht von seiner Verdauung beeinflussen.«

»Und dann«, sagte »Frau Königin«, »hatte er auch eine sehr weiche Hand.«

Er winkte wie Taubenflügel grüßend mit seiner knatternden Hand: »Auf Wiedersehn, auf Wiedersehn!«

Er wußte eben, was Freundschaft ist«, sagte »Wahrhaftig«.

»Geht es mit den Kartoffeln?« fragte »Frau Königin«, »oder soll ich dir helfen?«

»Es geht schon«, sagte »Wahrhaftig«.

Ich tippte »Frau Königin« auf den Arm.

»Neulich haben Sie etwas gespielt, das war hübsch . . .«

»Was?« fragte »Frau Königin«.

»Ich weiß nicht.«

»Wann?« fragte »Wahrhaftig«.

»Noch ehe ich her zu Ihnen kam ...«

»Wo warst du?«

»Auf unserm Boden.«

»Haben wir beide zusammen gespielt?«

»Ja.«

»Was machtest du denn auf dem Boden?«

Ich sagte, daß da eine grün und rote Dame auf der Mauer wäre. Und plötzlich, weil mir ihre Schönheit in den Sinn kam, und ihre Menschlichkeit, und das große Königreich, das sie in meinem Herzen einnahm, war alles wachgerufen.

»Das haben Sie gespielt ...«

Und ich pfiff die traurig-heitre Flötenweise, ich war wie jemand, der nicht mit seiner Stimme und nicht mit seinem Kopf spricht, sondern der nur noch das Instrument aller verborgenen Kräfte in ihm ist. In ganzer Gestalt ging selbst meine Dame über meine Lippen, und die Fetzen meines zerrissenen und seligen Herzens, und die großartigen, verlorenen Versprechen, die die großen modrigen Augen mir gemacht hatten.

»Frau Königin« richtete sich auf.

»Bach«, sagte er, »Johann Sebastian.«

»Wahrhaftig« hatte aufgehört, Kartoffeln zu schälen.

»Wie soll ich das raten«, sagte »Frau Königin« nach einer Pause, »wie soll ich das wohl raten? Er sagte, es war hübsch.«

Er blickte mich an:

»Das ist nicht hübsch, kleiner Herr, das ist schön.«

»Suite in e-moll, Polonaise«, kündigte »Wahrhaftig« an.

Er legte sein Messer weg, nahm seine Geige und putzte sie mit seinem Jackenärmel blank. Er betrachtete seinen Bogen und griff behutsam über die Saiten. »Frau Königin« wischte seine Flöte gründlich mit der Hand ab und fingerte aufs Geratewohl an den Klappen. Er spielte mit den Fingern in der Luft, mit diesen Fingern, die schon bei der bloßen Ansage des Musikstückes stummer als Rauch geworden waren. Er setzte seine Lippen an die Flöte und sagte leise:

»Los!«

»Ach! sang die Flöte, es war bestimmt, daß das Leben für uns eine alte Vettel sein sollte.

Eine alte Vettel mit tropfender Nase, verklebten Augen und Lippen voll Schorf.

Und daß sie nicht haltmachen würde, uns zu lieben mit ihrem klappernden Knochengestell, und daß ihre Zunge, die stinkt wie altes Kaninchenfell, unsern Mund nicht bezwingen würde.

Ja-ja, sprach die Geige, so ist es, so ist es, da ist nichts zu wollen, alter Freund!

So ist es von Gott uns nun einmal bestimmt. Und wir können nichts machen, als uns Augen und Nase zustopfen und unser Feinsliebchen kosen.

Doch nur unsern Leib soll sie von uns haben, sprach wieder die Flöte. Ihr übler Geruch dringt ein durch die Nase, mein Mund aber stößt ihn wieder aus, und nichts bleibt zurück. Im Geist ist sie mein, die reine und traurige Einzig-Geliebte.«

Und während die Geige leise dazu murrte, flöteten die Obertöne:

»Hast recht, hast recht, komm, laß uns gehen, voran, hübsch sacht, nur voran.«

Und die Flöte schwang sich empor; gleich einer Schlange, die, im Grase aufrecht stehend, aus der Freude oder dem Zorn ihres Fleisches die flüchtigen Bilder ihres Verlangens in die Luft malt, so zeichnete die Flöte das Wesen jenes Glückes der Verachtung, das im freien Sinn der vom Leben Ausgestoßenen wohnt.

Ganz gewiß haben weder Geige noch Flöte mir beim zweitenmal, da ich die Polonaise hörte, das alles, was ich hier niedergeschrieben habe, erzählt. Ich war ein kleiner Junge, ganz erfüllt von der Dame in Grün. Aber seitdem habe ich mir tausend- und aber tausendmal jene Weise vorgepfiffen, und jedesmal sah ich vor mir wieder die angewiderten und hochmütigen Gesichter von »Wahrhaftig« und »Frau Königin«.

»Bach«, sagte »Wahrhaftig«.

»Bachs kleine Stimme«, setzte »Frau Königin« hinzu und schüttelte seine Flöte.

»Jules«, rief »Wahrhaftig« und legte die Hand auf die Schulter des Flötenspielers, »Jules, denk an diesen Aufstieg in der ›Toccata‹, und dann, wenn du oben angelangt bist, setzt du den Fuß in die nackte Verzweiflung.«

»Ja«, seufzte »Frau Königin«, »man muß eben stark genug sein, nachher ganz aus eigener Kraft gefährliche Sprünge zu wagen, ohne sich auf irgend etwas zu stützen oder Angst für seinen Kopf zu haben. Das ist das Ganze.«

»Weißt du, daß die Schweinekerle ihm dreihundert Francs gegeben haben! Siehst du ihn da oben sitzen, mit dem Mund eines Mannes, der saugt, und mit seiner breiten Nase, wie Menschen sie haben, die von Ammen mit harten Brüsten genährt worden sind. Siehst du ihn da oben an der Orgel beim Ausklang des Gottesdienstes sitzen? Unten begrüßt die Frau Schlächtermeister die Frau Polizeirat, und Frau Polizeirat begrüßt die einflußreiche Frau Wähler, und der Pfarrer zählt den Klingelbeutel. ›Die Kadenz dauert ja ewig‹, sagt er, ›die Leute sind doch schon alle hinaus. Holla, Herr Bach, die Suppe steht auf dem Tisch!‹«

»Ich glaube, wir haben den kleinen Herrn vergessen«, seufzte »Frau Königin« mit einer traurig-höflichen Stimme.

Sie kauerten sich alle beide neben mir auf dem Teppich nieder.

»Bach war ein dicker Herr«, sagte »Frau Königin« und sah mich dabei an. »Er aß sehr viel Suppe. Darum hat er auch zwei Frauen und einundzwanzig Kinder gehabt. Jawohl.«

»Das erklärt mehr, als man glaubt«, fügte »Wahrhaftig« hinzu.

»Mir scheint aber«, meinte »Frau Königin«, »der kleine Herr hat vorhin eine ganze Reihe von Takten gepfiffen. Er hat den Faden der Geschichte begriffen.«

»Das eben wollen wir ihm beibringen«, erwiderte »Wahrhaftig«.

Von diesem Tag an empfing mich »Frau Königin« immer, indem er seine elektrisch knatternden Hände rieb und sagte:

»Wir wollen an die Arbeit gehen.«

Sie spielten mir Bach, *Herrn* Haydn und *Herrn* Mozart vor. Ich mußte ihnen darauf erzählen, was ich gesehen hatte.

Sie hörten mir zu. Sie pflichteten mir bei oder verbesserten mich.

»Nein, an der Stelle senkt der schwarze Schwan dreimal seinen Kopf unter das Wasser und hebt ihn wieder hoch, und jedesmal gleiten die kleinen Wassertropfen an seinem Gefieder herunter: tralala, tralalalala; jedesmal auf die gleiche Art. Gleichzeitig aber hört man dabei immer weiter alle Geräusche des Teiches, der sich im Schilf wiegt, dann aber hebt der Schwan den Kopf und schreit. Da tritt der Hirsch ...«

»Das Fagott«, warf »Wahrhaftig« ein und hob den Zeigefinger.

»Da tritt der Hirsch, sagte ich, aus dem Wald. Er hat Laub an seinem Geweih und lacht wie ... wie Herr Wahrhaftig.«

»So ist es«, bekräftigte »Frau Königin«. »Morgen wirst du uns das vorpfeifen.«

Eines Tages, als »Wahrhaftig« nicht recht gesund war, kehrte ich sofort in die Werkstatt meines Vaters zurück. Er saß nicht auf seinem Schemel. Er hatte den großen Wandschrank geöffnet und lauschte, das Ohr an der Mauer.

»Du bist wieder da?« sagte er. »Ich wartete, daß ihr anfangen solltet.« Und er schloß den Schrank.

»Du wirst noch Läuse kriegen bei den Männern«, sagte Antonine.

»Um Gottes willen, wenn das wahr wäre!« schrie meine Mutter.

»Ich hab es nur zum Spaß gesagt«, meinte Antonine.

Während sie sich ausruhten, bis die Eisen heiß waren, zog Antonine mich zwischen ihre Schenkel.

»Komm, laß mich nachsehen.«

Sie wühlte in meinen Haaren.

»Eins!« sagte sie und knipste mit den Nägeln.

Meine Mutter stürzte mit bebenden Nasenflügeln herbei.

»Nein, ich mache nur Spaß«, sagte Antonine. »Sie gehen ja gleich hoch wie ein Pulverfaß! Erstens ist es ein Zeichen, daß man nicht gesund ist, wenn man keine hat.«

»Laß sehen«, sagte meine Mutter.

Sie durchackerte meinen Kopf kreuz und quer.

»Denn ich finde, Musik ist ja ganz schön, siehst du, aber . . . Aber nein, er hat ja keine.«

Seitdem »Wahrhaftig« und »Frau Königin« eingezogen waren, hatte der Schafhof sein Gesicht verändert.

Hinter dem vierten Fenster wohnte eine fette Frau, die kein Alter und keine Farbe hatte. Ihr Zimmer lag im Winkel der Mauern gerade an der Stelle, wo die Sonne nicht hingelangen konnte. Ihr Fensterbrett war ganz von Moos zerfressen. Das bleierne Abflußrohr ihres Ausgusses hatte einen Bart von jenem Zungenfarnkraut, das an Brunnenwänden wächst. Die Pflanze reckte sich, strebte weg von dem schmutzigen Wasser und sandte lange dünne und bleiche Triebe nach dem glitzernden Sonnenstrahl aus. Niemals öffnete die Frau ihr Fenster. Das Dunkel hinter den Scheiben hatte die Farbe des Wassers auf dem Grund der Flüsse. Nur zuweilen im Hochsommer, wenn selbst der Schafhof nach trocknem Staub und Höhenfeuern roch, pochte wohl einmal das fahle Gesicht der Frau mit der Nasenspitze an die Scheiben. Im graugrünen Meeresdämmer des Zimmers tauchte dann zuerst wie ein trauriger Fisch eine weiße Gestalt auf. Sie näherte sich, um durch die Fensterfugen den erdrückenden Geruch des Sommers einzuatmen. Man konnte gerade zwei große Augen ohne Wimpern und das gleichmäßige Pendeln eines Kopfes mit hängenden Backen erblicken, dann entfernte sie sich wieder mit einer geschmeidigen Bewegung, so daß sie auf einmal gänzlich verschwunden war. Sie war hier eingezogen, als sie aus dem Gefängnis kam. Vorher war sie Inhaberin einer Fuhrmannswirtschaft am Knotenpunkt der Straßen nach Reillanne und Grambois gewesen. Es war nur eine Ausspanne für schwere Lastfuhrknechte. Es hieß, sie habe sich eines Nachts geprügelt und einen Mann umgebracht. Ihr Haus war in Brand geraten.

Neben ihr wohnte ein Gerber. Er gerbte bei sich zu Haus kleine Tierfelle: Dachse, Marder, Füchse und Wiesel. Zum Trocknen hängte er sie an seinen Fensterläden auf. Sie waren zu diesem Zweck auf gekreuzte Stöcke aufgespannt, und beim leisesten Wind begannen sie zu brummen und versuchten fortzufliegen wie Papierdrachen. Ich liebte es sehr, die aufgehängten Felle anzugukken und ihnen zuzuhören. Einmal bei einem der großen Herbststürme, unter denen die ganze Stadt erzittert und die hohlen Häuser grollen, flogen zwei Felle, ein Steinmarder- und ein Edelmarderfell, ganz fort. Sie verschwanden über die Dachfirste und waren nicht mehr zu sehen. Der Gerber ging, sie zu suchen. Man hörte ihn über die Dachziegel steigen. Alle Bewohner des Schafhofes lagen in den Fenstern bis auf die fette, fahle Frau, die nicht einmal an ihre geschlossenen Scheiben trat. Man rief ihm zu:

»Du wirst den Hals brechen.«

»Such sie rechts, bei den Böden drüben, der Wind stand dorthin ...«

»Du zertrampelst die Ziegel, und nachher wird's durch die Dächer hereinregnen.«

Er entfernte sich im Gewühl der Dächer, wurde winzig im Gewoge.

Man unterhielt sich von Fenster zu Fenster:

»Er hat einen sichern Tritt.«

»Das kostet viel Geld, besonders so ein Edelmarderfell.«

»Das wird ihn lehren, uns immer den Gestank direkt vor die Nase zu hängen.«

Er kam zurück. Aber er hatte nur das Steinmarderfell wiedergefunden. Das Töchterchen des Akrobaten hörte auch besonders gern den Fellen zu, diesem dumpfen und man hätte meinen können tierischen Brummen, das wie eine Klage des toten Tieres klang. Es machte viel Vergnügen, diesem Rucken und Zucken zuzusehen, es war, als ob das abgezogene Tier dort nackt und hautlos auf den Hügeln im Pfefferkraut auf seinen Hinterpfoten säße und auf die Rückkehr seines Felles wartete. Das kleine Mädchen war immer rot gekleidet. Sie legte Schultern und Ellenbogen aufs Fenstersims, und es sah aus, als ob ihr schwarz und gelber Kopf in Blut schwimme.

In den andern Zimmern wohnte ein Erdarbeiter, der Tonino hieß; und dann noch ein Mann und eine Frau, die aus Mexiko zurückgekommen waren; der Mann war von hier, die Frau von da drüben. Sie sang klagende Lieder, falsch und furchtbar zu ertragen, weil sie so hart am Rand der Tränen waren, daß sie sie einem aus den Augen zogen, gerade so wie Pech einen Splitter aus einer Fleischwunde zieht. Sie begleitete sich, indem sie mit ihren harten Fingern auf dem Boden einer Kasserolle dazu klimperte.

Hinter den untersten Fenstern wohnte noch ein spanisches Ehepaar, Gemüsehändler mit fünf Kindern. Unter ihrer Wohnung beherbergte ein kleiner Stall ihr Pferd. Es war ein arabisches Pferd mit langer Mähne und schönen Schwanzhaaren, aber es war so mager, daß es nur aus zwei Kugeln zu bestehen schien: aus Kopf und Kruppe, die durch einen Bleistift verbunden waren. Wenn es im Stall eingesperrt war, fraß es seine Tür. Man hörte, wie es große Späne abriß und sie dann mit einem leisen Knarren kaute, das wie Wind in den Palmen zitterte und schepperte.

Von den beiden letzten Zimmern wurde eines von einem schwarzen und verschlagenen Duckmäuser bewohnt, der Armenschullehrer gewesen war, und das andere von einem jungen Mädchen, bei der die ganze Nacht hindurch Licht brannte und Streit zu hören war. Jeden Morgen öffnete das junge Mädchen das Fenster, holte ein Handtuch herein, das draußen trocknete, und machte mit vielen Eimern Wasser eine ausgiebige Toilette. Sie war fast immer ganz nackend. Man konnte sie bis zu den Knien sehen.

Ja, das Gesicht des Hofes wandelte sich. Aus der Tiefe seines Elends keimte eine schöne Begeisterung auf, und trotz seines häßlichen Mundes und seiner schlechten

Zähne trug er ein verzücktes Lächeln und einen glücklichen Ausdruck tags zur Schau. Es war, als hätte er eine heimliche Liebe und wäre still für sich allein damit zufrieden.

An einem Nachmittag öffnete sich das Fenster des Akrobaten. Seit einigen Tagen war das kleine Mädchen nicht mehr zu sehen gewesen. »Wahrhaftig« und »Frau Königin« mußten wohl ausgegangen sein, um irgendwelche Musikstunden zu geben.

»Hallo, ihr Männer«, rief der Akrobat, »bitte, etwas Musik!«

Ich trat ans Fenster und schaute hinüber, ohne mich zu zeigen.

Er hatte unter seiner Jacke noch sein Akrobatentrikot an. Er war mager, und sein mehrere Tage alter Stoppelbart schimmerte blau. Seine Augen verzehrten seine Backen.

»Musik, hört ihr denn nicht!« schrie er noch einmal, »es ist für die Kleine.«

Oben trommelte dumpf die Mexikanerin auf ihrer Kasserolle.

»Musik, Himmelgottnochmal!« schrie der Akrobat.

Der Duckmäuser öffnete sein Fenster. Das Mädchen nebenan ebenfalls. Sie hörten zu. Einige Schafe begannen zu husten.

»Musik! Musik!«

Da fing ich leise an zu pfeifen. Mein Vater sagte: »Geh recht dicht ans Fenster heran.«

Zuerst pfiff ich jene Polonaise von Bach, die mir ganz von selber auf die Lippen kam, ich brauchte bloß Blick und Mund meiner Dame in meinem taghellen Sinn zu erschauen; dann pfiff ich ein Menuett von Haydn und eins von Mozart.

»Weiter, weiter!« gebot der Mann da drüben, wenn ich innehielt, um mir die Lippen zu lecken.

Ich pfiff den Anfang einer spanischen Tanzweise und das sanfte Gewoge eines Scarlatti, das kein Ende nahm, sondern sich immer wieder aus seinen abgebrochenen Stücken neu gebar.

»Genug!« sagte der Mann. Und schloß das Fenster.

Ich hörte das Mädchen leise zu dem Duckmäuser sagen:

»Nein, es ist der Kleine vom Schuster.«

Am Abend hörten wir, daß die Kleine vom Akrobaten gestorben wäre, und am nächsten Tag wurde sie begraben.

»Wir müssen zur Beerdigung gehen«, sagte mein Vater.

Er sorgte selber dafür, daß ich meinen Sonntagsanzug anlegte. Er selbst zog ein gestärktes Hemd an, und Louisa Nummer eins knüpfte ihm seine schwarze Krawatte. Ich trug einen Blumenstrauß.

Meine Schulgefährten spotteten über mich; aber das junge Mädchen aus unserm Hof sah mich von jetzt ab an, wenn sie mir auf der Straße begegnete.

Eines Samstagabends sagte »Frau Königin« zu mir:

»Morgen muß sich der kleine Herr schön machen; wir werden ihn mit zum spanischen Granden nehmen.«

Sobald ich wieder bei meiner Mutter in der Bügelstube war, erzählte ich allen Mädchen davon.

»Was willst du, was ist?« fragte meine Mutter.

»Sie gehen am Sonntag zu Frau Burle«, sagte Antonine, »ich habe sie davon reden hören.«

»Ach so, das ist es«, sagte meine Mutter. Sie sah ziemlich geschmeichelt aus.

»Und was sollst du da machen?« fragte sie.

»Zuhören.«

»Wenn du ein Instrument gelernt hättest, könntest du da spielen. Siehst du, du mit deinem Eigensinn ... Und dein Vater, der immer mit seinen Gedanken ...«

»Morgen wirst du den Idioten zu sehen bekommen«, sagte Antonine.

Man putzte mich wunderschön heraus, und um die dritte Nachmittagsstunde ging ich mit den beiden Männern fort.

Es war ein weißer Sonntag mitten im Winter, und einsam wehte ein starker Wind. Die Straßen waren verlassen. Ein Hund heulte verzweifelt zum traurigen Klang der Vesperglocken. Vom Rathausplatz aus wandten wir uns nach rechts. Wir kamen vor ein großes Haus, das in Eisengitter eingezwängt war. Sie klingelten, und wir traten ein. Sie sprachen kein Wort, und ich hörte nur meine dicke, goldbraune Krawattenschleife, die unter meinem Kinn »sche-sche« raunte.

Der Flur war tief und schwarz wie ein Schlund. Er hallte unter unsern Schritten wider und unterm Echo unserer Schritte und noch unter dem Widerhall des Echos. Er verlor sich nach allen Richtungen im Dunkel.

»Frau Königin« nahm mich bei der Hand. Er hatte einen festen und sichern Griff. Mit seiner Hilfe fand ich die erste Treppenstufe und das Geländer.

»Wahrhaftig« klopfte an eine Tür.

»Herein!« sagte eine harte Stimme von drinnen.

Es war ein großer Raum, zwei Leuchter mit je drei weinenden Kerzen standen sehr weit voneinander entfernt unter Spiegelpfeilern aus Gips, die lorbeerumschlungene Amoretten darstellten. Ein kleines, stotterndes und unter Asche halb ersticktes Kaminfeuer erforschte zuckend und schielend die Mitte des düstern Gemachs. In diesem Feuerschein gewahrte ich immerhin mitten im Dunkel eine dicke, unförmige Frau, die, vollständig reglos sitzend, einen Lehnsessel füllte.

Von ihr gingen die Befehle aus.

»Herein! Schließt die Tür! Schürt das Feuer!«

»Frau Königin« schloß die Tür, ging langsamen Schrittes bis zum Kamin, bückte sich langsam und schürte das Feuer.

»Wer ist der Kleine da?«

»Der Sohn des Schusters.«

»Was soll er hier?«

»Wir haben ihn mitgebracht, damit er die schöne Musik hört. Er hat ein gutes Gedächtnis.«

»Schuhmacherei ist ein gutes Handwerk.«

Ich rührte mich nicht. Ich atmete kaum. Meine Beine waren mir so schwer, als hätte man mich am Halse aufgehängt.

»Das Programm?« verlangte die Frau.

»Frau Königin« richtete sich langsam auf.

Mit einer Stimme, die ich gar nicht an ihm kannte und die wie gefangen klang, sagte er:

»Mein Kollege wird singen:

›*Wir dürfen niemand töten.*‹
›*Zerfließe mein Herze in Fluten der Zähren.*‹
Und dann: ›*O hilf, Christe, Gottes Sohn!*‹

Diese Gesänge sind der Johannes-Passion von Bach entnommen. Der erste und letzte sind Choräle. Mein Kollege wird nur die Sopranstimme singen.«

»Und auf die alte Art. Ich bezahle euch nicht, damit ihr mir hier eine neue Auffassung vorführt.«

»Sehr wohl, gnädige Frau«, sagte »Frau Königin«.

Er trat mit uns in eine Reihe und zog seine Flöte aus der Tiefe seiner Rockschöße.

Im Augenblick, da mich die Stimme des Sängers mit ehernem Flügel streifte, gewahrte ich im Schatten des großen Lehnsessels noch einen andern niedrigeren Stuhl. Auch dieser war von einer Masse eingenommen, die sich nach und nach erhellte. Entweder war es ein ganz alter oder ein ganz junger Mann. In dem zitternden Schein des Kaminfeuers wurde er von Minute zu Minute jünger oder älter, ohne je bei einem bestimmten Alter stehenzubleiben. Bald waren seine Haare schneeweiß, bald schienen sie wieder nur blond zu sein, vom Blond der ersten Kinderhärchen. Er hatte den Kopf eines Neugeborenen, feist, weiß, weich und tot, wie jene Tierköpfe in den Schaufenstern der Metzgerläden, aber eben in die Rundung dieses Kopfes hatten sich die tiefen und schmutzigen Schrammen von einer Art Greisentum eingegraben. Seine Augen waren nicht zu sehen oder waren vielmehr nur blitzartig im Schwanken dieses grausigen dicken Kürbiskopfes zu sehen. Denn unaufhörlich pendelte dieser Kopf hin und her, es war, als ob die witternden Nüstern nach einem Geruch, einer Spur oder einer Fährte suchten, von der das Leben seinen Ausgang nehmen könnte. Schließlich begann die Masse tief im Hals zu brummen wie ein kleiner Stier.

»Sei still, Georges«, sagte die Dame.

Fast im gleichen Augenblick wurde eine Tür im Hintergrund des düsteren Raumes aufgerissen. Ein Geruch von gebratenem Speck und Weinblättern zog herein. Eine Frau fragte:

»Die Wachteln blutig oder durchgebraten?«

»Das Fett eben angebräunt«, sagte die Dame, ohne den Kopf zu wenden.

Die Tür wurde wieder geschlossen.

»Wahrhaftig« sang die gewaltige Phrase:

»Dein Will' gescheh', Herr Gott, zugleich
Auf Erden wie im Himmelreich ...«

Das war nicht mehr die gefangene Stimme von »Frau Königin«. Es war eine freie und reine Stimme, die voll, ohne Müh und Arbeit, gerade aus dem Herzen des Leides aufstieg. Nichts mehr von Höflichkeit und Zurückhaltung; Freiheit; und die Kraft und die Anmut des Gesanges war aus dieser Freiheit des Klagens geboren. Selbst die Flöte eilte leidvoll und spöttisch-freudvoll dahin. Hinter uns dreien, die wir schwach an Körper und arm an Kleidung der in Seide prangenden großen Dame mit den von Wachtelfett triefenden Lippen die Stirn boten, hinter uns dreien klagten alle Bewohner unseres armseligen Schafhofes: der schwarze Duckmäuser, der seinen Gott verloren hatte, das nackte Mädchen, die Mexikanerin, die ihren Kakteen nachtrauerte, das kleine Pferd, das sich von morschem Holz nährte, die Frau aus dem graugrünen Gefängnis, mein Vater, der Farnkrautbart, der an dem Abflußrohr hing, die Tierfelle, der Gerber, der auf einem Bett aus Lohe schlief. Auf dem Grunde der Töne hörte ich die wilde Stimme des Anarchisten, der nach der Schweiz gegangen war:

»... und wie Halme werden die Unglücklichen um uns aufschießen.«

Ich stand an der Schlachtfront.

Als der Gesang beendet war, erkannte ich »Frau Königin« gar nicht wieder. Er trat zwei Schritte aus der Reihe heraus.

»Ist das dort nicht ein Klavier, gnädige Frau?«

»Jawohl«, sagte sie.

»Würden Sie uns gestatten, da mein Kollege Geiger ist, ein kleines Concerto von Christian Bach zu spielen?«

Und nach einer kleinen Pause setzte er hinzu:

»Ich glaube, es wird Ihnen Freude machen.«

»Sie können Klavier spielen?« fragte die Dame.

»Ein wenig.«

»Wo haben Sie das gelernt?«

Er begnügte sich, »Wahrhaftig« einen Wink zu geben,

dem dieser schweigend gehorchte. »Frau Königin« schraubte den Klaviersessel herunter und setzte sich.

Was nun folgte, schien mir in seiner meisterhaften Gewandtheit eine derartige Unverschämtheit zu sein, daß ich einen Schritt zurückwich, um mich im Dunkel zu verbergen.

Darauf schloß »Frau Königin« behutsam den Klavierdeckel.

»Das war das Allegro«, sagte er, »nicht mehr, nicht weniger.«

Ich weiß nicht mehr, wie wir auf die Straße hinaus gelangt sind.

Hermann Hesse

Das Gedicht entstand am 10. Mai 1935 und »gehört zum Sagenkreis des Glasperlenspiels« (Hesse), wo es als ein Gedicht Josef Knechts abgedruckt ist.

Zu einer Toccata von Bach

Urschweigen starrt . . . Es waltet Finsternis . . .
Da bricht ein Strahl aus zackigem Wolkenriß,
Greift Weltentiefen aus dem blinden Nichtsein,
Baut Räume auf, durchwühlt mit Licht die Nacht,
Läßt Grad und Gipfel ahnen, Hang und Schacht,
Läßt Lüfte locker blau, läßt Erde dicht sein.

Es spaltet schöpferisch zu Tat und Krieg
Der Strahl entzwei das keimend Trächtige:
Aufglänzt entzündet die erschrockne Welt:
Es wandelt sich, wohin die Lichtsaat fällt,
Es ordnet sich und tönt die Prächtige
Dem Leben Lob, dem Schöpfer Lichte Sieg.

Und weiter schwingt sich, gottwärts rückbezogen,
Und drängt durch aller Kreatur Getriebe
Dem Vater Geiste zu der große Drang.
Er wird zu Lust und Not, zu Sprache, Bild, Gesang,
Wölbt Welt um Welt zu Domes Siegesbogen,
Ist Trieb, ist Geist, ist Kampf und Glück, ist Liebe.

Aristide Maillol

Der große französische Bildhauer liebte die Musik, von ihr ließ er sich während seiner Arbeit anregen. In den Gesprächen, die er in den letzten fünfzehn Jahren seines Lebens mit Henri Frère führte, spielte die Musik daher auch eine bedeutende Rolle. »Das ist wirklich der Größte!« lautete sein Urteil über Bach, als er den »Actus tragicus« hörte. Das folgende Gespräch fand im Herbst 1940 statt.

Während seines Aufenthaltes in Sorède hatte Maillol angefangen, das Porträt meiner Frau zu machen, eine Kohlezeichnung mit Kreide gehöht. Während er im Speisezimmer arbeitete, legte ich einige Platten von Johann Sebastian Bach auf. Maillol hörte einen Augenblick lang auf diese gewaltige, tönende Architektur und sagte dann: »Das muß großzügiger werden!« – ging zu seiner Zeichnung zurück und wischte das ganze Gesicht aus.

Das erste Stück, die Toccata und Fuge d-Moll traf ihn tief.

»Wissen Sie, das ist so schön. Es ist ganz erstaunlich, bis zu welchen Höhen das greift. Wenn man an all die Mühen denkt, irgend so einen kleinen Krimskrams zu basteln, an all die Schwierigkeiten, und dann etwas von dieser Größe ... Man spricht von der Kraft Wagners. Aber das hier ist viel stärker, und es ist überhaupt etwas ganz anderes. Ein großer Gedanke, wie ein Gedicht. Das ist wirklich dazu geschaffen, Kunstwerke hervorzubringen, uns eine Idee von Größe zu geben. Man muß immer groß sehen. Als ich den ›Berg‹ machte, da habe ich unablässig an Bach gedacht. Doch dann hat mich die Skulptur gar nicht befriedigt. Aber als ich sie dann in Ton wiederholte und mich niederbeugte, da sah ich den Kopf und das Knie – es stimmte schon. Ich sagte mir: ›Das ist Bach.‹ Sie besaß jene Größe. Aber als sie gegossen war, da war es doch nicht mehr das gleiche ...«

Das zweite Stück war ›Es ist vollbracht‹ aus der Johannes-Passion. Als nach der schmerzlichen Melodie die triumphierenden Klänge kamen, die den zukünftigen Sieg Christi verkünden, sagte Maillol:

»Das gibt eine Vorstellung von etwas Gewaltigem und Schrecklichem. Das ist das ›Jüngste Gericht‹ Michelangelos. Es hat ganz genau die gleiche Wirkung.«

Nach einem Augenblick fügte er hinzu:

»Wie ist es nur möglich, Musik so wiederzugeben? Ich jedenfalls werde es niemals begreifen, daß ein Stück Karton singen kann, und man könnte mir das so oft erklären, wie man nur wollte. Aber es muß eben die unterschiedlichsten Begabungen geben: Ich verstehe die Skulptur, ein anderer die Musik und wieder andere die Mechanik. Aber das ist ja auch gleichgültig – derjenige, der das erfunden hat, der hat wirklich etwas Besonderes gefunden. Er ist ein Wohltäter der Menschheit.«

Wir hörten uns noch ein Chorwerk von Bach an, »Liebster Jesu, mein Verlangen« mit dem Londoner ›Bach Cantata Club‹ und dem Oboisten Léon Goossens. Als die Oboe auf den machtvollen Quadern des Chors ihre Arabesken entwickelt hatte, die immer wieder aus sich selbst entstanden, ähnlich den Wellen eines Baches und allem dem, was verrinnt und sich unablässig wieder erneuert, da sagte mir Maillol:

»Man könnte da zuhören bis zum eigenen Tod, ohne auch nur einmal innezuhalten. Wenn man zuhört, dann ist man im Himmel. Das ist wirklich eine Musik aus dem Paradies.«

Dann erzählte er mir, daß er einmal in Paris – er wußte

nicht mehr, bei welcher Gelegenheit – ganz großartig gesungene Chöre von Bach gehört hatte.

»Nichts konnte größer sein«, sagte er mir. »Und wissen Sie, was wirklich erstaunlich war? Als die Chöre mit voller voller Kraft sangen und dann plötzlich innehielten – da gab die Stille einen Ton. Das hat mich ergriffen.«

Albrecht Goes

»Stunden mit Bach« heißt ein Buch von Albrecht Goes; darin findet sich die nachstehende, 1949 geschriebene Betrachtung, die Bachs Matthäus-Passion mit Grünewalds Isenheimer Altar geistig verbindet. Die Musik Bachs hat das Schaffen des Dichters nachhaltig geprägt. – Das Gedicht »B-a-c-h« entstand 1950.

Isenheimer Licht

Zuerst war es die Bäuerin in Tracht, die mir auffiel, die junge Bäuerin mit dem Klavierauszug unterm Arm, die nun auch in dem frühen Abend dieses Karfreitags zur Aufführung der Matthäuspassion ging, und einen Augenblick lang dachte ich wohl, mit wie erstauntem Blick er selbst, Johann Sebastian Bach, das wahrgenommen hätte: jetzt also, mehr als zweihundertdreißig Jahre nach der ersten Aufführung in Leipzig, jetzt war dieses Werk in aller Welt bekannt: so, daß auch eine junge Dorforganistin – das mochte meine Bäuerin wohl sein – ruhig und vertraut damit umzugehen vermochte, wie wir alle es taten, die wir hier in den engen Gassen am Rande der Stadt uns als Bachhörer erkannten, Sankt Michael zustrebend, der Gottesburg draußen vor der Stadt, in der es nun gleich wieder anheben würde: »Kommt, ihr Töchter, helft mir klagen; Sehet – Wen? – Den Bräutigam –.«

Ein wenig, ich denke mir's, hätte er doch wohl zu träumen vermeint, der Meister, wenn er so die Sieben-Generationenresonanz auf sein Werk bedenken wollte. Wir bedachten sie auf unsrem Kirchweg, diesen und diesen Besucher uns vor die Seele rufend.

Die Bürger der Stadt Leipzig zuerst, die an jenem 15. April des Jahres 1729, wie man weiß, die Wahl hatten zwischen der Passionsmusik eines Mannes namens Gottlieb Fröber und der Matthäuspassion ihres Thomaskantors, und die denn – auch das weiß die Überlieferung – weit mehr an Fröber als an Bach Gefallen finden wollten. Wohl, auch die Matthäuspassion wird an jenem Tag von manchem Hörer verstanden worden sein, und man hat sie in den folgenden Jahren zuweilen wieder aufgeführt: aber dann, bald nach Bachs Tod, geriet sie in Vergessenheit. Und es bedurfte – hundert Jahre nach der ersten Aufführung – großer Anstrengung, der gesammelten Leidenschaft eines jungen Musikers, des Felix Mendelssohn-Bartholdy, es durchzusetzen, daß das Werk von neuem aufgeführt werden konnte: nun immerhin in einem der vornehmsten Musikinstitute der Zeit, in der Berliner Singakademie, der damals Zelter, Goethes Freund, vorstand.

Die denkwürdige Aufführung vom 12. März 1829 dirigierte Mendelssohn selbst. Wie sehr aber auch Zelter begriffen hatte, was für ein Werk da aus der Versenkung heraufgeholt worden war, zeigt ein Brief, den er an Goethe schrieb: »Dieser Leipziger Cantor ist eine Erscheinung Gottes, klar, doch unerklärbar«; und – mit besonderem Bezug auf das wiedererstandene Werk: ». . . daß es nicht allein gern vernommen und danach gegriffen wird, auch daß man es gleich noch einmal und wieder und wieder vernehmen und zuletzt begreifen möchte«.

»Wieder und wieder vernehmen«: der junge Basler Professor, der das Werk vierzig Jahre später hörte, meinte es nicht anders: »In dieser Woche« – so äußerte er sich einem Freund gegenüber – »habe ich dreimal die Matthäuspassion gehört, jedesmal mit demselben Gefühl der unermeßlichen Bewunderung. Wer das Christentum völlig verlernt hat, der hört es hier wirklich wie ein Evangelium.« Wir erraten den Schreiber dieses Briefes nicht leicht: er hieß Friedrich Nietzsche.

Und noch einmal fünfzig Jahre später und wieder eine Aufführung im Basler Münster, und wieder war da ein Hörer, der – entschiedener wohl noch als Nietzsche im Jahre 1869 – aller christlichen Botschaft entgegenstand, der Dichter Rainer Maria Rilke, und der schrieb: »Während des Eingangschors haben sich wahre Schmerzgebirge vor mir aufgetürmt.«

Das war im Jahre 1920. Und da war es auch, daß in dem bedrückenden Nachkriegsklima von Berlin ein ernster Freund dieser Musik, Constantin Brunner, sich auf den Weg zur Philharmonie machte, die Matthäuspassion zu hören; in der Tasche mochte er den Brief tragen, den ihm ein Nachbar vieler Wege, Walther Rathenau, gerade noch rechtzeitig geschrieben hatte. »Ja nicht auf das Fest, werden Sie hören«, so heißt es in diesem Brief. Und dann: »Wenn auch nicht Matthäus, so ist mir diesmal Johannes beschieden; eine liebe Frau hat für mich gesorgt.« Nicht das hohe Geheimnis, sondern das zarte. Mit meinen ungelenken Fingern habe ich eben den Klavierauszug von Matthäus durchtastet; noch tönt der gewaltige Eingang, und der tröstende Chor: »Ich will bei meinem Jesu, bei meinem Jesu wachen.«

Was dann folgt, gehört schon zur Zeitgenossenschaft, in den Kreis der eigenen Erfahrung. In halbberuhigten und in verstörten Jahren haben wir das Werk gehört, »wieder und wieder« auch wir; und viele haben unsre Erfahrung bestätigt: daß es Bestand hatte mitten in großer Gefahr: Botschaft eines starken Trostes, Verheißung einer tiefen Geborgenheit. Ein Bericht ist mir im Ohr, der von einer Aufführung in den Frühlingstagen des Jahres 1945 spricht: wahrhaftig, man wagte sich auch damals an die große Arbeit der Einstudierung des Werkes. Im letzten Augenblick konnten dann die von auswärts verpflichteten Gesangssolisten nicht mehr einreisen; so mußten die großen Arien gestrichen werden, aber der Chor und ein fast vollständiges Orchester waren zur Stelle – und wie klang es nun im Anbruch der Weltnacht, das »Herr, bin ichs?« und »O Mensch, bewein dein Sünde groß«, und das »Laß ihn kreuzigen!« Die Schmerzensschwelgerei, die früher wohl mitunter bei der Darstellung des Werkes eindringen mochte, hatte ohnehin längst ihren Sinn verloren: nun war, dank der unfreiwilligen Kürzung, der strenge Text des Evangeliums, dieser – im Original von Bachs Hand rot unterstrichene – Text der Passionsgeschichte, zusammen mit den Chorälen, ganz in die Mitte gerückt, und er wurde, auch diesmal, redlich gesungen: denn nun gab es mutig gewordene Chormitglieder, die sich an den Part des Evangelisten und den des Christus wagten. Die Orgel trat, das Orchester zuweilen unterstützend, ein wenig mehr als sonst in den Vordergrund, und es war dies ihr letzter Dienst: wenige Tage nach der Aufführung waren die zinnernen Pfeifen alle im Feuer geschmolzen. Auch die meisten Rezitative wurden gesungen; die schönste Stimme hatte ein älterer Gefreiter; ihm waren die Baßpartien anvertraut. Keine vier Wochen danach – so mein Gewährsmann – wurde bekannt, daß auch ihn der Krieg noch verschlungen hatte; und da erinnerten sich viele in der Stadt daran, mit welcher Kraft er in dem Gethsemanerezitativ den heftigen Violen entgegengesungen hatte: das Crudele und, ohne Übergang, das Innigste dann: »Er ist bereit / den Kelch, / des Todes Bitterkeit zu trinken, / in welchen Sünden dieser Welt gegossen sind, / und häßlich stinken, / weil es dem lieben Gott gefällt.

Die Glocken läuteten heute nicht, und über der Landschaft im Wiesengrund am Stadtrand lag das Schweigen eines wolkenkühlen Karfreitags, und auch wir schwiegen nun, da es die Kirchtreppe von Sankt Michael hinauf ging. Der Freund, dem ein Leiden nicht erlaubte, mich zu begleiten, hatte unter der Türe noch zu mir gesagt: »Achte auch auf das Isenheimer Licht in der Passion.«

Das Isenheimer Licht. Große Musik spricht sich selbst aus, und erlaubt es nur ungern, daß man, sie zu charakterisieren, eine andere Kunstgattung beizieht. Aber dies ist kein Gesetz, das nicht auch einmal durchbrochen werden dürfte: und so vergegenwärtigte ich mir denn, während wir nun auf unsren Plätzen im Kirchenschiff den Anfang erwarteten, Grünewalds Altar, bedachte die unverhüllte Leidenschaft dieses Meisters, die Heftigkeit seiner Kontraste und die Durchsichtigkeit zugleich, in der die Gegenwart des Geistes offenbar wird wie nur selten sonst einmal in der Welt. Dann fiel der große e-moll-Akkord nieder, und man schloß die Augen.

Als ich zurückkam, fragte der Freund: »Und das Isenheimer Licht?« – und ich nannte ihm meine drei Erfahrungen vom heutigen Tag. Vieles – so hätte ich sagen können – habe ich diesmal nicht gehört, wie es einem so geht, wenn man unter bestimmten Vorzeichen aufnimmt; aber diese drei Stellen habe ich nun im Zeichen Grünewalds begriffen, und ich werde sie so nicht vergessen.

»Nicht das hohe Geheimnis, sondern das zarte« hatte Rathenau in seinem Brief geschrieben, so den Unterschied zwischen Matthäus- und Johannespassion andeutend. Ich bin freilich gar nicht sicher, ob ich – gefragt, welches Beiwort für das eine und das andere Werk passe –, in Rathenaus Sinn geantwortet hätte. »Hohes Geheimnis«: gewiß, das gilt für das ungeheure Ereignis des Eingangschors der Matthäuspassion, für das Hinauf gen Golgatha, bei dem die Seele und die Gläubigen miteinander wetteifern in der Klage der Liebe. Und gilt für die erregten ersten Rufe der Judenschaft dann, auch für das eifernde Zischen der Jünger, welche die Verschwendung tadeln: »Dieses Wasser hätte mögen teuer verkauft und den Armen gegeben werden«; aber dann ist es doch gerade auch hier bei Matthäus in der Bethanienszene das zarte Geheimnis. Jesus spricht, und da ist es, als seien die beiden allein, der abschiednehmende Herr und die dienende Frau. Sehr nahe ist das große Dunkel: ». . . daß man mich begraben wird.« Aber dann kommt, für einen Augenblick, ein »ungeheures Licht«. »Wo dies Evangelium gepredigt wird in der ganzen Welt . . .«: herausgehoben durch einen ganz hohen Ton auf der Silbe »ganz« ist diese »ganze Welt«; und Zeit und Geschichte, Erdteile, Länder, Gläubige und Fragende, Zögernde und im Dunkel Tappende: jäh sind sie alle umleuchtet von diesem Licht.

Dies ist nicht mehr als nur ein Augenblick. Aber dann, unmittelbar nach der Gefangennahme, geschieht es, daß eine ganze Szene in dieses Grünewald-Licht rückt.

Die Schar ist gekommen. Judas hat ihr das Zeichen gegeben, der Herr hat dem Verräter erwidert im bittersüßen Doppelton: »Mein Freund, warum bist du kommen?«; dann legen sie die Hände an Jesus. Und jetzt beginnen Flöte und Oboe, Violinen und Violen ihren Gang, in lauter kleinen Schritten, unerbittlich wie der Tod schon; die Nachtschatten fallen über dem Ölgarten ein, dunkles und immer dunkleres Grün ist vor unsren Augen, und dann hebt die Stimme der Liebe an: »So ist mein Jesus nun gefangen –«; aber sie kann, sie kann nicht allein sein in dieser Gethsemanenacht, in der selbst der Herr nicht allein sein wollte, und so gesellt sich ihr eine zweite Stimme. Mitten in den Zwiegesang hinein ruft, hastig, wie beschwörend, der Chor der Gläubigen: »Laßt ihn! Haltet! Bindet nicht!«, und dann kommen halbvertrauliche Sextengänge und schmerzverschwisterte Terzen, und die Worte dazu: »Mond und Licht ist vor Schmerzen untergangen.« Wir können vermuten, daß Picander, der Verfasser dieser Texte in der Matthäuspassion, den großen Trauergesang des Friedrich von Spee »Von der Not Christi am Ölberg in dem Garten« gekannt hat, und die Stelle darin: »Der schöne Mon will undergohn, / Für Leid nit mehr mag scheinen«: hier ist nun ganz das Isenheimer Licht und das Isenheimer Dunkel. Immer drohender wird im Auf- und Niedersteigen der Stimmen die Gefahr, immer schwerer die Last, je leiser sie sich kundtut: zuletzt geschieht es, daß die Seele ein Ende kaum noch erwarten kann, und wenn dann – endlich, endlich! – der volle Chor einsetzt, dann dünkt sie sich wie erlöst aus unerträglich gewordener Bangnis, in den wild-offenen Schrecken hinein erlöst: »Sind Blitze, sind Donner in Wolken verschwunden?«

Für eine kleine Zeit verlor ich die Frage des Freundes aus dem Bewußtsein. Langvertrautes traf mich neu mit der Kraft des Wiedererkennens, die höhnische Rede vor allem, in der das Mysterium vom freien Opfer beschlossen ist: »Andern hat er geholfen / und kann sich selber nicht helfen«, die teuflisch-elegante Dur-Kadenz dort: »So wollen wir ihm glauben«, und das Unisono zuletzt, das Credo im Munde der Feinde, wider Willen ausgesprochen, ausgesprochen doch: »Ich bin Gottes Sohn.«

Aber dann kam es mir unversehens ein drittes Mal nahe, das Isenheimer Licht, nun nicht mehr in einem der großen Gelb oder Grün oder Rot, nun als jenes unirdische Blau, das auf dem Kreuzigungsbild und erst recht hinter dem braunen Geäst beim Antoniusgespräch sichtbar wird.

Der römische Hauptmann hat sein Zeugnis gewagt, und die ganze Bach'sche Inbrunst, alles gebündelte Licht ist gesammelt für dieses eine »Wahrlich, dieser ist Gottes Sohn gewesen«. Dann tritt Stille ein. Nur die Frauen sind noch da, und Joseph von Arimathia erscheint. Und da beginnt die Baßstimme ihr letztes, großes Rezitativ: »Am Abend, da es kühle war«, diese achtzehn Takte Musik, von denen ich meine, seit eh und je, sie seien die vollkommenste Darstellung des Abends im ganzen Bereich der Geschichte der Kunst.

Isenheimer Licht – das hieße beides: Licht für sich selbst, und: Licht im Widerstreit, Licht, das vom Dunkel weiß. In großer Helldunkelkühnheit erzählt sich hier die Geschichte der Menschheit: Adams Fall und Adams Rettung, Noahs Friede und Christi Sieg – und wo eben noch allein die strenge Botschaft das Wort hatte: »Der Friedensschluß ist nun mit Gott gemacht«, da wagt sich eine Gerhardt'sche, nein: eine Bernhard-von-Clairvaux'sche Mystik herzu: »Geh, lasse dir den toten Jesum schenken.« Unablässig aber, im reinsten Portato, gehen die Streicher ihren Friedensweg: ganz Trost, ganz Güte, ganz Licht im Abschied – als hätten die Weltgewitter schon ausgetobt, als wäre nur dieser eine Tag, und dieser eine Abend, der den Tag beendet: »O schöne Zeit! O Abendstunde!«

Und dann kommt das große Grablied, von der Oboe begleitet; das letzte ahasverische Aufbegehren der Feinde; das leise Fahrwohl, das viermal »Gute Nacht«, und zuletzt der Tränenjubel ohnegleichen.

»Ruhe sanfte, sanfte Ruh« singt der Chor. Aber der vorletzte Ton ist ein Septimakkord, der *nicht* besänftigt: er gibt zu, daß die Abgründe offen sind, daß die Welt den Heiligen Gottes ausgestoßen hat, daß ihr Nein gesprochen *ist*. Und dies ist das Vorletzte in der Passion und in der Welt. Das Letzte ist es nicht. Das Letzte ist Ostern, der letzte Sieg.

B-a-c-h

Ist ein Oktobertag im offnen Land
Mit frischem Rostbraun und verhangnem Golde,
Gepflügt der Acker, Atem der Erquickung –
O große Erde vor dem größren Himmel!

Und anders noch: ein Mann ist, reif im Jahr,
Bestellt zum Weg der Sorge und der Liebe
Durchs Totenhaus der Welt, und ach! durch alles
Geflecht des Lebens, arg und unentwirrt.

Er aber wagt sein Herz dem Gott entgegen,
Dem Gang der Sonnen und dem Stand der Sterne:
Aufblüht Gesetz. Er schaut. Er horcht. Er schweigt.
Er schreibt. Und unterschreibt: b-a-c-h.

So ist uns dieses, Freunde, anvertraut
Wie Tag und Leben ringsumher. Und wie
Ein heilig Lied, als von dem Grund der Welten,
Jubel und Wahrheit, Mahnung ganz und Trost.

Paul Hindemith

Der erstmals 1950 verliehene Bach-Preis der Stadt Hamburg ging an Paul Hindemith. In seiner Dankrede stellt der Komponist die Frage nach der Altersmelancholie Bachs und der Vollendung seines Schöpfertums aus der Sicht des Musikers.

I

Als im Herbst 1748 nach einer guten fränkischen Weinernte der Kantor Johann Elias Bach in Schweinfurt ein Fäßchen seines Weines an seinen Vetter Sebastian nach Leipzig geschickt hatte, um seine verwandtschaftliche Anhänglichkeit zu bezeugen – ihm, bei dem er gelernt hatte, der Muhme, die er sehr verehrte, und den kleinen Vettern, deren Erzieher er gewesen war – da muß er ein wenig verwundert gewesen sein, als er im Postscriptum des Dankbriefes aus Leipzig las, daß man dort sein gut gemeintes Angebot, auch »fernerhin mit dergleichen liqueur zu assistieren«, ›depreciren‹ müsse. Irgendwie hatte das Fäßchen unterwegs etwas von seinem Inhalt verloren, ferner mußte der Empfänger die Fracht und die Zollkosten tragen, so daß (und so schließt der Brief) »jedes Maß fast 5 gr. zu stehen kömmt, welches denn vor ein Geschencke alzu kostbar ist«.

Ich habe mich oft gefragt, ob im Jahre der zahllosen Bach-Reden, die doch mindestens so gut gemeint waren wie des Vetters Elias Sendung, der Gefeierte sich nicht auch mit einem etwas mißmutigen sächsischen Gemurmel davon distanziert hätte. Seinen so wohlentwickelten Sinn für Proportionen hätte es doch wahrscheinlich beleidigt, zu sehen, wie die zwei Worte »Bach und . . .«, gefolgt von irgendeinem Dingwort ihn in engste Verbindung mit allen erdenklichen Begriffen dieser Erde und des ganzen Kosmos brachten.

Oder war er schon des Staunens entwöhnt? Was konnte ihm denn noch Seltsames zustoßen, nachdem in den 200 Jahren seit seinem Hinscheiden jede neue Generation ihn in gewandelter Gestalt sehen wollte; in seinen Werken ihn hin und her zerrte, analysierte, erklärte, kommentierte; ihn in Bänden, Bildern und Gipsbüsten jedem Haushalt einverleibte – kurzum, nachdem er durch und durch zum Denkmal geworden war. Mir scheint, es habe uns das ständige Anschauen seiner Denkmäler den Blick für die wahre Gestalt des Menschen Bach und seines Werkes verdorben. Schon das echteste und bedeutendste aller Denkmäler, die noch immer unübertroffene Gesamtausgabe seiner Werke, tut das ihrige, uns den Blick zu trüben. Dort steht Wichtiges und Nichtiges in gleicherweise eindrucksvoller Gestalt nebeneinander, Schweres und Leeres haben das gleiche imponierende Aussehen, Mühsam-errungenes und Schnellgelungenes sind ohne Beziehung zusammengekoppelt. Freilich, die Wertverhältnisse sind dem Kenner und größtenteils auch dem Laien bekanntgeworden, man weiß wohl das Hohe vom Wenigerhohen zu unterscheiden. Aber den einen wichtigen Bewertungsfaktor, welcher das Werk von Meistern wie Beethoven und Wagner so durchsichtig macht, nämlich das Wissen um die Einstellung des Komponisten selbst zu seinen einzelnen Schöpfungen, ihn vermissen wir hier ganz. Das ist nicht ein Verschulden der Bach-Ausgabe. Der Autor war von einer austernhaften Verschwiegenheit in bezug auf sein Werk, vieles ist auch verlorengegangen, das uns eine klarere Sicht ermöglichen würde, und schließlich war zur Zeit, als die Bach-Ausgabe erschien, die Technik des Herausgebens früherer Musik noch nicht so entwickelt wie heute. Heutzutage müßte es möglich sein, ein solches Monumentalwerk in reinerer Form herauszugeben und jedem Leser und Verbraucher die Gestalt des Komponisten deutlicher darzustellen, wenn man dazu überginge, jeder edierten Seite *das* im Photodruck gegenüberzustellen, was als Vorlage diente. Nur dann könnte man aus dem Duktus der Schrift, dem erkennbaren Tempo des Niederschreibens und aus manchem anderen, in der Notation sichtbaren Anzeichen die damalige Haltung des Komponisten und damit seine das Werk betreffenden Absichten verdeutlichen.

Andere Ausgaben von Bachs Werken, einschließlich all der Bearbeitungen für ursprünglich nicht vorgesehene Besetzungen, sind noch weniger als die Gesamtausgabe geeignet, uns den wirklichen Bach zu zeigen. Was sich da unter dem Deckmantel des für den praktischen Gebrauch Nötigen abspielt, ist unglaublich. Von ausgesprochenen Verballhornungen bis zu wohlmeinenden Fingersätzen und Bogenstrichen, die mit der Wichtigkeit von Ewigkeitswerten verabreicht und hingenommen werden, findet man alle Schattierungen des Einmischens kleinerer Geister in das Werk eines Großen.

Auch was wir aus den Biographien entnehmen, fördert meist nur zu sehr unsere Neigung, ein Standbild statt eines lebendigen Menschen zu sehen. Die frühesten biographischen Notizen, bald nach seinem Tode erschienen, sind so bruchstückhaft und legendär, daß man meinen könnte, es handele sich um ein Fabelwesen. Später wird er zum Märtyrer gemacht, der sich für seine Kunst aufopfert; zum hochgemuten Recken, der nach allen Seiten zu fechten hat, da die böse Mitwelt nicht seine Größe erkennt und ihn wo immer möglich an seiner Mission zu hindern sucht; zu einem aufrechten Biedermann, der weder Falsch noch Furcht kennt; zu einem allumfassenden

Weisen, der nicht nur täglich Wunder in seiner Kunst vollbringt, sondern auch um die direktesten Zugänge zum Universum weiß und den Weltengeist sozusagen persönlich kennt.

So ist er zu dem geworden, als was er uns täglich erscheint: eine lebensferne Gestalt im Schoßrock, eine niemals abgelegte Perücke auf dem Kopf. Läßt es sich der Umstände wegen nicht vermeiden, daß künstliche Figuren den Platz von Lebewesen einnehmen, so sollten wir ihnen doch nicht erlauben, sich als Lebewesen aufzuspielen. Man muß allerdings zugeben, daß auch hier unser Held zu solcher Fehlkonstruktion beigetragen hat. Außer seinen Noten, die ja über seine menschlichen Eigenheiten wenig aussagen, hat er als einzige persönliche Äußerung etwa 70 Briefe hinterlassen, von denen die meisten Zeugnisse und Empfehlungen für Schüler sind oder sich seitenlang mit Affären herumschlagen, die keinem von uns je als der näheren Beachtung eines großen Mannes würdig erscheinen dürften. Ein Zehntel der Schriftstücke nur ist etwas persönlicherer Natur, aber sonderbarerweise sind sie noch irreführender, und enttäuschend für den, der große künstlerische und menschliche Offenbarungen in ihnen sucht.

Wie sich hier überragende künstlerische Statur und persönliches Halbdunkel, übermenschliche Intuition und Kleinlichkeit zusammenreimen, das hat die Forschung der letzten Jahrzehnte in mancher Hinsicht aufgeklärt. Der Mann, die Persönlichkeit beginnt langsam sich vom Fabelwesen zum Menschen zurückzuverwandeln, aus dem schimmernden Recken wird ein trotz seiner Schwächen liebenswerter Mitbürger, das Denkmal aus Stein und Bronze wird zu Fleisch und Blut. Da sehen wir denn einen Mann, der zeitlebens in kleinbürgerlicher Umgebung und mit kleinbürgerlicher Lebenshaltung eine gänzlich davon unabhängige Welt des Kunstwerks erschafft. Den Kleinkram der täglichen nichtkompositorischen Arbeit scheint er mit einer etwas selbstquälerischen Verbissenheit zu erledigen. Mit seiner Familie lebt er offenbar in Eintracht, hat aber nicht allzuviel Glück mit ihr. Seine erste Frau stirbt nach dreizehnjähriger Ehe. Elf seiner Kinder sterben entweder gleich nach der Geburt oder im frühen Kindesalter. Von den neun übrigen werden fünf Musiker. Einer von ihnen, nachdem ihn der Vater wärmstens auf einen Organistenposten empfohlen hat, macht Schulden, lebt liederlich, nimmt Reißaus und stirbt bald darauf. Den vier anderen mit ihrer so gänzlich anders gearteten Musikanschauung muß der Vater wie ein unverständliches und womöglich unnützes Überbleibsel aus einer längstvergangenen Musikepoche vorkommen – so wie uns heute Komponisten erscheinen, die mit Überzeugung im Wagnerstil schreiben. Der eine Sohn nennt ihn denn auch glattweg eine ›alte Perücke‹. Auch sonst müssen seine Söhne keine Muster familialer Liebe gewesen sein, danach zu urteilen, wie sie sich an des Vaters Erbschaft heranmachen, und wie sie seine Witwe, ihre Mutter und Stiefmutter, völlig dem Elend überlassen, so daß sie schließlich als ›Almosenfrau‹ stirbt und ein Armenbegräbnis erhält. Ein anderer Sohn ist schwachsinnig, von den vier Töchtern heiratet nur eine, die drei anderen sterben als alte Jungfern. Bach selbst ist ein wohlmeinender und gastfreundlicher Mensch, der den kleinen Freuden des Alltags nicht abhold ist. Als guter Haushalter ist er auf seine Vorteile bedacht, besonders in finanzieller Hinsicht. Wie man es oft bei Naturen findet, die in Kunst und Wissenschaft mit allumfassender Weitsicht produzieren und dagegen in Dingen des alltäglichen Lebens kleinlich denken, verbeißt auch er sich leicht in Kleinigkeiten, besonders wenn er denkt, daß ihm Unrecht geschehen sei –

und das denkt er ziemlich häufig. Er argumentiert heftig in endlosen Briefen mit seinen Vorgesetzten, um mit seiner Ansicht durchzudringen. Liest man die Feststellungen der Gegenseite, so erscheint die abgrundtiefe Bosheit der ihn umgebenden Welt nicht unbedingt erwiesen. Man wirft ihm von dort manches Unschöne vor, darunter (was uns angesichts seines sonstigen musikalischen Pflichtgefühls sonderbar erscheint) Nachlässigkeit im Amt. Er muß es manchmal schon recht arg getrieben haben, wenn ihn 1717 sogar sein Brotherr, der Weimarer Herzog, der ihm ja keineswegs übel gesinnt war, für einen Monat einsperren läßt, wie das Protokoll sagt: »6. November ist der bisherige Concertmeister und Organist Bach wegen seiner halsstarrigen Bezeugung von zu erzwingender Dimission auf der Landrichterstube arretirt und endlich den 2. Dezember darauf mit angezeigter ungnädiger Dimission des Arrestes befreyet worden.«

Das Denkmalhafte, der bilderbuchhafte Märchenglanz, den wir mit ihm nicht nur als Person, sondern auch als ausübendem Musiker verbinden, wird nach dem Geschilderten vielleicht auch etwas revidiert werden müssen. Mehr oder weniger stellen wir ihn uns doch vor inmitten eines fast nie abbrechenden Orgelgetöns, das in seinen späteren Lebensjahren sich zu ständig anwachsendem Brausen ausdehnt. Orgeln in Bachs Zeit brausten jedoch nicht, unsere das volle Orchester nachahmenden Rausch-Orgeln gab es nicht. Der Orgelklang war zwar bunt, aber schlank und etwas scharf, ohne die schmierigen Zutaten, die für viele heutige Hörer gerade das Typische des Orgelklangs zu sein scheinen. Die letzten 33 Jahre seines Lebens – also die Hälfte! – war Bach von Amts wegen gar nicht mehr Organist. Obwohl er trotzdem noch oft genug die Orgel gespielt haben wird, hat er doch das Cembalo vorgezogen. Bei den wenigen Gelegenheiten, die seinen Ruhm als Spieler stoßweise vorwärtstrieben, wie das einseitig gebliebene Wettspiel mit Marchand und sein Auftreten bei Friedrich II. in Potsdam, spielte er den Flügel, nicht die Orgel.

Als Chordirektor denken wir ihn uns nicht minder brausend, wenn er da seine Thomaner zu gewaltigen Klangbildern hinriß. So sehr gewaltig kann es allerdings nicht geklungen haben, da er nur mit 16 Knaben- und Jünglingsstimmen die sonntägliche Kantate aufführte, von einem eher noch kleiner besetzten Orchester unterstützt. Zwar bestand der gesamte Schulchor, wenn keine Krankmeldungen ihn verringerten, aus 50 bis 60 Sängern, aber er mußte sich auf vier verschiedene Kirchendienste verteilen. Fanden sich alle zusammen, wie bei der jährlich stattfindenden Passionsaufführung, so konnte z. B. jeder einzelne Chor des Doppelchors in der Matthäus-Passion nicht mit mehr als 25 bis 28 Sängern besetzt werden – etwas ärmlich, verglichen mit der heutzutage ›normalen‹ Besetzung, bei der man Chor- und Orchestermassen möglichst in der Stärke eines halben Infanteriebataillons ihre Gruppenschwenkungen ausführen sieht, geführt von einem Kommandanten, zu dessen alleiniger Verherrlichung der ganze Aufwand oft genug veranstaltet zu sein scheint. In der Kleinheit der Besetzung wie auch in den Klang- und Spieleigentümlichkeiten der damals gebräuchlichen Instrumente liebt man noch immer Faktoren zu sehen, die dem Komponisten unerträgliche Einschränkungen auferlegten. Hätte er stark besetzte Chöre haben können, er würde sie, so glaubt man, mit Freude angewendet haben; auch hat ihm sicherlich schon das Beethovensche oder gar Wagnersche Orchester vorgeschwebt, und das zirpende Cembalo hätte er gern mit einem modernen Konzertflügel vertauscht, wenn es möglich gewesen wäre. Nichts spricht für eine solche Auffassung. Will man sich schon nicht von Bachs meist polyphonem Chorsatz überzeugen lassen, daß nur eine kleine Besetzung ihn deutlich zum Klingen bringen kann – ganz im Gegensatz zu Händels Chortechnik, die mit den vollbesetzten englischen Chören rechnete – so braucht man nur sorgfältig seine reinen Orchesterpartituren zu studieren (die vier Suiten und die sechs brandenburgischen Konzerte), um zu sehen, wie er die minutiösen Feinheiten der klanglichen Gewichtsverteilung in diesen kleinen Instrumentalgruppen genießt – ein Gleichgewicht, das oft schon bei Stimmenverdopplung durch wenige Instrumente ebenso gestört wird, als wenn man die Sopranlinien der Pamina-Arie durch einen Frauenchor nachzeichnen ließe. Wir können sicher sein, daß Bach sich überaus wohlfühlte mit den ihm zur Verfügung stehenden vokalen und instrumentalen Stilmitteln, und wenn uns daran liegt, seine Musik so darzustellen, wie er sie sich vorstellte, so müssen wir die damaligen Aufführungsbedingungen wiederherstellen. Es genügt dann nicht, das Cembalo als Continuo-Instrument zu nehmen. Unsere Streicher müßten wir anders besaiten; Blasinstrumente mit der damals üblichen Mensur müßten wir nehmen, und auch das Verhältnis zwischen Chorton und Kammerton müßte in der Instrumentenstimmung rekonstruiert werden.

Haben wir bisher Bach als Menschen und als praktischen Musiker kennengelernt, so müssen wir uns jetzt vornehmen, seine Tätigkeit als Erzieher, seine Fähigkeit zum Bewahren und Entwickeln musikalischer Wissenschaft mit etwas nüchternem Blick anzusehen, um zu vermeiden, daß uns auch hier die Begeisterung eine gänzlich dem Original widersprechende Figur vorzaubre. Als Lehrer scheint er alle Vorzüge und Nachteile eines impulsiven, von Musik überschäumenden Schöpfers besessen zu haben, so wie wir sie auch heute noch bei so vielen kleineren Genies wahrnehmen: der unschätzbaren Gabe, dem Studierenden den unmittelbaren Blick in die kreative Werkstatt zu öffnen und ihn am Schaffensprozeß teilnehmen zu lassen, steht die ewig dem Lehrbetrieb widerstreitende künstlerische Ungeduld gegenüber, und oft genug scheint an Stelle doktrinären Unterrichtens das dem musikfreudigen Augenblick ergebene Spielen und Zuhören getreten zu sein. Auch in seinem täglichen Chorerziehungsbetrieb scheint der Künstler oft genug mit dem Lehrer durchgegangen zu sein, wenn man den Leipziger Dokumenten glauben darf; wie man denn überhaupt den Eindruck hat, daß er sich in seinen früheren Stellungen, in Weimar und Köthen, in der Umgebung von gewandten Musikern, die er nicht zu unterrichten brauchte, mehr zu Hause gefühlt hat als in der Gesellschaft der ständig undisziplinierten, den künstlerischen Forderungen nie ganz genügenden Schar der Thomasschüler. Wie bezeichnend ist die Feststellung des Leipziger Rats in einer Sitzung kurz nach Bachs Tod: man brauche für den freigewordenen Posten statt eines Kapellmeisters einen Kantor, und »Herr Bach wäre zwar ein großer Musikus, aber kein Schulmann gewesen«.

Zu den theoretischen Hintergründen seiner Kunst verhält er sich indifferent. Erschien er seinen Zeitgenossen in seinem Kompositionsstil als der Vertreter einer vorbeigegangenen Zeit, so muß er uns mit seiner fast ausschließlichen Festlegung aufs praktische Musizieren als einer der ersten Meister erscheinen, der in moderner Weise mit dem mittelalterlichen Künstlertyp brach, jenem Typ, der in sich den streng durchgebildeten Wissenschaftler und den freischweifenden Phantasten zu vereinigen suchte. Das mag seltsam klingen, da wir uns angewöhnt haben, gerade Bach als die Verkörperung des akademischen, von der Wissenschaft genährten Musikers zu sehen. Der

Grund hierfür ist die banale Meinung: einer, der Fugen schreibt, muß ein Gelehrter sein. Natürlich brauchts zu guter kontrapunktischer Arbeit etwas mehr als das bloße gefühlvolle Schwärmen des naiven Komponisten, aber mit Wissenschaft hat diese Arbeit nichts zu tun, wie denn niemals wissenschaftliche Arbeitsweisen auf die künstlerische Schöpfung angewendet werden können. Mit Max Reger erlebten wir in den jüngstvergangenen Jahrzehnten dasselbe. War er nicht auch mit dem für den Musiker so bedeutungslosen Glorienschein des Doktrinärs, des Musikgelehrten umgeben worden? Wenn aber ein Musiker je naiv, unbekümmert ums wissenschaftliche Erkennen und geradezu rabiat im impulsiven Erschaffen war, rabiat bis zur Leichtfertigkeit, so war es Reger. Bachs musikalische Natur muß ähnlich beschaffen gewesen sein, obwohl wir bei ihm immer ein nüchternes Über-der-Sache-stehen beobachten können, das ihn nicht sich im Schwulst verlieren oder in Plattheiten verebben läßt.

Hätte ein solcher Urmusiker ein ernsthaftes Interesse an der wissenschaftlichen Seite der Musik, der Theorie, gehabt, es hätte in der damaligen Zeit reichliche Nahrung gefunden. Es war die Zeit, in der die Lehren des französischen Musikers Rameau ein Harmoniesystem umzustürzen wagten, das seit bald 500 Jahren unangetastet geblieben war, in der ausgemachte Praktiker wie Tartini in Italien nach allgültigen Grundsätzen des musikalischen Materials und seiner Behandlung suchten. Auch in Deutschland kämpfte man heftig für und wider die neuen, von außen eindringenden Theorien. Nüchterne Theoretiker wie Marpurg schlagen sich mit konservativen Praktikern wie Kirnberger herum, der nach Bachs Tod dessen Lehrmethode notdürftig in größere theoretische Zusammenhänge zu spannen sucht. Der aufkommende Musikjournalismus eines Scheibe und Mattheson steht der klaren theoretischen Schau intelligenter Kenner des tonsetzerischen Handwerks wie Daube gegenüber. Bach steht außerhalb des Getümmels. Wohl benutzt er die neue Errungenschaft der Musiktheorie, die zwölftönige gleichschwebende Temperatur, aber offenbar lediglich als willkommenes praktisches Hilfsmittel zur Verwirklichung seiner weitausgreifenden tonalen Phantasiebilder. Im übrigen ist ihm die Grundlage seiner Technik der Generalbaß, der ja keineswegs als ein allgemeingültiges Prinzip der Satztechnik, sondern nur als ein stilistisch bedingtes Arbeitsregulativ anzusehen ist, das mit Bach schließlich zu Tode getragen wird. Philipp Emanuel, sein Sohn, schreibt in einem Brief an Kirnberger: »Daß meine und meines seeligen Vaters Grundsätze antirameauisch sind, können Sie laut sagen.«

Wir sind berechtigt zu sagen: wenn die eine Art des Musikmachens durch die Marpurgs, Rameaus und Daubes vertreten wird, so ziehen wir die andere, vielleicht weniger intellektuelle, dafür aber direkt vom Himmel kommende und uns bewegende eines Künstlers wie Bach vor. Wir handeln da nicht ganz gerecht. Einmal ist ja im Vergleich mit Bach jeder Musiker, auch der allerbegabteste, von vornherein benachteiligt. Was ein Bach musikalisch tut, muß notwendigerweise alles um ihn herum verdunkeln. Zweitens kann selbst ein Musiker wie Bach seine Visionen nur verwirklichen, wenn er ein geordnetes Tonsystem vorfindet, und das ist nur durch die Vorarbeiten gescheiter Theoretiker möglich. Auf ihre Forschungen müssen alle Vorschriften der Satztechnik und ihre schulmäßigen Regeln der Harmonie, der Melodielehre und der Formkonstruktion zurückgehen. Gerade weil das so ist, müssen wir uns hüten, ein Arbeits- und Unterrichtssystem, das auf der aus Lizenzen und visionären Kurzschlüssen bestehenden Arbeit eines

Genies beruht, für den allgemeinen Gebrauch zurechtmachen zu wollen. Wir können uns nicht die Lehr- und Lernweisen eines Bach zu eigen machen, ohne Gefahr zu laufen, zwar alle seine praktischen Handgriffe zur Herstellung hohlen Getönes zu benutzen, sonst aber keine der nur für ihn und seinesgleichen geltenden Voraussetzungen zu erfüllen.

II

Ich versprach, über das zu sprechen, was wir von Bach geerbt haben, und von unserer Verpflichtung dieser Erbschaft gegenüber. Indem ich ihm bisher etwas von der Flitterglorie wegnahm, die sich im Laufe der Zeit um seine Figur angehäuft hatte, habe ich das allerdings kaum getan. Was da weggenommen worden ist, war ja nicht in seinem eigenen Besitz gewesen, er konnte es also auch nicht vererben; zudem hat er selbst zum Erwerb der legendären Verfälschung nichts positiv beigetragen, obwohl er doch, wie schon erwähnt, durch Schweigen negativ einiges verschuldet hat. Ich mußte all die vorangehenden etwas nüchternen Feststellungen machen, um die rechte Beleuchtung für ein Betrachten dessen zu schaffen, was ich als sein Erbe ansehe.

Ich möchte nicht vom Erbe im realsten Sinne sprechen. Dieses, seine Musik, ist in unser aller Gemüt eingenistet wie kaum eines anderen Meisters Werk. Sie war wie in romantischen Erzählungen eine vergrabene Hinterlassenschaft, lange verdeckt und vergessen, aber schließlich haben wir seit Generationen gelernt, sie wieder zu beleben; wir haben sie erworben um sie zu besitzen. Was man zum Preise dieser Kunst und ihres Besitzens noch sagen könnte, wird kaum über schon einmal Gesagtes, über Gemeinplätze oder unverpflichtenden Enthusiasmus hinauswachsen, wenn man nicht in technische, historische oder ästhetische Betrachtungen verfallen will, die ja für den Nichtfachmann ohne Interesse sind. Den besten Dienst tut man dieser Kunst und ihrem Schöpfer, wenn man sie in seinem Sinne aufführt und uns damit zu immer erneut erwerbenden Besitzern werden läßt. Das Erbe, von dem ich spreche, ist allgemeinerer, umfassender, übermusikalischer Art. Wir brauchen zur Erkenntnis dieses Erbes nicht den Umweg über Hören und Verstehen seiner Musik zu machen, die uns ja immer als Anzustrebendes, nie Erreichbares vorleuchten wird, sondern halten uns an das, was wir über das rein Künstlerische hinaus von seiner Arbeit wissen: seine Stellung zur schöpferischen Berufung. Das klingt nach nichts Wichtigem, da wir ja alle in unseren Berufen oft genug vor ähnliche, wenn auch kleinere Probleme gestellt werden. Gerade wegen dieser Allgemeingültigkeit scheint mir in seiner Stellung zu der ihm vom Himmel verliehenen Gabe viel Belehrendes für uns zu liegen. Hier können wir ihm mit vollstem Verständnis folgen, ohne sein Außerordentliches, das musikalische Schöpfertum, berücksichtigen zu müssen; hier können wir erben, was für uns von allgemeinstem, menschlichem Nutzen sein kann.

Wie war seine Stellung?

Wir wissen, daß er gegen Widerwärtigkeiten anzukämpfen hatte, die, wenn es gerecht zuging, einem Schöpfer vom Range Bachs hätten erspart bleiben sollen: Leid und Unglück in der Familie, ein mäßig oder vielleicht gar nicht befriedigendes Kleineleuteleben, ein ständiges Anrennen gegen andersgesinnte Obrigkeiten, das Unerkanntbleiben seiner wesentlichen Begabung – wie viele Menschen gehen in jeder Generation zugrunde, weil sie solcher Hindernisse wegen sich nicht entfalten konnten. Es sind aber nicht nur die häuslichen und lokalen Schwierigkeiten, die überwunden werden mußten, auch die gesamte damalige musikalische Situation mußte einen, der nicht im allgemeinen Strome fließen wollte, in eine unerquickliche Lage bringen.

Vergessen wir doch nicht, was in der Kirchenmusik, Bachs wesentlichem Arbeitsfeld, geschah. Sie wurde keineswegs so gepflegt, wie wir uns das so gern vorstellen: mit den (schon weiter oben erwähnten) jubilierenden vollen Chören, rauschenden Orchestern und dröhnenden Orgeln. Wenn schon in der Leipziger Thomaskirche nur mühsam ein kleines singendes Grüppchen aufrechterhalten werden konnte, kann man sich denken, wie es in kleineren Orten mit der vollklingenden Kirchenmusik bestellt war. Einschränkend kam noch hinzu die Abneigung des reformierten Kults gegen derartige sinnbetörende Ausschmückung, und die pietistische Bewegung tat ein übriges, die Gläubigen in einem dem Bachschen ähnlichen Kantatenstil teuflische Ketzereien sehen zu lassen. Aber selbst die der reichen Kirchenmusik wohlgesinnte orthodoxe, lutherische Richtung, der Bach angehörte, ist ja, wenn man ihre musikalischen Möglichkeiten mit denen des römischen Kults vergleicht, mit auffälligen Schwächen behaftet, die einem Komponisten die Arbeit für sie erschweren können.

Die römische Kirche besitzt im gregorianischen Choral einen unschätzbaren musikalischen Fundus, der sich niemals beiseite drängen ließ, der allen neu herzustellenden Kirchenkompositionen als Maß und Vorbild diente und wahrscheinlich auch in der Zukunft immer wieder regulierend auf die neue Produktion einwirken wird. Nur ein verhältnismäßig kleiner Bruchteil dieses Musikvorrates läßt sich von der Gemeinde der Kirchenbesucher ausführen, der Rest bedarf zu seiner Darstellung geübter und übender Sängergruppen, deren wesentliches Streben das

Nicht-Subjektive, das Nicht-Konzertante sein muß, wenn diese Musik sinngemäß wirken soll. Als Folge der Reformation war in den protestantischen Kirchen der Gemeindegesang an die Stelle des gregorianischen Chorals getreten. So verdienstvoll es im religiösen und erzieherischen Sinne ist, als Grundpfeiler der Kirchenmusik die singende Gemeinde einzusetzen und den Laien damit selbst zum tragenden Musiker zu machen, ist doch die unmittelbare Folge ein Abtöten musikalischer Formen, denn es ist ja unmöglich, mit einer zwar gutwilligen, aber ungeübten und nur gelegentlich zusammentretenden Sängergruppe dieselben musikalischen Ergebnisse zu erzielen wie mit täglich an sehr komplizierten einstimmigen Linien ihre Kräfte messenden Choristen. Dem unvermeidlichen Lahmwerden solcher Musikübung und der beschränkten musikalisch-formalen Leistungsfähigkeit der Gemeinde mußte man wohl oder übel als Belebungsmittel die Musikaufführung durch professionelle Musiker, das Konzertmäßige, gegenübersetzen. Die hierzu nötigen Chöre mußten fortwährend Neues einstudieren, dieses Neue mußte von ständig bereiten Komponisten immer wieder hergestellt werden. Eine derartig überstürzende Produktion konnte die Gefahr des Leerlaufs nur vermeiden, wenn überragende Komponisten die anscheinend ohne Ziel fließende Strömung speisten und regulierten. Damit wurde aber die Einzelleistung das kunstvoll Beherrschende, während in der römischen Kirche selbst die genialsten Musiker nichts Vollkommeneres hervorbringen konnten als das seit Jahrhunderten feststehende liturgische Erbgut und deshalb nie die Oberhand gewannen. Obwohl wir dankbar sein müssen, daß die Entwicklung zum Konzertmäßigen in der Kirche uns solche Werke wie Bachs Kantaten und Passionen als überragende Äußerungen religiöser Musik beschert hat, ja daß sie vielleicht überhaupt erst den Weg freigemacht hat zum großen Aufschwung der nichtkirchlichen Musik, darf man sich doch fragen, ob auf solcher Grundlage ohne die Hilfe eines außerordentlichen Genius eine bedeutende Kirchenmusik möglich ist. Die verschiedenen Zweige des englischen Protestantismus, soweit sie nicht einfach das römische Musikritual übernahmen, scheinen zu beweisen, daß die protestantische musikalische Grundidee ohne solch einen dreinfahrenden, gottbegnadeten, fanatischen Komponisten unergiebig ist, denn der englische Musikfundus, die Hymnologie, was auch ihr gemütbewegender Wert für die Gemeindesänger sein möge, steht musikalisch nur auf geringer Höhe und streift in manchen Fällen geradezu ans Komische.

Die Lage war, wie man sieht, nicht ermutigend. Wollte ein Komponist äußere Erfolge haben, so war die Kirche sicherlich nicht der Platz für ihn. Die Oper war das Feld, wo sich Ruhm und Glanz holen ließ, wie das Werk der Keiser und Hasse beweist. In der weniger verpflichtenden, charmanteren Atmosphäre höfischen und bürgerlichen Wohllebens blühte eine unterhaltsame Kunst auf; und wer unbedingt religiöser Musik treu bleiben wollte, hätte nach Händels Muster auch in außerkirchlichen Formen die Gläubigen begeistern können. Es wäre durchaus möglich gewesen, Händels Art oratorischer Musik schon damals in Deutschland zu entwickeln. Trotz allem bleibt Bach der Kämpfer für das einmal gewählte Ziel. Er konnte nicht voraussehen, daß infolge der im Wesen protestantischer Musikübung beschlossenen Forderung nach überragenden Komponistenpersönlichkeiten er für die nächsten 200 Jahre das Feld beherrschen würde; kein solcher Trost half ihm über das Mißliche seiner Lage hinweg. Trotzdem wird er doch als ein Mann, der offenbar allen praktischen Fragen des Lebens mit Nüchternheit gegenübertritt, sich über die Aussichten seines Unternehmens examiniert haben. Freilich, er war ein gottesfürchtiger Mensch und als solcher mußte er seinem Schöpfer mit seiner Kunst opfern. Mußte aber seine fromme Demut ihm nicht die Frage vorlegen, ob in einer Umgebung, die sich schon zu anderen Formen der musikalischen Gottesverehrung durchringt, sein Festhalten am Früheren doch nichts anderes als gottungefällige Eigenbrötlerei war? Und wenn er in Starrköpfigkeit sich diese Frage nicht stellen wollte, konnte er hoffen, mit seinem Bestehen auf dem einmal festgesetzten Musikstil andere zu überzeugen?

Wenn wir den einen Helden nennen, der gegen überwältigende Widerstände siegt, der einer aussichtslosen Sache unter Gefahr der Vergeblichkeit seines Tuns mit seinem Herzblut zum Leben verhilft, so sehen wir ihn hier vor uns. Ich sprach vorhin spöttisch vom Reckentum – das ist hier nicht gemeint. Auch das draufgängerische, taktische Lösen oder Erdulden von Schwierigkeiten nicht, das wir alle kennen und dessen Vertreter, die Helden im eigentlichen Sinne des Wortes, wir mit aller Gerechtigkeit verehren. Die Helden lang- und weitreichender Strategie hingegen erkennen wir nicht immer oder oft nur spät nach ihrem Wirken: diejenigen, welche zum Wohl der Menschheit bewußt in tödliche wissenschaftliche Untersuchungen sich begeben; Entdecker mit der sicheren Aussicht persönlichen Mißerfolgs; Erfinder, die wissen, daß ihre eigenen Erfindungen sie umbringen werden, ohne ihnen Dank oder Anerkennung einzubringen. Wäre Bach nicht von diesem Schlage gewesen, unsere Welt wäre heute um eine der erstaunlichsten intellektuellen Leistungen eines Menschen ärmer.

Lassen Sie uns aber noch eine andere Seite dieses privaten, unauffälligen, ja verdeckten Heldentums betrachten, die so subtil ist, daß sie nur bei sehr liebevollem Eindringen uns bewußt wird.

Wir wollen hierfür einen analytischen Blick auf die Tätigkeit Bachs in seinen letzten zehn Lebensjahren werfen, die Zeit zwischen 1740 und 1750. Er geht seinen Schulpflichten nach, ohne weitere Reibereien mit seinen Vorgesetzten, aber auch ohne besondere Anstrengungen. Kleinere Abstecher in die Umgebung unternimmt er häufig; seine einzige größere Reise ist die nach Potsdam und Berlin, 1747. Was sein Komponieren anbetrifft, so erleben wir eine seltsame Wandlung. Der Mann, welcher in seinen sechs Köthener Jahren und den ersten zehn in Leipzig eine solch unheimliche Menge Musik produziert hat, daß es fast unmöglich erscheint, sie schreibtechnisch und konzeptionell in eine so kurze Zeitspanne zu zwängen – dieser Mann wird schreiblahm.

Wie anders soll man es nennen? In den erwähnten sechzehn fruchtbaren Jahren entsteht das meiste, was von ihm allgemein bekannt ist: etwa 170 Kirchenkantaten, die Passionen, das Magnificat, die gesamte Kammer- und Orchestermusik, drei Teile der Klavierübung, die erste Hälfte des Wohltemperierten Klaviers und alle anderen bedeutenderen Klavierwerke, alle Motetten, die meisten weltlichen Kantaten und einige der wichtigsten Orgelwerke. Auch in den folgenden Jahren läßt dieser Bienenfleiß nicht nach. Was bleibt dann aber für die letzten zehn Jahre? Einige wenige Kantaten, die Goldberg-Variationen, die zweite Hälfte des Wohltemperierten Klaviers, die künstlerisch unwichtige Bauernkantate; an Orgelwerken: die Veränderungen über ›Vom Himmel hoch‹, die sechs Schüblerschen Choralvorspiele und die achtzehn anderen, und schließlich das Musikalische Opfer und die Kunst der Fuge. Durchschnittlich hat er also in diesen letzten zehn Jahren pro Jahr nicht viel mehr als ein einziges Opus geschaffen. Obwohl einige der Werke, wie die Kunst der Fuge, die Choralvorspiele und das Wohltemperierte Klavier aus zahlreichen Einzelnummern bestehen und deshalb wie auch wegen der in ihnen investierten intellektuellen Anstrengung Zeit zu ihrer Ausarbeitung benötigten, sind doch wieder andere, wie die Kantaten und Variationen, deren Herstellung den Komponisten bei seiner so oft bewiesenen Gewandtheit kaum mehr als ein paar Tage gekostet haben dürfte.

Was ist der Grund für dieses plötzliche Erlahmen? Sicherlich nicht ein greisenhaftes Schrumpfen der Arbeitsenergie. Als er stirbt, hat er ja gerade erst die Altersgrenze erreicht, mit der heute ein Schulmann in einer entsprechenden Anstellung in den Ruhestand tritt. Er hatte also um 1740 noch mindestens zehn bis fünfzehn volle Arbeitsjahre vor sich. Rüstig genug war er noch, und in den Werken eben dieser Jahre zeigt sich, wenn nicht in der Menge, so doch in der seelischen und technischen Spannung des Geschriebenen noch die volle Energie seiner früheren Arbeitsperioden. Er, dessen ganzes Lebenswerk stets nur ad majorem Dei gloriam unternommen wurde, kann aber auch nicht plötzlich in abtrünniger Lässigkeit aufhören, seine fromme Pflicht zu tun. Hatte er das Selbstvertrauen verloren, den Glauben an seine musikalischen Fähigkeiten? Das kann es auch nicht sein, denn solch sicher dastehende Schöpfungen wie den zweiten Band des Wohltemperierten Klaviers und die Choralvorspiele schreibt man nur mit vollster künstlerischer Standfestigkeit. Auch Zweifel an seiner Gabe zur Bewältigung technischer Schwierigkeiten sind nicht zu erkennen.

Es ist, als sei über sein Schaffen von nun an ein Schatten gefallen, der Schatten der Melancholie. Man hat in bezug auf Brahms' Kompositionen das böse Wort von der Melancholie des Unvermögens ausgesprochen. In Bachs Fall läßt sich von Unvermögen nicht sprechen, denn gerade einige Werke seiner letzten zehn Jahre zeigen ein weder von ihm sonstwo noch von anderen erreichtes künstlerisches Vermögen. Da aber die Melancholie nicht wegzuleugnen ist, sind wir wohl berechtigt, hier eine Melancholie des Vermögens anzunehmen – und damit haben wir, wie ich glaube, die Lösung aller Rätsel gefunden.

Wir können uns schwer vorstellen, was einem Bach auf der Höhe seiner Schaffenskraft, im vollen Besitz seiner handwerklichen Fertigkeit, Grund zu melancholischem Nachlassen geben konnte. Um es zu verstehen, wollen wir versuchen, uns in seine Lage zu versetzen. Was kann ein Mann noch tun, der technisch und geistig in seiner Kunst die höchste Stufe des von Menschen Erklimmbaren erreicht hat? Höher steigen kann er nicht, denn er ist ja nur ein Mensch. Soll er unbekümmert weiterschaffen und das vorher Getane durch Umgruppieren in scheinbar neue Formen zwingen? Er hat sich im Laufe seines Höhersteigens zu solcher Verantwortung erzogen, daß ihm dergleichen Arbeit als primitive Wiederholung, als Vergeudung erscheinen muß. Warum darf er sich nicht des Erreichten freuen und nun einfach ausruhen? Er hat den Begriff der untätigen Ruhe nie gekannt, er wurde ohne ihn geboren und hat ihn sich nie angelernt. Sollte er nicht für andere wirken, sein spätes Werk durch wechselnde Zweckbestimmungen eingliedern in größeres musikalisches Unternehmen? Der Zweck der Arbeit, die Richtung ihres Wirkens, die Marke, die sie anderen aufprägt – das alles ist jetzt Zutat geworden, es ist dem schöpferischen Tun nur noch umgehängt. Dieses Tun selbst ist so unabhängig von alldem geworden wie die Sonne von dem Leben, das ihre Strahlen hervorbringen. So unabhängig, daß es zuletzt nicht einmal mehr der Darstellung im Kunstwerk bedarf, um dazusein. Es ist Gedanke geworden, ist

Johann Sebastian Bach.
Anonyme Silberstiftzeichnung, um 1730/40.
(Identifizierung als Bach-Porträt umstritten)

entkleidet aller Zufälle und Gebrechen der Gestaltwerdung, und der so hoch Gestiegene ist nach der Überwindung des Materiellen zum Gedanken allein vorgedrungen. Leugnen wir aber mit dem Wahrnehmen dieses ideellen Zieles nicht alle Kunst? Denn uns, die wir nicht so weit steigen konnten, ist die vom schöpferischen Gedanken geformte Gestalt ja das, was wir als Kunst erkennen, das Element, ohne dessen Beimischung, sei es auch in geringsten Dosen, unser Leben nicht lebenswert, ja sogar unmöglich wäre. Die Antwort auch dieser Frage liegt schon weit unter dem, der zur menschenmöglichen Vollkommenheit gelangte. Er ist am Ende; er steht, wie es im alten persischen Gedicht heißt, vor dem Vorhang, den niemand je zur Seite zieht.

Für dieses Höchsterreichte mußte er einen teuren Preis zahlen: die Melancholie, die Trauer, alle früheren Unvollkommenheiten verloren zu haben und mit ihnen die Möglichkeit weiteren Voranschreitens. Auf dieser außerordentlichen Ebene endgültiger Ratlosigkeit tritt vielleicht eine sublimierte Wiederholung jener ausweglosen Situation ein, die wir gern mit dem vom Feuerkreis umgebenen, sich selbstmordenden Skorpion zu illustrieren pflegen. Zwar weiß man von Menschen, die aus Furcht vor dem Untergang in unbekanntes Nichts sich umbringen – als ob sie damit das Nichts wesenhaft, das Unbekannte kennbar machten – aber diese Lösung ist unserem Höchstgestiegenen verwehrt. Ihm bleibt nur noch eins: den steilsten, engsten, geringen Platz, den er auf äußerstem Plateau erreicht hat, noch ein wenig auszubauen, ein wenig zu verschönen, mit den Mitteln, die er anzuwenden gewöhnt ist. Dabei überhöht sich seine Kunst zur Künstlichkeit, sein Können zu visionärem Erkennen.

Es ist also dies das Wertvollste, was wir mit Bachs Musik geerbt haben: die Schau bis ans Ende der dem Menschen möglichen Vollkommenheit; und die Erkenntnis des Wegs, der dahin führt: das unentrinnbare, pflichtbewußte Erledigen des als notwendig Erkannten, das aber, um zur Vollkommenheit zu gelangen, schließlich über jede Notwendigkeit hinauswachsen muß.

Zu was verpflichtet uns nun diese übererbte Erkenntnis? Zu was sie den Komponisten, den Musiker überhaupt verpflichtet, wollen wir nur kurz streifen, denn obwohl er mit seinem Handwerk unserem Ideal etwas nähersteht als die anderen, ist er doch kein Sonderfall. Es ist auch nicht zweifelhaft, daß es für ihn kein musikalisches Ziel mit einer noch höheren ethischen Verpflichtung geben kann als die Bach-Nachfolge. Gesonnen sein, denselben Weg zur Vollkommenheit zu suchen, mehr kann keiner tun. Vielleicht gelingen ihm nur einige strauchelnde Schritte, vielleicht ist ihm vom Schicksal bestimmt, weit vorzudringen. Was aber auch das Maß und die Weise seines Voranschreitens sein möge, die Musik Bachs braucht er nicht klingend nachzuahmen. Die Frage nach dem Stil Bachs oder nach irgendeinem anderen Stil verliert hier gänzlich ihre Bedeutung. Es handelt sich nicht mehr um das Aussehen der Musik, um schöne oder häßliche Klänge, um Schweres und Leichtes, um Apollinisches und Dionysisches; ja auch die uns heute so wichtig erscheinende Suche nach den Vergleichswerten der vergangenen und der heute entstehenden Musik wird überflüssig. Es kann dann nur eine Musikart geben: die im Sinne des Bachschen Musikethos, seines von ihm hinterlassenen kostbarsten Erbes *richtige* Musik.

Für uns andere, die Nichtmusiker, ist es ebenfalls nicht schwer, die Verpflichtung zu erkennen, die uns aus diesem Erbe erwächst. Wir haben den Gipfel musikalischer Größe erschaut, einen Gipfel, dessen Klarheit uns nicht durch das Einmischen von menschlichen, persönlichen, zeitbedingten, kurzum profanen Problemen des Komponisten verschleiert wurde. Dieser Gipfel ist, wie wir wissen, uns unerreichbar, aber da wir ihn erschaut haben, dürfen wir ihn nicht mehr aus den Augen verlieren; er wird uns immer als Richtungsweiser dienen müssen. Er ist wie alle anderen Faktoren künstlerischer Wirkung ein Symbol. Ein Symbol für alles Edle, das wir mit dem besseren Teil unseres Wesens anstreben.

Im begrenzten Gebiete unseres Musikgenießens, das ja bei aller eigenen Schönheit, die es bietet, auch nur das Sinnbild unseres gesamten Aufnehmens und Verarbeitens irdischer Erfahrungen ist, bedeutet das Erkennen des Gipfels, daß wir keine klingende Form mehr in uns aufnehmen können, ohne sie an den Werten zu messen, die uns Bach gezeigt hat. Das Äußere der Musik, der Klang, schrumpft dann zur Nichtigkeit. War er ursprünglich das, was uns zur Musik lockte, was uns allein Befriedigung zu verschaffen schien, so ist er nun nur noch Gefäß für das Wichtigere, unser Besserwerden. Ein solches Besserwerden wird uns unduldsam machen gegen mindere Musik, gegen Geklingel, gegen Fahrlässiges und Nichtgekonntes. Es wird uns aber auch aufschließen für Musik, die uns noch unbekannte Symbole benutzt, die in fremde Klänge gehüllt ist, die wir erst mühsam erlernen müssen.

Ist es einer Musik gelungen, uns in unserem ganzen Wesen nach dem Edlen auszurichten, so hat sie das Beste getan. Hat ein Komponist seine Musik so weit bezwungen, daß sie dieses Beste tun konnte, so hat er das Höchste erreicht.

Bach hat dieses Höchste erreicht.

Wilhelm Furtwängler

Der 1951 geschriebene Aufsatz des Dirigenten, in dem Bach als »größter aller Romantiker« gefeiert wird, gehört zum konservativen Bach-Bild, wie es von Albert Schweitzer vermittelt wurde.

Bach

Bachs Musik ist wohl diejenige Musik, die – seit ihrer Wiederentdeckung Anfang des 19. Jahrhunderts – in der Schätzung der Menschen die geringsten Schwankungen durchgemacht hat. Bach ist auch heute wie ehemals der Heilige, der, allen anderen unerreichbar, über Wolken thront.

Hierfür gibt es viele Gründe. Zunächst besitzt diese Musik eine ruhevolle Sicherheit der Faktur, das heißt ein in sich völlig ausgeglichenes Zusammenwirken von melodischen, harmonischen und rhythmischen Elementen, die immer wieder staunen macht. Die Ausgewogenheit eines jeden, selbst des kleinsten Bachschen Stückes, die Stetigkeit des Sich-Ausgliederns aller einzelnen Teile, verbunden mit dem Gefühl eines wie von Anbeginn »In-sich-selber-Ruhens« – so charakteristisch für Bachs Lebensgefühl – gibt dieser Musik etwas im eigentlichsten Sinne Überpersönliches.

Die Historiker wollen uns manchmal erzählen, daß selbst ein Riese wie Bach, in seine Zeit gestellt, mit ihr verglichen und von ihr aus gesehen, das Überlebensgroße, das ihm für uns anhaftet, verliere, Mensch unter Menschen, Einer – wenn auch immer ein Großer – unter den Vielen seiner Zeit würde. Das Gegenteil scheint mir der Fall. Nie wird uns die staunenswerte Überlegenheit

Bachscher Musik klarer, nie ist der Unterschied dessen, was nachweisbar aus seiner Hand kommt, gegenüber den Werken der anderen mehr mit Händen zu greifen, als wenn man ihn mit Schöpfern seiner Zeit und Umgebung vergleicht, etwa Vivaldi, von dem er viel übernommen und bearbeitet hat. Selbst das strahlende Musizieren des großen Händel wirkt seltsam willkürlich, seltsam launisch neben der stillen, unbeirrbar-organischen Konsequenz Bachschen Musikdenkens. Hier ist Konzentration auf den Augenblick, verbunden mit unerhörter Weite, ist unmittelbare Erfüllung des Moments gepaart mit wahrhaft souveränem Überblick über das Ganze. Bachs Musik ist mit ihrem wachen Gefühl für Nähe und Ferne zugleich, mit zwangloser Erfüllung des Jetzt und Hier, und eines immer unterirdisch-wachen Gefühls für die Struktur, den Strom des Ganzen, mit ihrem »Nah-Erleben« wie mit ihrem »Fernhören« ein Beispiel biologischer Sicherheit und natürlicher Kraft, wie wir es in der Musik schlechterdings sonst nicht finden.

Gerade dies aber ist es recht eigentlich, was – ohne daß uns das so recht bewußt ist – ihre Sonderstellung ausmacht. Diese Musik ist einerseits gewiß spontan, unmittelbar, plastisch, eindringlich; und doch bleibt sie andererseits immer, was sie ist, tritt nicht aus sich heraus, gibt nicht ihr Geheimnis preis. Sie verschmäht es zu reizen und den Menschen allzu unmittelbar anzusprechen; Kraft und Lässigkeit, Spannung und Entspannung, wogendes Leben und tiefste Ruhe sind in ihr auf unnachahmlich-einzigartige Weise vereinigt.

Zu Bachs Zeit spielten gewisse Konventionen, die als Floskel- und Figurenwerk zutage traten, eine größere Rolle als später. Auch er ist hier natürlich nicht frei von diesem Geiste seiner Zeit; wie sehr aber durchdrang er das, was die Epoche ihm als Material lieferte, mit Eigenem! Daß er monothematisch vorging – nicht wie die späteren Klassiker polythematisch – hatte er mit seiner Zeit gemeinsam; die Art aber, wie er dies tat, bewirkte, daß, was bei jenen als Begrenzung erscheint, sich bei ihm als tiefes, konsequentes Kunst-Wollen offenbart.

Sicherlich gibt dies seiner Musik trotzdem zugleich gewisse Grenzen. Es gibt ihr ihr Schicksal, besonders denen gegenüber, die nach ihm kamen. Bach verzichtet auf die vorwärtstreibende Kraft des Kontrastes, die Ausgliederung der Thematik, die Sondergestalt der Themen wird nicht über einen gewissen Punkt hinausgetrieben, während z. B. Beethoven durchaus als Dramatiker vorgeht, die einzelnen Themen sich ausprägen und auswirken läßt, sie gleich lebendigen Charakteren gegeneinanderführt und sich gegenseitig aneinander erleben läßt. Bach bleibt in sich selbst beschlossen, wenn man so will: Lyrisch und episch, objektiv und subjektiv zugleich. Beiden, Bach wie Beethoven, gemeinsam ist die Kraft, ein Ganzes als »wirkliches Geschehen« sich in sich selbst vollenden zu lassen, unabhängig von seinem jeweiligen Schöpfer.

Der Vergleich mit Beethoven drängt sich hier von selbst auf. Beethovens Musik bildet den großen geschichtlichen Parallelfall mit der Bachs, so verschieden die beiden auch sonst sein mögen. Denn auch Beethoven ruht nicht, bis das Werk aus eigenen Kräften besteht, seinen eigenen Weg zu Ende gehen kann. Er wacht eifersüchtig darüber, daß jedem Werk das nur ihm eigene Schicksal nicht geschmälert werde. Auch jedes Bachsche Werk rollt ab, geht seine vorbestimmten Bahnen mit unbeirrbarer Konsequenz, darin gleich einer Maschine, einem Uhrwerk, freilich einem »lebendigen« Uhrwerk aus der Hand der Natur. Jedes dieser Musikstücke wird nach dem Gesetz, nach dem es »angetreten«, bis zu seinem letzten Ende geführt, oder besser gesagt: Es geht von sich aus diesen seinen Weg, es führt sich selber zu Ende. Der diese Chöre, diese Fugen gebaut hat, sich entfalten, sich vollenden ließ, erscheint nicht als ein Mensch, sondern wie der waltende Weltgeist, der Weltenbaumeister selber.

Um wieviel subjektiv-anfälliger, um wieviel abhängiger von der Intuition des Momentes erscheint dem gegenüber sein großer Zeitgenosse Händel, an grandiosem Wuchs ihm sonst völlig ebenbürtig, ein Riese des Barock, titanisch, vulkanisch, glanzvoll-überströmend. Alles das ist Bach nicht, ist er nicht mehr, oder besser gesagt: Alles das hat er nicht nötig. Aller subjektive Überschwang ist bei ihm gleichsam schon eingeschmolzen – hier wirkt sich der furchtbare Ernst einer stetig unerbittlich wirkenden Gestalt-Kraft aus – in objektives musikalisches Geschehen. Dies Geschehen von geradezu eherner Gesetzmäßigkeit steht so sehr bei Bach im Vordergrunde, daß sein Menschliches, daß die gewaltige »Person«, die hinter all dieser Objektivität des sich in sich vollendenden Werkes sichtbar wird, zunächst gar nicht beachtet wurde. Bach ist nicht nur der große »Objektive«, bei dem wie bei keinem anderen alles individuelle Leben in formgebundenes Musikgeschehen umgesetzt erscheint. Er ist auch – genau ebenso sehr – die Person, der allerpersönlichste Mensch, der all und jede Äußerung, jede musikalische Biegung dieser seiner Werke füllt und speist. Die Bachsche Fuge als Form ist Urbild gesetzlichen Ablaufs in höchster Gestalt; zugleich aber ist Bach nicht nur Schöpfer gewaltig-gedrungener Fugen, sondern ebensosehr phantastisch-schrankenloser Präludien. Die Einheit von Präludium und Fuge, wie sie sich im »Wohltemperierten Klavier«, in zahlreichen Orgelkompositionen dartut, ist eine für den Bachschen Geist spezifisch in dieser Art nur ihm eigene Konzeption. Dem Objektiven wird das Subjektive, dem Strenggültigen das frei Natürliche beigesellt; erst beide zusammen bilden die ganze Natur, wie sie dem Umfang von Bachs Fühlen entspricht. In seinen Kantaten, in seinen Passionen, in den Adagios seiner Konzerte, an hundert Stellen seiner zahllosen Werke ist er zugleich der größte Subjektivist, dem jemals Musik die Zunge gelöst hat. Ein Mensch, der die Leiden des Gottessohnes, der Christi Heilsgeschichte so sehr in seiner eigenen Seele erlebte, daß er in seiner letzten und größten Passion ein Riesenwerk schaffen konnte, das – jedenfalls soweit es die suggestiv-grandiose Einheitlichkeit der Stimmung, die es vom ersten bis zum letzten Ton durchweht, betrifft – nur mit jenem monumentalen Werk der romantischen Epoche, mit Wagners »Tristan« vergleichbar ist. Nirgends erscheint – hier wie dort – die Gesamtstimmung des Werkes so machtvoll das ganze Werk überschattend, von der Person des Schaffenden, von der Seelenstimmung seines Schöpfers abhängig. Hier bricht sich hinter allem objektiven Musizieren und durch dieses hindurch eine alle Widerstände niederwerfende Subjektivität Bahn – mögen im übrigen die Voraussetzungen der beiden Werke und ihre Schöpfer noch so verschieden sein. So ist es aber nicht nur hier, sondern – richtig gesehen – mehr oder weniger bei allen Werken Bachs. In jeder melodisch-harmonischen Biegung, in jedem Takt ist nicht nur der unerbittliche »Objektive«, sondern genau ebenso das großartige, höchst persönliche Individuum wirksam.

Ja, wir beginnen zu begreifen, daß eines nicht ohne das andere möglich, und daß eben dieser Gegensatz in sich selbst das Phänomen »Bach« ausmacht. Gewöhnlich wird Beethoven als der schrankenlose »Subjektive« angesehen, Bach als sein Gegenpol aufgestellt. In Wirklichkeit ist weder Bach »objektiver« als Beethoven, noch Beethoven »subjektiver« als Bach. Nur die Mittel und die Art, wie sie an diese Mittel herangehen, sind bei beiden verschieden.

Gewiß, Beethoven erfindet als individuelle Person, aber er folgt diesen Erfindungen und Themen »objektiv«, mit unerbittlicher Folgerichtigkeit und Härte jedem sein eigenes Schicksal zuweisend. Er hat über den Verlauf eines Stückes, sobald die Themen einmal exponiert sind, gleichsam keine Macht mehr, will sie nicht mehr haben. Diese Themen sollen – das ist sein Wille – ihr eigenes Leben leben, wie die Gestalten eines Dramas. Bei Bach spielt sich das musikalische Geschehen nicht weniger folgerichtig ab. Aber die Themen werden nicht so weit gegliedert, daß sie selbständig leben. Die Nabelschnur wird nicht ganz durchschnitten, die Musik bleibt unmittelbar mit ihrem Schöpfer verbunden. Es kommt deshalb nicht bis zur Gegenüberstellung von Themen, nicht bis zum »fruchtbaren Kontrast«, von dem die Musik Beethovens lebt. Bei beiden gleicherweise – trotz aller Verschiedenheit – liegt der Quell der Größe in dem Zusammentreffen, der *Polarisation* des objektiven Gestaltungswillens mit einer gewaltigen Subjektivität.

Dies ist es auch, was die Romantik an Bach erfühlte, was sie an ihm anzog. Seit seiner Wiederentdeckung durch Mendelssohn – der in seiner eigenen Produktion, seinen eigenen Oratorien, diesem Eindruck Zeit seines Lebens verfallen blieb – sah sie in Bach das Idealbild des Musikers. Sie erblickte zudem in ihm in höchst persönlicher Weise den Erlöser von ihrer eigensten Krankheit, der Krankheit der übermäßigen Reizsamkeit. Bach hätte nicht so, wie er es tatsächlich getan hat, auf die Romantiker wirken können, wenn er nicht – trotz aller Verschiedenheit – das Korrespondierende in ihnen wachgerufen hätte, wenn er nicht – neben anderem – auch Fleisch von ihrem Fleisch und Blut von ihrem Blut gewesen wäre. Von einem gewissen Blickpunkt aus gesehen, ist Bach der größte aller Romantiker. Das Bild, das wir heute von ihm haben, wurde von der Romantik geschaffen; im Verlauf folgender Zeiten wurde es wohl noch erweitert, aber nicht mehr verändert.

Eines darf freilich nicht außer acht gelassen werden: Bach war und blieb in der Hauptsache religiöser Musiker. Die enge Verbundenheit seiner Musik mit dem religiösen Zentrum in ihm selbst war bei ihm so stark, daß sie nicht nur der formalen Ausgliederung dieser Musik in abgesetzte Themen und andere musikalische Bildungen Grenzen setzte, sondern ihr auch verwehrte, die Fülle irdischer Wirklichkeiten – im Gegensatz schon zu seinem Zeitgenossen Händel, und noch mehr zu allen späteren – in Musik zu setzen. Die enge Verbundenheit mit dem Höchsten in sich, die bei einem anderen wohl zur Erschöpfung, zur Erschlaffung, zum Sich-vorzeitig-Ausgeben geführt hätte, wurde bei Bach zum Quell stets erneuter und erhöhter Kraft. Sie ist es, die uns in ihm heute mehr als in irgendeinem anderen den größten Musiker erblicken läßt, den Homer der Musik, dessen Licht über unserem europäischen Musikhimmel leuchtet, und über den wir – in gewissem Sinne – bis heute nicht hinausgekommen sind.

Karl Barth

Der dezidierte Nichtchrist Friedrich Nietzsche meinte von Bachs Matthäuspassion: »Wer das Christentum völlig verlernt hat, der hört es hier wirklich wie ein Evangelium.« Der evangelische Theologe Barth ist gegenteiliger Ansicht: Das Werk – unbeschadet seiner musikalischen Bedeutung – verherrliche nur das Leiden und ignoriere die Botschaft von der Auferstehung Christi, widerspreche also dem Evangelium.

Das ist es, was hier allerdings als ein *Geheimnis*, aber nicht als ein neues und besonderes, sondern als das Geheimnis des *Ganzen* und als das uns nicht mehr verschlossene, sondern in der Auferstehung Jesu *aufgeschlossene* Geheimnis zu sehen und zu verstehen ist.

Was hiezu zu sagen ist, mag beiläufig auch als Widerspruch gegen die Auffassung der Leidensgeschichte verstanden werden, die in J. S. Bachs »Matthäuspassion« ihren klassischen Ausdruck gefunden hat. Über ihre rein musikalische Größe ist kein Wort zu verlieren. Sie will aber eine Auslegung der Kap. 26–27 des Matthäusevangeliums sein. Als solche kann sie ihre Hörer *nur* irreführen. Sie ist ein einziges, in fast ununterbrochenem Moll gewiß wunderbar wogendes Wolkenmeer von Seufzern, Klagen und Anklagen, von Ausrufen des Entsetzens, des Bedauerns, des Mitleidens: eine Trauerode, die in einem regelrechten Grabgesang (»Ruhe sanft!«) ihren Ausklang findet, die durch die Osterbotschaft weder bestimmt, noch auch nur begrenzt ist, in der Jesus der Sieger völlig stumm bleibt. Wann wird die Kirche sich darüber klar werden, und dann auch die Tausende und

Tausende, die die evangelische Leidensgeschichte ausgerechnet nur in dieser Version kennen mögen, darauf aufmerksam machen, daß es sich in ihr um eine Abstraktion handelt, daß das bestimmt *nicht* die Passion *Jesu Christi* ist?

Theodor W. Adorno

Der 1955 geschriebene Aufsatz mit seiner kräftigen Polemik muß aus der Situation verstanden werden, in der er entstand. Die enthusiastischen Feiern zu Bachs 200. Geburtstag 1950, die Wiederentdeckung der Barockmusik und deren »werkgetreuer« Interpretation, die schon damals einsetzende Begeisterung für »Original-Instrumente«, forderten den heftigen Widerspruch des Musiktheoretikers, Komponisten und Philosophen Adorno heraus. Allerdings setzte er der ihm verhaßten Ideologie nur eine andere, nicht weniger fragwürdige, entgegen.

Bach gegen seine Liebhaber verteidigt

1

Die heute herrschende musikwissenschaftliche Ansicht von Bach trifft zusammen mit der Rolle, die ihm Stagnation und Betriebsamkeit der auferstandenen Kultur zuweisen. Es soll sich in ihm, mitten im aufgeklärten Jahrhundert, nochmals die traditional verbürgte Gebundenheit, der Geist der mittelalterlichen Polyphonie, der theologisch überwölbte Kosmos offenbaren. Seine Musik sei dem Subjekt und seiner Zufälligkeit enthoben; sie töne nicht sowohl vom Menschen und seinem Inwendigen, als daß in ihr die Ordnung des Seins an sich verpflichtend laut werde. Die als unveränderlich und unausweichlich vorgestellte Struktur solchen Seins wird zum Surrogat des Sinnes: was nicht anders sein kann, als es erscheint, zur Rechtfertigung seiner selbst. An ihn halten sich alle, die, des Glaubens wie der Selbstbestimmung entwöhnt oder ihrer nicht mehr fähig, nach Autorität suchen, weil es gut wäre, geborgen zu sein. Die derzeitige Funktion seiner Musik ähnelt der ontologischen Mode: durchs Versprechen, den individualistischen Zustand kraft Setzung eines den Menschen übergeordneten, dem Dasein enthobenen, zugleich jedoch eindeutigen theologischen Inhalts entratenden, abstrakten Prinzips zu überwinden. Sie genießen die Ordnung seiner Musik, weil sie sich unterordnen dürfen. Das Werk, das einmal aus der Enge des theologischen Horizonts sich erzeugte, um ihn zu durchbrechen und in Universalität überzugehen, wird in die Schranken zurückgerufen, die es überstieg: Bach wird von der ohnmächtigen Sehnsucht zu eben dem Kirchenkomponisten degradiert, gegen dessen Amt seine Musik sich sträubte und das er nur unter Konflikten erfüllte. Was ihn von den Verfahrungsweisen seiner Epoche absetzt, wird nicht als Widerspruch seines Gehalts zu diesen verstanden, sondern taugt einzig dazu, den Nimbus handwerkerlicher Beschränktheit ins Klassische zu erhöhen. Die Reaktion, ihrer politischen Helden beraubt, bemächtigt sich vollends dessen, den sie längst unter dem schmachvollen Namen des Thomaskantors beschlagnahmt hatte. Amusische Gymnasien monopolisieren ihn, und seine Wirkung geht nicht länger, wie noch bei Schumann und Mendelssohn, von dem aus, was musikalisch in seiner Musik sich zuträgt, sondern von Stil und Spiel, von Formel und Symmetrie, vom bloßen Gestus des Bestätigten. Indem der neureligiöse Bach in den Dienst der konvertitenhaften Begierde tritt, wird er zugleich arm, schmal, eben des spezifischen musikalischen Inhalts enteignet, von dem wiederum sein Prestige zehrt. Ihm widerfährt, was seine eifernden Protektoren am letzten Wort haben möchten, er verwandelt sich in ein neutralisiertes Kulturgut, in dem trüb das ästhetische Gelingen mit einer an sich nicht mehr substantiellen Wahrheit sich vermischt. Sie haben aus ihm einen Orgelfestspielkomponisten für wohlerhaltene Barockstädte gemacht, ein Stück Ideologie.

2

Die einfachste historische Reflexion sollte gegen das historistische Bild Bachs mißtrauisch machen. Zeitgenosse der Enzyklopädisten, starb er sechs Jahre vor der Geburt Mozarts, zwanzig nur vor der Beethovens. Nicht die kühnste Konstruktion von der »Ungleichzeitigkeit« der Musik könnte die These tragen, daß in einem einzelnen Ich substantiell sich am Leben erhält, was der Geist der Epoche auflöste, als vermöchte je die Wahrheit eines Phänomens schlicht dessen Rückständigkeit sich zu verdanken. Schlechter Individualismus und der Aberglaube ans Zeitlose finden sich zusammen: nur Willkür unternimmt es, den Einzelnen aus seiner wie immer auch polemischen Beziehung zum geschichtlichen Stand des Bewußtseins zu isolieren. Dem Einwand, Bach habe, in seiner gleichsam geschichtslosen Werkstatt, in die doch alle technischen Funde der Epoche eingingen, von jenem Zeitgeist nichts erfahren als den Pietismus der Texte seiner geistlichen Werke, also eine der Aufklärung feindliche Tendenz, wäre zu erwidern, daß der Pietismus selber, wie alle Gestalten von Restauration, die Kräfte derselben Aufklärung in sich enthielt, der er sich entgegensetzte. Das Subjekt, das vermöge der Versenkung in sich, kraft reflektierter »Innerlichkeit« der Gnade meint habhaft werden zu können, ist bereits aus der dogmatischen Ordnung entlassen und auf sich selbst gestellt, autonom in der Wahl der Heteronomie. Die Teilhabe an der Zeit bezeugen aber drastisch Sachverhalte im Gefüge von Bachs Musik. Man vergißt über dem Gegensatz der Generation Philipp Emanuels zu der des Vaters, daß dessen œuvre die ganze

Sphäre des »Galanten« einbegreift, nicht bloß in Stilmodellen wie den Französischen Suiten, in denen zuweilen die mächtige Hand genrehafte Typen des neunzehnten Jahrhunderts vorweg ein für alle Mal zu prägen scheint, sondern auch in großen durchkonstruierten Gebilden wie der Französischen Ouvertüre, wo auf Bachische Weise das Gefällige und Organisierte nicht weniger vollkommen sich durchdringt als dann im Wiener Klassizismus. Wer aber spielte das Wohltemperierte Klavier, dessen Titel zum Prozeß der Rationalisierung sich bekennt, aufgeschlossen durch, ohne stets wieder auf ein lyrisches Element zu stoßen, das mit Differenziertheit, Individuation, Freiheit eher zu Vierzehnheiligen paßt als zu einem selbst schon fragwürdigen Bild des Mittelalters? Es sei an Fis-dur-Präludium und Fuge aus dem ersten Band erinnert; jene Fuge, die einmal ein Komponist dem Kellerschen Tanzlegendchen verglich und in der nicht bloß subjektive Anmut unmittelbar sich darstellt, sondern wo überdies der kompositorische Verlauf selber, indem das Motiv des Zwischensatzes seinen Impuls im Verlauf des Stücks den Durchführungen mitteilt, allem regelhaften ordo der Fuge, den doch Bach selber hervorgebracht hatte, ein Schnippchen schlägt. Oder die Doppelfuge in gis-moll aus dem zweiten Band, die der späte Beethoven gut gekannt haben muß: erstaunlich nicht bloß um der bei Bach keineswegs seltenen Chromatik, sondern mehr noch um der schwebenden, gewählt vagen Harmonisierung willen, die beim Sechsachtelcharakter des Stücks unabweislich den reifsten Chopin heraufruft; das Ganze eine in zahllosen Farbfacetten gebrochene Musik, modern genau in jenem Sinne nervöser Empfindlichkeit, den der Historismus exorzieren möchte. Wer dem gegenüber von romantischen Mißverständnissen reden wollte, der müßte dem thema probandum zuliebe erst jeder spontanen Beziehung zum Sinn des musikalischen Idioms sich entschlagen, wie sie von Monteverdi bis Schönberg überhaupt als Voraussetzung dem Verständnis von Musik zugrunde lag. Aus solchen Gebilden, auf Kosten des Subjekts, nichts als die Ordnung des Seins herauszuhören anstelle des sehnsüchtig beseelten Echos, das die entsinkende im Bewußtsein findet, ergriffe nur das caput mortuum. Das Phantasma der Bachischen Ontologie kommt zustande durch die mechanische Gewalttat des Banausen, der einzig begehrt, der Kunst zu parieren, weil ihm die Organe für ihren Sinn abgehen.

3

All dem freilich stehen jene Züge Bachs entgegen, die man zu seiner Zeit bereits als anachronistisch empfand. Sie tragen Schuld an der rätselhaften Amnesie, die sein Werk achtzig Jahre lang zudeckte und, mit unabsehbarer Folge für die Geschichte der abendländischen Musik, verhinderte, daß seine Errungenschaften in gerader Tradition und ganzem Umfang dem Wiener Klassizismus zuteil wurden. Bach erfüllte in der Tat nicht bloß den Geist des Generalbasses, des stufenmäßig-harmonischen Denkens, sondern er war in jenem Geiste zugleich der Polyphoniker, der aus den tappenden Ansätzen des siebzehnten Jahrhunderts die Form der Fuge schuf – ihre Theorie ist von ihm abgezogen so wie die des strengen Kontrapunkts von Palestrina – und ihr einziger Meister blieb. Aber gerade die Doppelheit harmonischen und kontrapunktischen Bewußtseins, welche ein jegliches der Kompositionsprobleme umschreibt, die Bach paradigmatisch auflöste, schließt das Bild vom Vollender des Mittelalters aus. Wäre er gewesen, wozu sie ihn stempeln, so hätte er weder jene Doppelheit in sich gehabt, noch, zumal in den spekulativen Werken der Spätzeit, um ein Paradoxon sich bemüht, das dem alten polyphonen Bewußtsein unvorstellbar war, nämlich wie Musik es vermöchte, harmonisch-generalbaßmäßig in jeder Fortschreitung als sinnvoll sich auszuweisen und zugleich polyphon, durch die Simultaneität selbständiger Stimmen sich ganz und gar zu organisieren. Schon der bloße Ausdruck mancher der archaisch auftretenden Stücke sollte skeptisch stimmen. Der affirmative Ton der Es-dur-Fuge aus dem zweiten Band des Wohltemperierten Klaviers ist nicht der unmittelbarer Gewißheit einer musikalisch laut werdenden, in der offenbaren Wahrheit gesicherten sakralen Gemeinschaft – den Niederländern liegt solche Affirmation und Emphase ganz fern. Sondern es ist, der Substanz, gewiß nicht dem subjektiven Bewußtsein nach, die Reflexion aufs Glück des Bestätigten, der musikalischen Geborgenheit, wie sie einzig dem emanzipierten Subjekt zuteil wird: es erst vermag Musik als das nachdrückliche Versprechen objektiver Rettung zu konzipieren. Eine solche Fuge setzt den Dualismus voraus. Sie sagt, wie schön es wäre, die Botschaft der Bestätigung aus dem umgrenzten Kosmos zum Menschen zurückzubringen: sie ist, zum Ärgernis des religiösen Neophytentums von heutzutage, romantisch, nur freilich unbeschreiblich viel weiter greifend, als es späterhin der romantische Stil sich zutrauen konnte. Sie spiegelt nicht das einsame Subjekt als Garanten des Sinnes zurück, sondern meint dessen Aufhebung in einem objektiv umfassenden Absoluten. Aber dies Absolute wird beschworen, behauptet, gesetzt, gerade weil und soweit es der leibhaften Erfahrung nicht gegenwärtig ist, und Bachs Gewalt ist die solcher Beschwörung. Er war kein archaischer Handwerksmeister, sondern ein Genius des Eingedenkens. Erst die heraufziehende Barbarei, die Kunstwerke aufs Vorfindliche vereidigt, blind gegen die Differenz von Wesen und Erscheinung in ihnen, kann bieder das Sein seiner Musik mit seiner Intention verwechseln und damit genau jene Metaphysik in ihm ausrotten, die zu protegieren man sich vornimmt. Da aber der Barbarei mit dem Wesen auch das Vorfindliche sich verfinstert, so wird übersehen, daß gerade die besonderen polyphonischen Mittel, deren Bach zur Konstruktion musikalischer Objektivität sich bedient, Subjektivierung voraussetzen. Die Kunst der Fugenkomposition ist eine der motivischen Ökonomie: durch Ausnutzung der kleinsten Bestandteile eines Themas aus diesem ein Integrales herzustellen. Es ist eine Kunst der Zerlegung, fast ließe sich sagen, der Auflösung des als Thema gesetzten Seins, unvereinbar mit der Allerweltsvorstellung, dies Sein hielte in der durchgeformten Fuge statisch, unveränderlich sich durch. Solcher Technik gegenüber verwendet Bach die eigentlich mittelalterliche der polyphonen Gestaltung, die Imitatorik, nur an zweiter Stelle. In den übrigens bei Bach keineswegs gehäuften Teilen und Stükken, wo Imitatorik triumphiert, den Engführungen und Engführungsfugen, wie der zu dichtestem Leben gesteigerten in D-dur aus dem zweiten Bande, ist das ehrwürdige Mittel in den Dienst einer drängenden, durchaus dynamischen – durchaus »modernen«, Wirkung getreten. Daß unter dem Angriff der von der Polyphonie entbundenen neuen Kompositionsmittel die Identität der wiederkehrenden Themen bei Bach überhaupt sich erhalten konnte, bedeutet kaum mehr an Statik, als daß die dynamische Beethovensche Sonate durchweg der tektonischen Forderung der Reprise treulich nachkam, freilich um diese selber aus dem »Prozeß« der Durchführung zu entwickeln. Schönberg spricht in seinem letzten Buch mit Recht von Bachs Technik der entwickelnden Variation, die dann im Wiener Klassizismus zum Kompositionsprinzip schlechthin geworden sei. Eine gesellschaftliche Dechiffrierung Bachs müßte vermutlich jene Aufspaltung des thematisch Vorgegebenen durch die subjektive Reflexion der daran sich bewährenden motivischen Arbeit in Zusammenhang bringen mit den Veränderungen des Arbeitsprozesses, die in derselben Epoche durch die Manufaktur sich durchgesetzt hatten und wesentlich in der Zerlegung der alten handwerklichen Verrichtungen in kleine Teilakte bestanden. Wenn daraus die Rationalisierung der materiellen Produktion resultierte, so hat Bach, der nicht umsonst sein instrumentales Hauptwerk nach der wichtigsten technischen Errungenschaft der musikalischen Rationalisierung nannte, als erster die Idee des rational konstituierten Werkes, der ästhetischen Naturbeherrschung auskristallisiert. Vielleicht ist es Bachs innerste Wahrheit, daß bei ihm jene Tendenz der Gesellschaft, bis heute die mächtigste der bürgerlichen Ära, indem sie im Bilde sich reflektiert, nicht bloß festgehalten ist, sondern versöhnt mit der Stimme des Humanen, die real von der gleichen Tendenz, als diese einmal losgelassen war, zum Schweigen verdammt wurde.

4

Wäre aber Bach in der Tat modern gewesen – warum dann war er archaistisch? Denn kein Zweifel kann daran sein, daß seine Formenwelt, und gerade in den mächtigsten Manifestationen des noch jüngst von Hindemith grotesk verkannten Spätstils, vieles heraufruft, was schon seiner eigenen Zeit vergangen klang und aufs Mißverständnis des Schulmeisterlichen und Pedantischen hintersinnig angelegt scheint. Unmöglich, den Ton des siebzehnten Jahrhunderts zu überhören gerade in so großartigen Konzeptionen wie der Tripelfuge in cis-moll aus dem ersten Band des Wohltemperierten Klaviers, die, um den Gegensatz der drei Themen desto drastischer herauszuarbeiten, alles, was nicht unmittelbar auf diesen Kontrast sich bezieht, gleichsam vorthematisch, motivisch unprofiliert läßt im Sinne der rudimentären vorbachischen Fugentypen, auf deren einen, die Ricercata, ein Wortspiel des Musikalischen Opfers anspielt. Wie jene trägt die im großen Alla-breve-Takt geschriebene E-dur-Fuge des zweiten Bandes das Altertümliche bis ins Notenbild hinein, als wäre sie im »gusto« einer freilich selber schon fiktiven, hochstilisierten Vergangenheit geschrieben, nicht anders als das berühmte Klavierkonzert im Italienischen. Bach gehorcht oftmals einer mit existentieller Gediegenheit höchst unvereinbaren Neigung, mit fremden, willkürlich ergriffenen Idiomen zu experimentieren und an ihnen die durchformende Kraft der musikalischen Gestaltung zu erwecken. Schon bei ihm bringt die Rationalisierung der kompositorischen Technik, das Vorwalten gleichsam subjektiver Vernunft es mit sich, daß zwischen allen objektiv verfügbaren Verfahrungsweisen der Epoche frei gewählt werden kann. An keine weiß er blind, substantiell sich gebunden, sondern ergreift jeweils die, welche der kompositorischen Intention am genauesten sich anmißt. Solche Freiheit zum Altertümlichen kann aber unmöglich als Vollendung der Tradition aufgefaßt werden, die gerade den disponierenden Blick über die Möglichkeiten verwehren müßte. Noch weniger ließe der Sinn des Bachischen Rückgriffs als restaurativ sich ansprechen. Denn die archaisch getönten Stücke sind oft genug gerade die kühnsten, nicht bloß was die kontrapunktische Kombinatorik anlangt, die ja unmittelbar durch die älteren polyphonen Veranstaltungen befördert wird, sondern auch mit Rücksicht auf das Avancierte der Wirkung. Jene cis-moll-Fuge, die beginnt, als sei sie ein dichtes Geflecht gleich relevanter Linien, deren »Thema« zunächst nichts anderes scheint als der unauffällige Kitt, der die Stimmen zusammenhält, enthüllt sich in ihrem Verlauf, vom Eintritt des figurierten zweiten Themas an, als ein unaufhaltsam auskomponiertes Crescendo, mit der mächtigen Explosion des Hauptthemaeinsatzes im Baß, der äußersten Zusammenballung einer pseudo-zehnstimmigen Engführung und dem Wendepunkt einer schwer betonten Dissonanz, um dann wie durch ein dunkles Tor zu verschwinden. Kein Hinweis auf den klanglich-statischen Charakter von Cembalo und Orgel vermag über die rein in der Kompositionsstruktur selbst gelegene Dynamik zu betrügen, gleichgültig ob sie auf den Instrumenten als Crescendo zu verwirklichen war, ja ob, wie die müßige Frage lautet, Bach auch nur ein solches Crescendo sich »vorstellte«. Nirgend steht geschrieben, daß die Vorstellung eines Komponisten von seiner Musik mit deren immanentem Wesen, ihrem objektiv eigenen Gesetz, zusammenfallen müsse. Barock ist ein solches Werk weit eher in dem Sinn des vom Theater des siebzehnten Jahrhunderts her vertrauten Exzessiven, zum äußersten allegorischen Ausdruck Gesteigerten, auf perspektivische Wirkung Angelegten als in dem des »Vorklassischen«, dessen Begriff überall dort versagt, wo es um Bachs Spezifisches geht, und am meisten bei seinen archaistischen Tendenzen. Um diesen gerecht zu werden, wird man nach ihrer Funktion im kompositorischen Gefüge fragen müssen. Und dabei stößt man auf eine Doppeldeutigkeit des Fortschritts selber, die mittlerweile universal sich entfaltete. Für modern galt seiner Zeit, was die Last der res severa abschüttelte um des Gaudiums willen, des Gefälligen und Spielerischen im Zeichen der Kommunikation, der Rücksicht auf den präsumtiven Hörer, dem mit der alten theologischen Ordnung das Bewußtsein geschwunden war, die an jene Ordnung mahnende Formensprache sei verbindlich. Weder läßt die historische Notwendigkeit sich verleugnen, daß Kunst Mittel preisgibt, wenn sie nicht länger vom objektiven Geist getragen werden, noch, daß jene Wendung Kräfte des menschlich Beredten in der Musik entband, die schließlich selber in einer höheren Gestalt der Wahrheit resultierten. Der Preis aber, der für die errungene Freizügigkeit bezahlt wurde, war die immanente Stimmigkeit der Musik. Gerade die frühen Produkte des »ungelehrten« Stils, am auffälligsten die von Bachs eigenen Söhnen, hatten ihn zu entrichten. Jäh erleuchtet sich das Rätselbild solcher Doppeldeutigkeit des Fortschritts, wenn man kommensurable Formtypen des Wiener Klassizismus und Bachs vergleicht, das Rondo eines Mozartschen Klavierkonzerts mit dem Presto des Italienischen. Trotz all der gewonnenen Geschmeidigkeit und Luftigkeit des Komponierens hat Mozarts sprichwörtliche Grazie, verglichen mit dem unendlich in sich vermittelten, unschematischen Verfahren Bachs, als rein musikalische peinture etwas Mechanisches und Vergröbertes. Es ist Grazie des Tons eher als der Faktur. Je deutlicher die Umrisse der Form geworden sind, um so mehr scheint deren dichte und reine Konsequenz durch den Appell ans einmal etablierte Schema ersetzt. Wer, nach andauernder intensiver Beschäftigung mit Bach, zu Beethoven zurückkehrt, dem kommt es selbst dort zuweilen vor, als stünde er einer Art von dekorativer Unterhaltungsmusik gegenüber, wo das Kulturklischee einzig Tiefe vermutet. Gewiß ist ein solches Urteil verzerrt und befangen und bringt den Maßstab an den Gegenstand von außen heran. Nicht umsonst würden ihm die heutigen Apologeten Bachs zustimmen. Aber es enthält doch Elemente der geschichtlichen Konstellation, die Bachs Wesen ausmacht. Seine archaistischen Züge begreifen in sich den Versuch, jene Verarmung und Verhärtung der musikalischen Sprache zu parieren, die den Schatten ihres entscheidenden Fortschritts bildet. Sie meinen den Widerstand gegen den unaufhaltsamen ineins mit ihrer Subjektivierung sich durchsetzenden Warencharakter der Musik. Sie sind aber zugleich insofern identisch mit Bachs Moderne, als sie überall die fortgetriebene Konsequenz der musikalischen Logik der Sache selbst gegenüber ihrer Zession an den Geschmack vertreten. Der Archaist Bach unterscheidet von späteren Klassizisten bis hinauf zu Strawinsky sich dadurch, daß er kein abstraktes Stilideal dem geschichtlichen Stand des Materials konfrontiert. Sondern das Gewesene wird zum Mittel, das Zeitgenössische zur Zukunft der eigenen Entfaltung zu zwingen. Die Versöhnung von Gelehrt und Galant, die, wie Alfred Einstein hervorhob, seit Haydn die Idee des Wiener Klassizismus abgibt, ist in gewissem Sinn auch die Bachs. Ihm aber war es nicht um einen mittleren Ausgleich beider Elemente zu tun. Er hat die Indifferenz der Extreme gegeneinander so radikal angestrebt wie erst wieder Beethovens Spätstil. Bach, als der fortgeschrittenste Generalbaßmeister, sagt zugleich, als altertümlicher Polyphoniker, der Tendenz der Zeit, die er selber ausprägte, den Gehorsam auf, um jener Tendenz zu ihrer eigenen Wahrheit zu verhelfen, der Emanzipation des Subjekts zur Objektivität in einem bruchlosen Ganzen, das in Subjektivität selber entspringt. Es geht um die ungeschmälerte Koinzidenz der harmonisch-funktionellen und der kontrapunktischen Dimension bis in die subtilsten Bestimmungen der Struktur. Das längst Vergangene wird zum Träger der Utopie des musikalischen Subjekt-Objekts, der Anachronismus zum Boten der Zukunft.

5

Danach aber wäre nicht nur die Erkenntnis der Bachischen Musik in Gegensatz gerückt zur herrschenden Meinung, sondern es wäre das unmittelbare Verhältnis zu ihr berührt. Es bestimmt sich wesentlich durch die Aufführungspraxis. Die hat aber heute, unterm Unstern des Historismus, einen sektiererischen Gestus angenommen. Er löst ein zelotenhaftes Interesse aus, das dem Werke selbst entzogen wird. Man kann sich zuweilen des Verdachts nicht erwehren, als käme es den heutigen Liebhabern Bachs einzig darauf an, daß nur ja keine unauthentische Dynamik, keine Modifizierungen der Tempi, keine zu großen Chöre und Orchester geduldet würden, und als warteten sie mit potentieller Wut auf jede humanere Regung, die in der Wiedergabe laut wird. Die Kritik an dem aufgeblähten und sentimentalisierten Bachbild der Spätromantik braucht nicht bestritten zu werden, wenn auch etwa die Beziehung zu Bach, die Schumanns Werk bezeugt, als unvergleichlich viel produktiver sich erwies denn die beflissene Reinheit von heutzutage. Wohl aber ist dieser abzuerkennen, worauf sie selber am meisten sich zugute tut: die Sachlichkeit. Sachlich wäre einzig eine Darstellung von Musik, die dem Wesen ihrer Sache angemessen sich zeigt. Das fällt aber nicht, wie auch Hindemith es noch unterstellt, mit der Idee der historisch ersten Wiedergabe zusammen. Daß die koloristische Dimension der Musik in Bachs Ära kaum entdeckt, gewiß nicht als Kompositionsmittel freigesetzt war; daß die Komponisten noch nicht einmal zwischen den verschiedenen Klaviertypen und der Orgel streng unterschieden, sondern den Klang in weitem Maße dem Geschmack anheimgaben, weist in genau umgekehrte Richtung als das Verlangen, den damals gebräuchlichen Klang sklavisch zu imitieren. Wäre Bach wirklich mit den Orgeln und Cembali und gar den dünnen Chören und Orchestern seiner Epoche zufrieden gewesen, so besagte das gar nicht, daß diese der Substanz seiner Musik an sich gerecht werden. Das Bewußtsein der Künstler von sich selbst – ihre »Vorstellung« von den eigenen Werken ist ohnehin nie rekonstruierbar – vermag zwar zur Erkenntnis manches beizutragen, gibt aber nicht deren Kanon ab. Die authentischen Werke entfalten ihren Wahrheitsgehalt, der den individuellen Bewußtseinskreis überschreitet, kraft der Objektivität ihres eigenen Formgesetzes in der Zeit. Übrigens widerspricht, was vom Interpreten Bach überliefert wird, durchaus dem musikhistorischen Darstellungsstil und deutet auf eine Flexibilität, die lieber aufs Monumentale verzichtet als auf die Möglichkeit, den Ton der subjektiven Regung anzuschmiegen. Gewiß erschien Forkels berühmter Bericht zu lange nach Bachs Tod, um volle Authentizität beanspruchen zu können; aber was er vom Klavierspieler Bach mitteilt, folgt offensichtlich präzisen Angaben, und kein Grund liegt vor, warum in einer Zeit, die die Kontroverse noch nicht kannte und wenig Sympathien fürs Klavichord hegte, das Bild hätte verfälscht werden sollen: »Am liebsten spielte er auf dem Klavichord. Die sogenannten Flügel (scil. Cembali), obgleich auch auf ihnen ein gar verschiedener Vortrag stattfindet« – womit nur die Registrierung gemeint sein kann – »waren ihm doch zu seelenlos, und die Pianoforte waren bei seinem Leben noch zu sehr in ihrer ersten Entstehung, und noch viel zu plump, als daß sie ihm hätten Genüge tun können. Er hielt daher das Klavichord für das beste Instrument zum Studieren, sowie überhaupt zur musikalischen Privatunterhaltung. Er fand es zum Vortrag seiner feinsten Gedanken am bequemsten, und glaubte nicht, daß auf irgendeinem Flügel oder Pianoforte eine solche Mannigfaltigkeit in den Schattierungen des Tons hervorgebracht werden könne, als auf diesem zwar tonarmen, aber im einzelnen außerordentlich biegsamen Instrument.« Was aber für die Differenzierung des Intimen gilt, gilt umgekehrt erst recht für die ausladende Dynamik der großen Chorwerke. Gleichgültig wie in der Thomaskirche verfahren wurde, eine Aufführung etwa der Matthäuspassion mit den kargen Mitteln wirkt fürs gegenwärtige Ohr blaß und unverbindlich wie eine Probe, zu der nur zufällig einige Teilnehmer sich eingefunden haben, und nimmt zugleich den lehrhaften Charakter des Justament an. Nicht genug damit aber tritt sie in Gegensatz zum Wesen der Bachischen Musik an sich. Der objektiv in seinem Werke verschlossenen Dynamik gebührt einzig eine Interpretation, welche sie realisiert. Denn die wahre Interpretation ist die Röntgenphotographie des Werks: ihr obliegt, im sinnlichen Phänomen die Totalität all der Charaktere und Zusammenhänge hervortreten zu lassen, welche Erkenntnis aus der Versenkung in den Notentext sich erarbeitet. Das Lieblingsargument der Puristen, all dies solle man dem Werk an sich überlassen, das man nur mit Selbstverleugnung auszusagen brauche, damit es rede, während die eigentlich interpretative Darstellung herausschreie, was sich ohne Zutun schlicht, doch um so eindringlicher kundgebe und was nur verzerrt werde, wenn man es hervorhebe – dies Argument ist ohne Kraft. Solange Musik überhaupt der Interpretation bedarf, hat sie ihr Formgesetz an der Spannung zwischen dem kompositorischen Wesen und der sinnlichen Erscheinung. In diese das Werk zu versetzen, rechtfertigt sich nur, wenn sie fürs Wesen zeugt. Eben das leistet die Reflexion im Subjekt und dessen Anstrengung. Der Versuch, dem objektiven Gehalt Bachs zu seinem Recht zu verhelfen, indem man die subjektive Anstrengung bloß daran wendet, das Subjekt auszumerzen, überschlägt sich. Objektivität bleibt nicht als Rest nach Subtraktion des Subjekts zurück. Nie und an keiner Stelle ist der musikalische Notentext mit dem Werk identisch; stets vielmehr gefordert, in der Treue zum Text zugleich zu ergreifen, was er in sich verbirgt. Bar solcher Dialektik wird die Treue zum Verrat: die Interpretation, die sich um den musikalischen Sinn nicht kümmert, weil er aus sich heraus sich offenbare, anstatt ihn selber als je sich erst konstituierenden zu erkennen, verfehlt ihn. Er gehört nicht der von vermeintlicher Exhibition gereinigten Wiedergabe an, sondern diese, sinnlos an sich selber und vom »Unmusikalischen« nicht abzuheben, wird zur Mauer vor dem musikalischen Sinn, als dessen Fenster sie sich wähnt. Damit ist nicht den monströse Massen einsetzenden Bachaufführungen das Wort geredet, wie sie bis nach dem ersten Krieg gang und gäbe waren. Die geforderte Dynamik bezieht sich nicht auf Stärkegrade und den Umfang von crescendo und decrescendo. Sie ist der Inbegriff aller kompositorischen Kontraste, Vermittlungen, Unterteilungen, Übergänge, Beziehungen, die das Werk in sich enthält; und in Bachs reifster Zeit war Komponieren nicht weniger die Kunst des infinitesimalen Übergangs als bei einem der Nachgeborenen. Der ganze Reichtum des musikalischen Gefüges, in dessen Integration seine Kraft eigentlich besteht, muß von der Aufführung zur Evidenz erhoben werden, anstatt daß man der Fülle ein starres, in sich unbewegtes Einerlei entgegensetzt, den nichtigen Schein einer Einheit, die das Mannigfaltige, das sie bewältigen soll, ignoriert. Die Reflexion auf den Stil darf nicht den konkreten musikalischen Inhalt verdrängen und sich selbstzufrieden bei der Pose transzendenten Seins bescheiden. Sie muß der unter der klanglichen Oberfläche verborgenen, kompositorischen Struktur der Musik folgen. Mechanisch zirpende Continuoinstrumente, bettelhafte Schulchöre dienen nicht der heiligen Nüchternheit, sondern der hämischen Versagung, und daß etwa schrille und hüstelnde Barockorgeln die langen Wellen der lapidaren großen Fugen aufzufangen vermöchten, ist purer Aberglaube. Vom Gesamtniveau ihrer Epoche trennt Bachs Musik ein astronomischer Abstand. Beredt wird sie erst wieder, wenn sie der Sphäre des Ressentiments und des Obskurantismus entrissen ist, dem Triumph der Subjektlosen über den Subjektivismus. Sie sagen Bach, meinen Telemann und sind heimlich eines Sinnes mit jener Regression des musikalischen Bewußtseins, die ohnehin unterm Druck der Kulturindustrie droht. Freilich zeichnet die Möglichkeit sich ab, daß der Widerspruch zwischen Bachs kompositorischer Substanz und den Mitteln von deren klanglicher Realisierung, den zu seiner Zeit verfügbaren sowohl wie den von der Tradition angesammelten, nicht länger sich schlichten läßt. Im Licht dieser Möglichkeit gewinnt die vielberufene klangliche »Abstraktheit« des Musikalischen Opfers und der Kunst der Fuge als der Werke, in denen die Wahl der Instrumente offenbleibt, einen neuen Horizont. Denkbar, daß in ihnen der Widerspruch von Musik und Klangmaterial – zumal die Unangemessenheit des Orgelklangs überhaupt an die unendlich gegliederte Struktur – damals schon durchschlug. Dann hätte Bach den Klang ausgespart und seine reifsten Instrumentalwerke wartend auf den Klang, der ihnen selber gliche, hinterlassen. Bei diesen Stücken kann es am letzten sein Bewenden damit haben, daß kompositionsfremde Philologen die Stimmen ausschreiben und durchlaufenden Instrumenten oder Gruppen anvertrauen. Gefordert wäre, sie umzudenken für ein Orchester, das weder schmückt noch spart, sondern als Moment der integralen Komposition fungiert. Für die ganze Kunst der Fuge ward das bislang einzig von Fritz Stiedry angestrebt, dessen Bearbeitung es nicht über die eine New Yorker Aufführung hinausbrachte. Gerechtigkeit widerfährt Bach nicht durch die Usurpation stilkundiger Sachverständiger, sondern einzig vom fortgeschrittensten Stande des Komponierens her, der mit dem Stand des sich entfaltenden Werks von Bach konvergiert. Die wenigen Instrumentationen, die Schönberg und Anton von Webern beistellten, insbesondere die der großen Tripelfuge in Es-dur und der sechsstimmigen Ricercata, in denen jeder Zug der Komposition in ein farbliches Korrelat übersetzt, die Oberfläche des Liniengeflechts in die kleinsten Motivzusammenhänge aufgelöst und diese dann durch die konstruktive Gesamtdisposition des Orchesters wieder vereint sind – diese Instrumentationen sind Modelle einer Stellung des Bewußtseins zu Bach, die dem Stande von dessen Wahrheit entspräche. Vielleicht ist der überlieferte Bach in der Tat uninterpretierbar geworden. Dann fällt sein Erbe dem Komponieren zu, das ihm die Treue hält, indem es sie bricht, und seinen Gehalt beim Namen ruft, indem es ihn aus sich heraus nochmals erzeugt.

Glenn Gould

Der kanadische Pianist hat sich vor allem mit seinen Bach-Interpretationen einen Namen gemacht, darunter, als seine wohl berühmteste, die 1955 aufgenommene Einspielung der Goldberg-Variationen, in deren Begleitheft der folgende Text erstmals erschien.

Die Goldberg-Variationen

Die *Goldberg-Variationen*, eines der Monumente der Literatur für Tasteninstrumente, wurden 1742 veröffentlicht, als Bach den Titel eines königlich-polnischen und kurfürstlich-sächsischen Hofkomponisten innehatte. Daß seine offenkundige Apathie gegenüber der Form der Variation (er brachte nur *ein* anderes Werk dieses Zuschnitts hervor – ein schlichtes Stück in der »italienischen Manier«) ihn nicht hinderte, sich einem Gebäude von zuvor unerreichter Größe zu ergeben, weckt beträchtliche Neugierde, wie diese Komposition entstand. Solche Neugierde indessen muß unbefriedigt bleiben, sind doch alle zu Bachs Lebzeiten noch vorhandenen Daten durch seine romantischen Biographen verdunkelt worden, die der Anziehungskraft einer Legende erlagen, welche, ungeachtet ihrer extravaganten Launenhaftigkeit, schwer zu widerlegen ist. Kurz gesagt, für jene, die nicht vertraut sein mögen mit dieser Kunde, handelt die Geschichte von einem Auftrag, der Bach von einem gewissen Graf Keyserlingk erteilt wurde, dem russischen Gesandten am sächsischen Hof, in dessen Diensten als Musiker Johann Gottlieb Goldberg stand, einer von des Meisters fähigsten Schülern. Keyserlingk, scheint es, wurde häufig von

Johann Sebastian Bach: Goldberg-Variationen (BWV 988). Originaldruck, erste Seite

Schlaflosigkeit heimgesucht und bat Bach, einige beruhigende Stücke für Tasteninstrument zu schreiben, die Goldberg als Schlafmittel spielen konnte. Wenn die Behandlung ein Erfolg war, so läßt uns das mit einem gewissen Zweifel zurück, was die Authentizität der Wiedergabe dieser scharfen und prickelnden Partitur durch Meister Goldberg angeht. Und wenngleich wir keinerlei Illusion hegen über Bachs handwerkliche Indifferenz gegenüber den seinem Vorrecht als Künstler auferlegten Beschränkungen, ist es schwierig, sich vorzustellen, daß selbst Keyserlingks vierzig Louisdor sein Interesse an einer Form geweckt haben sollen, die ihm ansonsten zuwider war.

Die flüchtigste Bekanntschaft mit diesem Werk – ein erstes Hören oder ein kurzer Blick auf die Partitur – wird das verblüffende Mißverhältnis zwischen den imponierenden Dimensionen der Variationen und den anspruchslosen Sarabanden offenbaren, denen sie ihre Entstehung verdanken. Tatsächlich hört man so häufig von der Verwirrung, welche der formale Aufriß dieses Stückes unter Uneingeweihten erzeugt, die sich in der üppigen Vegetation des Familienstammbaums der Aria verstricken, daß es angebracht sein mag, die fruchtbare Wurzel näher zu untersuchen, um, mit dem gebotenen Feingefühl natürlich, festzustellen, inwieweit sie fähig ist, elterliche Verantwortung zu übernehmen.

Wir sind es gewohnt, bei einem Air, das variiert werden soll, mindestens eine von zwei Vorbedingungen als unverzichtbar anzusehen – ein Thema mit einer melodischen Kurve, die geradezu nach Ornamentierung verlangt, oder eine harmonische Basis, freigelegt bis auf ihre Grundtöne, voller Verheißung und tauglich, erschöpfend ausgewertet zu werden. Obwohl es von der Renaissance bis zum heutigen Tag eine Fülle von Beispielen für das erstere Verfahren gibt, hat es seine Blütezeit während des Rokokos in der Auffassung vom Thema und seiner ausgeführten Variation gehabt. Die letztere Methode, die dadurch, daß sie den linearen Einfallsreichtum anregt, auf eine gewisse Analogie zum Passacagliastil der wiederholten Baßfortschreitung hindeutet, wird eindrucksvoll von Beethovens zweiunddreißig *Variationen c-Moll* verkörpert.

Dennoch läßt sich die große Mehrzahl bedeutender Beiträge zu dieser Form nicht genau einer dieser allgemeinen Klassifikationen zuweisen, die sicherlich eher die Extreme der Arbeitsvoraussetzung der Variationsidee beschreiben, worin die Verbindung dieser Qualitäten die eigentliche Herausforderung für das Erfindungsvermögen des Komponisten bildet. Ein ausgesprochenes Lehrbuchbeispiel ließe sich in Beethovens *Eroica-Variationen* finden, wo jedes dieser formgebenden Elemente getrennt behandelt wird, wobei ihre schließliche Verschmelzung in einer Fuge erfolgt, in der das melodische Motiv als Gegenthema zum Tema del basso der Variationen wirkt.

Das vorliegende Werk verwendet die Sarabande aus dem *Notenbüchlein für Anna Magdalena Bach* als Passacaglia –

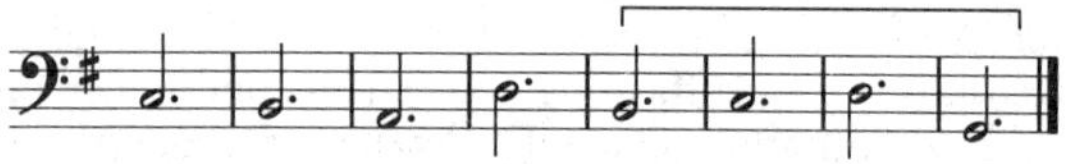

das heißt, nur ihre Baßfortschreitung wird in den Variationen dupliziert, wo sie freilich mit genügender rhythmischer Flexibilität behandelt wird, um den harmonischen Eventualitäten solch diverser kontrapunktischer Strukturen wie einem Kanon auf jeder Stufe der diatonischen Skala, zwei Fughetten und sogar einem Quodlibet (der Überlagerung von zu Bachs Lebzeiten populären Gassenhauern) gerecht werden zu können. Jene Veränderungen, die notwendig sind, schwächen keineswegs die Anziehungskraft ab, die dieser meisterlich proportionierte »ground« auf die reichen melodischen Gestaltungen ausübt, die ihn in der Folge umschmücken. Tatsächlich bindet dieser noble Baß jede Variation mit der unumstößlichen Sicherheit seiner eigenen Unausweichlichkeit. Diese Struktur besitzt von sich aus eine Vollständigkeit, einen Zusammenhalt, die sie hauptsächlich kraft des sich wiederholenden kadenzierenden Motivs für die Rolle des »ground« bei einer Chaconne ungeeignet machen. Sie deutet nichts von dem drängenden Verlangen nach Erfüllung an, das dem traditionell knappen Einsatz einer Chaconneaufstellung innewohnt; vielmehr deckt sie gewandt so viel harmonisches Terrain, daß, mit Ausnahme der drei Mollvariationen (15, 21 und 25), wo sie der gewöhnlichen Chromatik der Molltonart dienstbar gemacht wird, für ihre Abkömmlinge keine Notwendigkeit besteht, ihre Bauelemente zu erforschen, zu erkennen und zu verstärken.

Man könnte mit Recht erwarten, daß angesichts der Beständigkeit der harmonischen Grundlage der Hauptzweck der Variationen die Illuminierung der motivischen

Facetten innerhalb des melodischen Komplexes des Ariathemas sei. Dies ist jedoch nicht der Fall, denn die thematische Substanz, eine gefügige, aber reich verzierte Sopranlinie, besitzt eine innere Homogenität, die der Nachwelt nichts hinterläßt und die, soweit es um motivische Darstellung geht, während der dreißig Variationen völlig vergessen ist. Kurz, es ist ein eigenartig selbstgenügsames kleines Air, das patriarchalisches Gehabe zu scheuen, über seine Nachkommenschaft nachsichtige Unbekümmertheit an den Tag zu legen und im Hinblick auf seine Raison d'être ohne jede Wißbegierde zu bleiben scheint.

Nichts könnte besser die unnahbare Haltung der Aria unter Beweis stellen als der jähe Ausbruch von Variation 1, der abrupt die zuvor herrschende Ruhe beendet. Solche Aggressivität ist nicht eben die Attitüde, die wir mit einleitenden Variationen verbinden, die üblicherweise mit unflügger Abhängigkeit vom Thema anheben, indem sie die Pose ihres Vorläufers nachahmen, bescheiden ihre gegenwärtige Fähigkeit zu beurteilen, doch mit vollendetem Optimismus in die Zukunft schauen. Mit Variation 2 haben wir das erste Beispiel für das Zusammenströmen jener gegensätzlichen Qualitäten – jene merkwürdige Mischung von heiterer Gelassenheit und zwingender Beherrschung, die für das männliche Ego der *Goldbergs* typisch ist.

Ich fürchte, ich habe mich ungewollt auf ein gefährliches Spiel eingelassen, indem ich der musikalischen Komposition Eigenschaften zuschreibe, die nur den analytischen Ansatz des ausführenden Musikers spiegeln. Dies ist eine besonders angreifbare Praxis bei der Musik Bachs, die weder Tempo noch dynamische Intention konzediert, und ich nehme mich in acht, die Begeisterung, die aus der Überzeugung von einer Interpretation erwächst, in Zaum zu halten, auf daß sie sich nicht mit der unabänderlichen Absolutheit des Willens des Komponisten verwechsle. Im übrigen ist, wie Bernard Shaw so treffend bemerkt hat, Zergliedern nicht das Geschäft der Kritik.

Mit Variation 3 beginnen die Kanons, die in der Folge jeden dritten Abschnitt des Werkes einnehmen. Ralph Kirkpatrick hat die Variationen einfallsreich durch einen architektonischen Vergleich gekennzeichnet: »Eingerahmt gleichsam von zwei Eingangstoren, das eine gebildet von der Aria und den ersten beiden Variationen, das andere von den beiden vorletzten Variationen und dem Quodlibet, gruppieren sich die Variationen wie Säulen einer kunstvoll angelegten Kolonnade. Die Gruppen bestehen aus einem Kanon und einer kunstvollen zweimanualigen Arabeske, die jeweils eine weitere Variation von unabhängigem Charakter einschließen.«

In den Kanons beschränkt sich die buchstäbliche Imitation auf die beiden Oberstimmen, während es dem begleitenden Part, der in allen Kanons, außer dem letzten, in der None vorhanden ist, überlassen bleibt, das Tema del basso, in den meisten Fällen zumindest, zu einer angemessen fügsamen Ergänzung abzuwandeln. Bisweilen führt dies zu einer bewußten Dualität in der Betonung des Motivs, wobei das extremste Beispiel Variation 18 ist, wo die Kanonstimmen aufgerufen sind, die Rolle der Passacaglia zu übernehmen, die launisch vom Baß aufgegeben wird. Kontrapunktisch weniger befremdlich ist die Auflösung der beiden Kanons in g-Moll (15 und 21). In ihnen hat die dritte Stimme am thematischen Komplex des Kanons teil, indem sie figurativ ihren Abschnitt in einem Dialog von unvergleichlicher Schönheit wiederholt.

Variation 15

Variation 15

Variation 21

Doch ist solch intensive Beschäftigung mit dem Kontrapunkt nicht allein den kanonischen Variationen eigen. Viele jener Nummern von »unabhängigem Charakter« spinnen winzige thematische Zellen zu einem kunstreichen linearen Gewebe aus. Man denkt dabei insbesondere an den Fugenschluß der französischen Ouvertüre (16), das Alla breve (22) und die Variation 4, wo unverblümte Rustikalität ein urbanes Labyrinth von Stretti verbirgt. Tatsächlich ist diese sparsame Ausnutzung absichtlich beschränkter Mittel Bachs Ersatz für eine thematische Identifikation zwischen den Variationen. Da die Melodie der Aria, wie erwähnt, den Verkehr mit dem Rest des Werkes scheut, verzehrt die einzelne Variation gierig das Potential des ihr eigenen motivischen Keims und macht auf diese Weise eine völlig subjektive Ansicht vom Begriff der Variation geltend. Eine Folge dieser Integriertheit ist, daß es, mit den zweifelhaften Ausnahmen der Variationen 28 und 29, nicht ein Beispiel für eine motivische Gemeinsamkeit oder Ausweitung zwischen aufeinanderfolgenden Variationen gibt.

In der zweistimmigen Textur der »Arabesken« schränkt die Betonung von Virtuosität die kontrapunktische Anstrengung auf minder ingeniöse Verfahren wie die Umkehrung der folgenden Erwiderung ein.

Variation 14

Variation 14

Variation 11

Variation 11

Die dritte g-Moll-Variation nimmt einen strategischen Platz ein. Nachdem wir bereits mit einem kaleidoskopischen Tableau regaliert worden sind, das aus vierundzwanzig Vignetten besteht, die, in peinlich genau kalibrierten Abstufungen, die unerschöpfliche Anpassungsfähigkeit dessen beschreiben, was als »das *Goldberg*-Ego« bezeichnet wurde, wird uns nun Dispens gewährt, auf daß wir die zunehmende Erfahrung von Tiefe, Zartheit und Zurschaustellung sammeln und herauskristallisieren, während wir über die sehnsuchtsvolle Atmosphäre eines beinah chopinesken Stimmungsstückes nachsinnen. Das Auftauchen dieser wehmütigen, schwermütigen Kantilene ist ein psychologischer Meisterstreich.

Mit neu geschöpfter Kraft brechen die Variationen 26 bis 29 über uns herein, gefolgt von jener ungestümen Bekundung deutscher Freundlichkeit – dem Quodlibet. Dann, als ob sie nicht länger ein selbstgefälliges Lächeln über den Fortschritt ihrer Nachkommenschaft unterdrücken könnte, kehrt, alles andere als ein pflichtbewußter Elternteil, die ursprüngliche Sarabande zu uns zurück, um sich im Widerschein einer Aria da capo zu sonnen.

Es ist kein Zufall, daß der große Zyklus so schließt. Noch bildet die Wiederkehr der Aria einfach eine Geste sanfter Segnung. Vielmehr ist ihr Hindeuten auf Ewigkeit bezeichnend für die wesentliche Körperlosigkeit der *Goldbergs*, ein Symbol dafür, daß sie es ablehnen, Nachkommen zu zeugen. Und gerade indem wir ihre Geringschätzung der organischen Bedeutung des Teils für das Ganze erkennen, erahnen wir erst die wahre Natur dieser einzigartigen Allianz.

Wir haben mittels technischer Zerlegung festgestellt, daß die Aria nicht zu ihren Sprößlingen paßt, daß der ausschlaggebende Baß gerade durch die Vollkommenheit seines Umrisses und seiner harmonischen Implikationen sein eigenes Wachstum hemmt und die gewohnte Entwicklung der Passacaglia zu einem Kulminationspunkt untersagt. Wir haben, gleichfalls durch Analyse, gesehen, daß der thematische Inhalt der Aria eine ebenso ausgefallene Disposition enthüllt, daß die motivische Ausführung in jeder Variation ihrem eigenen Gesetz gehorcht und daß es folglich keine Ebenen von aufeinanderfolgenden Variationen gibt, auf denen ähnliche Bauprinzipien Anwendung finden wie jene, die den Variationen von Beethoven und Brahms architektonische Kohärenz verleihen. Doch ohne Analyse haben wir gespürt, daß es eine grundlegende ordnungstiftende Intelligenz gibt, die wir »Ego« genannt haben. So sind wir gezwungen, unsere Kriterien zu revidieren, die kaum dafür geschaffen waren, über jene Vereinigung von Musik und Metaphysik zu richten – das Reich jenseits der Technik.

Ich halte es nicht für verstiegen, Spekulationen anzustellen, die über die Musik hinausgehen, wiewohl wir es vielleicht mit der glänzendsten Gestaltung eines Grundbasses in der Geschichte zu tun haben, denn meiner Meinung nach ist die grundlegende Ambition dieses Variationenwerkes nicht in der organischen Machart zu finden, sondern in einer Gemeinschaft des Empfindens. Insofern hat das Thema kein Ende, sondern strahlt aus, die Variationen sind kreisförmig und nicht gradlinig angeordnet, während die wiederkehrende Passacaille dem Kreis einen Brennpunkt verleiht.

Es ist, kurz gesagt, Musik, die weder Ende noch Anfang achtet, Musik ohne wirklichen Höhepunkt und ohne wirkliche Auflösung, Musik, die, wie die Liebenden Baudelaires, »sanft ruht auf des ungebundenen Windes Schwingen«. So hat sie Einheit durch intuitive Einsicht, Einheit, entstanden aus Handwerklichkeit und Sorgfalt, gereift durch vollendete Meisterschaft und uns hier enthüllt, wie so selten in der Kunst, in unbewußt entworfener Vision frohlockend auf einem Gipfel der Macht.

Yehudi Menuhin

Die Ausführungen des großen Geigers sind 1957 entstanden als Vorwort zu einer Faksimile-Edition von Bachs Autograph der Kompositionen für Solo-Violine.

Schaue ich auf Bachs Handschrift, so meine ich einen Himmelskörper in Bewegung zu sehen und Zeuge zu sein, wie sich eine Naturerscheinung entfaltet nach der unabänderlichen Weltordnung, in welcher der Mensch nur ein Bruchteil ist. Kein Wunder, daß wir Bachs Musik als universal empfinden.

Man sehe den kräftigen, unaufhaltsamen Fluß seiner Handschrift, einem Strome gleich, der sich unerbittlich zum Meer hin bewegt und doch, unendlich biegsam und fügsam, jedem Stein sich anschmiegt, jedem Hügel oder Berg und jedem geringsten Hindernis auf seiner Bahn.

Auch läßt sich sein Werk dem Keimen des Samens vergleichen, in dem die künftige Pflanze vorbestimmt ist bis in die kleinste Einzelheit von Art und Aufgabe und damit doch auch gebunden an ihre Gegebenheiten von Licht, Luft und Nahrung, dienend und beherrschend zugleich.

Die Vorstellung Bachs in seiner Musik ist umfassend: genau wie sich manche Leute einen Raum innerhalb eines Hauses vorstellen, andere ein Haus innerhalb einer Stadt und wieder andere die Stadt als Teil eines Landes, das Land als Teil einer Welt und die Welt als Teil des Alls, so waltet auch in Bachs Musik eine Vorstellung, die über das einzelne Werk hinausreicht. Diese Solo-Sonaten zum Beispiel sind in den sechs Tonarten abgefaßt, die für die Geige am günstigsten liegen, insofern sie ein Minimum an Vorzeichen aufweisen, und sie schreiten in einer sehr folgerichtigen Ordnung fort: g-Moll, h-Moll, a-Moll, d-Moll, C-Dur, E-Dur. Die beiden Tonarten mit der geringsten Verwendung der leeren Saiten werden für zwei Partiten mit einem Minimum vielstimmiger Schreibweise benutzt: die in E-Dur und h-Moll. Die größten Fugen, nämlich die in C-Dur und a-Moll, stehen in Tonarten ohne jedes Vorzeichen. Ein anderes Beispiel ist die große Vielstimmigkeit der Chaconne in d-Moll (mit nur einem Vorzeichen) und das Erscheinen des Dur-Akkords gerade in der Mitte der Komposition, genau vier Takte vor dem zweistimmigen Choralteil in Dur. Das beweist, daß Bach, sogar während er komponierte, sowohl bewußt wie instinktiv genau gefühlt hat, wo er mit einem umfassenden Plan übereinstimmte, der oft sogar größer war als das Werk selbst.

Wie seine Musik zeitlos ist und auch seine Handschrift, die nur automatisch seine Impulse spiegelt, so ist ihr auch eine universelle Gegenwart eigen – eine lautere Eigenschaft, ein Aufleuchten, das mehr ist als ein photographischer Blitz, denn sie existiert, anders als Photographie oder Gemälde, zugleich in Zeit und Raum. Wie ein Gemälde eine ideale Ordnung des Raumes gibt, so bietet diese Handschrift auf ihre eigene Weise, ebenso wie die Musik, eine ideale Ordnung der Zeit. (Ganz abgesehen von der außerordentlichen Art, in welcher der Raum auf dem gerade greifbaren Papier gegliedert ist.) Es ist übrigens nicht allein die Zeitdauer der Aufführung, die ich meine, sondern auch die Zeit des Schaffensvorganges – obwohl im Falle Bachs, wie bei Mozart auch, sich beide ziemlich nahekommen dürften.

Dieser Handschrift steht man wie dem Unmittelbaren gegenüber. Da wir von Bach keine Schallplatten besitzen, so ist diese Schrift für uns ein noch viel wichtigeres, lebendigeres Testament, worin wir seinen Urschaffensprozeß

Johann Sebastian Bach: Sonate für Violine solo a-moll (BWV 1003). Handschrift, erste Seite

in unwillkürlicher Geste und Bewegung wie in einem fast greifbaren Bild verfolgen können.

Man sehe, mit welcher Klarheit, Unabhängigkeit und doch Unterordnung unter das Ganze jede Stimme geführt und aufgezeichnet ist!

Warum haben alle späteren Ausgaben die Notierungen Bachs aufgegeben? Diese Gewohnheit verrät den fortschreitenden Abstieg von der unabhängigen Linie zur harmonischen Ballung. Sie verrät den allmählichen Übergang von der Horizontalen zur Vertikalen, einen Übergang, der sich überall in der Gesellschaft vollzieht und den die Musik, die Architektur, ja eigentlich alle Künste widerspiegeln. Es ist die Entwicklung von der Klasse zur Masse, von einer fließenden melodischen Stetigkeit im Sinne einer Tradition zu der schwankenden, willkürlichen, sprunghaften und aufwendigen Art unserer Tage.

Warum können wir nicht das ästhetische System respektieren, das uns ermöglicht, jede Stimme wahrzunehmen, ihr zu folgen und sie linear als die unabhängige Einheit zu behandeln, die sie ist? Welch vulgäres Verhalten verraten wir, wenn wir diese Musik im Druck nur in ihrem harmonischen und nicht zugleich auch in ihrem kontrapunktischen Zusammenhang wiedergeben!

Wie wir das scheinbare Paradoxon, in Wahrheit aber das tatsächliche Gleichgewicht widerstreitender Elemente erkannt haben als die gleichzeitig vorhandene Unabhängigkeit und Unterordnung jeder Stimme (Unabhängigkeit aus der Überzeugung, daß jeder Teil unsterblich ist, und Unterordnung aus der Überzeugung, daß er dennoch Teil einer größeren Einheit ist), so wollen wir die weiteren paradoxen Offenbarungen bewundern: große Kraft ohne Gewaltsamkeit, Gefühl ohne Sentimentalität, vernünftige Ekstase oder nüchterne Trunkenheit ... Der leidenschaftliche Ausdruck dieser Musik und dieser

Handschrift, vermittelt durch eine ergreifende Einfachheit, wie zum Beispiel in Tönen einer Flöte oder Oboe; das Übermaß der Gefühle und die Tiefe der Gedanken, verkörpert in äußerster Ökonomie; und schließlich das Unmeßbare und Unendliche, übertragen in festes und ebenes Maß, als wäre das Gewebe von Träumen in Architektur verwandelt und die Geschichte der Menschheit in Melodie. Bach ist unser Fleisch und Blut, wie es Christus ist.

Während nun Beethoven zum Beispiel seine Mitmenschen durch seine eigenen Gefühle entdeckte und begriff und wir uns in ihm wiedererkennen, entdeckte sich Bach in der Menschheit und durch ein Gefühl, das größer war als er selbst, und deshalb erkennt die Menschheit in Bachs Musik etwas wieder, das größer ist als sie selbst. Vielleicht kann man sagen, daß Beethoven, Schumann und die anderen Romantiker alle ihr eigen Fleisch und Blut zum Ausdruck gebracht haben. Bach steht auf einer anderen Ebene und wird in dieser Weite zum Sinnbild gleich seinem Gott.

Wir wenden uns zu Bach wie zu einer größeren Kirche, wie zu einem Heiland der Musik. Obgleich der Klang der Musik unantastbar ist, so daß man annehmen könnte, er sei nicht zu verderben, ist Bachs Musik doch gegen Mißdeutungen nicht gefeit, so wenig wie Christi Wort. Spätere Geschlechter haben nicht immer gehandelt, wie das WORT es gebietet.

Wie die edelsten Werke der Menschheit alle doch angewiesen bleiben auf Auge und Ohr, Sinne und Herzen derer, die sie erfassen, so ist auch Bachs Musik oft von vorübergehenden Moden entstellt worden.

Schuld ist auch hier die unselige menschliche Gewohnheit, welche die Leute zwingt, ein universales Prinzip zu einem endlichen Zweck herabzuwürdigen.

Glücklicherweise besitzen wir in Bachs Handschrift ein greifbares Zeugnis seines Wollens und Fühlens und können so jederzeit erinnert und zurückgerufen werden zum echten Buchstaben und zum Geist seiner Aussage.

Johannes Bobrowski

Bobrowski hat viele Gedichte der Musik und den Musikern gewidmet. Sein Bach-Gedicht entstand am 25. Juni 1958.

J. S. Bach

Unbequemer Mann,
Stadtpfeifergemüt, mit Degen
wie mit Neigung zum Sentiment
(praktikabel, versteht sich),
einer Kinderfreude
an plätschernden Wassern, stetig
wirkendem Gang der Flüsse;
so sind der kahle Jordan
und der von Himmeln trächtige
Euphrat ihm
freundlich.

Daß er die Meerbucht sah –
einen dort, der herging
hinter Feuern unsichtbar,
der die Planeten rief
mit einer alten Qual, –

manchmal
im blitzenden Köthener Spiel,
im Bürgerprunk
der Leipziger Jahre
taucht das herauf. Zum Ende
hat er des Pfingstgeists Sausen
nicht mehr gehört mit Trompete
oder Posaune (auf 16 Fuß).

Flöten gehn ihm voraus,
als er müdegeschrieben
tritt vor sein altertümliches Haus,
den fliegenden Wind
spürt, die Erde
nicht mehr erkennt.

Nikolaus Harnoncourt

Nikolaus Harnoncourt hat sich schon früh um das originale Klangbild der Bach-Zeit bemüht, indem er ausschließlich historische Instrumente benutzte und die Aufführungspraxis jener Epoche eingehend studierte, z. B. Besetzungsstärken, Tempi etc. »Wir sehen diese neue Interpretation durchaus nicht als eine Zurückwendung zu Altvergangenem, sondern als einen Versuch, diese große Alte Musik aus ihrer historischen Klangverquickung mit dem klassisch-symphonischen Klang zu lösen und mittels des transparenteren und charakteristischen alten Instrumentariums zu einer wirklich modernen Interpretation zu finden.«

Die Aufführungstraditionen

Bei der Aufführung älterer Musik ist die Tradition ebenso ein formender Faktor wie die Niederschrift des Werkes selbst. Jedes Musikstück erlebt durch seine wiederholte Aufführung im Laufe der Jahrzehnte und Jahrhunderte eine Formung, die mit der Zeit fast den Charakter des Endgültigen bekommt. All die vielen Interpretationen kopieren sich gleichsam übereinander, summieren sich zu einer »gültigen« Form, die bei neuerlichen Aufführungen nicht mehr umgangen werden kann. Die Möglichkeiten, die Hauptwerke der Musikliteratur so oder anders zu interpretieren, ohne Anstoß zu erregen, sind, was die elementaren Gestaltungsmerkmale, wie Tempo und Dynamik, betrifft, durchaus eng und werden immer enger. Abweichungen von dieser traditionellen Interpretation etwa in einer Beethovenschen Symphonie oder auch in einer Bachschen Passion empfindet der Hörer als Schock – die Tradition wird als eine Art von Läuterung, Herauskristallisierung des Endgültigen durch lange Bewährung aufgefaßt.

Nun muß man deutlich unterscheiden zwischen solchen Werken, die in ununterbrochener Folge von ihrem Entstehen bis heute aufgeführt wurden, und anderen Werken, die für einen kürzeren oder längeren Zeitraum aus den Programmen verschwunden waren. Die Kompositionen Beethovens etwa wurden seit ihrer Uraufführung ununterbrochen gespielt, die Tradition der Wiedergabe geht also unmittelbar auf den Komponisten zurück. In solchen Fällen ist die herkömmliche Meinung wohl richtig: Die in vielen Aufführungen entstandene traditionelle Interpretation hat sicherlich ein Höchstmaß an Authentizität.

Die Aufführungen Bachscher Oratorien durch Mendelssohn aber waren ein völliger Neubeginn nach vielen Jahrzehnten des Schweigens. Nun war der damalige Zeitstil, die Romantik, durchaus kraftvoll und lebendig, und man fühlte sich keineswegs verpflichtet, Bachs Werke im Sinne des Komponisten aufzuführen, vielmehr versuchte man, die von allen als »zopfig« empfundenen barocken Kompositionen zu »reinigen« und in modernem romantischem Stil wiederzugeben. Man änderte sogar die Instrumentation, um den gewohnten modisch-symphonischen Klang zu erzielen. Unsere heutige Bach-Interpretation fußt auf diesen ersten Wiederaufführungen in der ersten Hälfte des 19. Jahrhunderts, mit denen sie durch eine lückenlose Kette von Aufführungen verbunden ist. Es ist wohl klar, daß *dieser* Tradition heute ein wesentlich geringerer Wert zukommt als einer, die direkt auf den Komponisten zurückgeht. Dennoch ist es keine Frage, daß in mehr als hundertjährigem Bemühen um das Werk Bachs, von Mendelssohn bis Furtwängler, Maßstäbe und Grundwahrheiten gefunden wurden, die wenigstens als

Hörerfahrung von mehreren Generationen vorhanden sind.

Zu keiner Zeit hat man sich mit mehr Verantwortungsbewußtsein um das künstlerische Vermächtnis der Vergangenheit bemüht als heute. Man will nicht mehr die Interpretationen vergangener Jahrzehnte, die alten Bearbeitungen (Bach–Busoni, Bach–Reger, Stokowski und viele andere) interpretieren, weil man die zweifache Deutung – durch den Bearbeiter und den musizierenden Künstler – nicht für notwendig hält. Als Quelle will man heute nur die Komposition selbst akzeptieren und sie in eigener Verantwortung darstellen. Gerade bei Bachs Meisterwerken muß also heute wieder der Versuch gemacht werden, sie so zu hören und zu musizieren, als seien sie noch niemals interpretiert worden, als seien sie noch nie geformt oder entstellt worden. Es muß eine Interpretation versucht werden, bei der die gesamte romantische Aufführungstradition ignoriert wird. Alle Fragen müssen einmal neu gestellt werden, wobei keine andere feste Gegebenheit geduldet werden darf als Bachs Partitur als Fixierung eines zeitlosen Kunstwerks in einer durchaus zeitgebundenen Ausdrucksweise. Dieses Ignorieren der Aufführungstradition darf natürlich nicht zu einer künstlichen Anti-Stellung führen: alles anders zu machen als gewohnt; es kann ohne weiteres ein neu gewonnenes Ergebnis mit dem traditionell geübten übereinstimmen. Vor allem muß man so direkt wie möglich an die großen Meisterwerke herankommen, also das üppige Polster der Tradition dazwischenliegender Erfahrungen und Auslegungen beiseiteschieben und wieder von vorn anfangen.

Hans Werner Henze

Henzes Laudatio auf Bach entstand 1983, als ihm der Hamburger Bach-Preis verliehen wurde.

Johann Sebastian Bach und die Musik unserer Zeit

1.

Die Musik Johann Sebastian Bachs hat schon in ihrer Zeit, und dann in besonderem Maße seit ihrer eigentlichen Entdeckung durch die Romantik, auf die menschliche Seele, besonders auf die Seele der Deutschen, eine Wirkung ausgeübt, die immer noch zu wachsen scheint und in immer neuen Formen und Lesarten sich manifestiert.

Leidenschaft, gehärtet im Feuer der Technik, ist in dieser Musik zum tönenden Wort geworden, und auch wir heutigen, Musiker und Nichtmusiker, spiegeln uns, identifizieren uns in diesen Klangbildern, mit dieser herben, nüchternen Sprache. Dem Komponisten unserer Zeit wohnt ihr Vokabular, wohnen ihre Zeichen im Bewußtsein, und bewußt (oder auch oft unbewußt) werden Bachsche Gesten ihm zu eigen, nehmen in seinen eigenen Partituren neue Bedeutung und neue Gestalt an. Ohne die Kenntnis der Bachschen Ton- und Vorstellungswelt wäre der Wortschatz der westlichen Musik um die Hälfte ärmer. Das mitteleuropäische Musikdenken hätte ohne den Einfluß, ohne die Präsenz Bachs, im 20. Jahrhundert einen anderen Weg finden und nehmen müssen: es fällt schwer, ihn sich vorzustellen. Und nicht von ungefähr kommt es, daß das 19. Jahrhundert, mit der Entwicklung neuen gesellschaftlichen Bewußtseins, das Bachsche Universum neu entdeckt und gedeutet und seine Inhalte und Gegenstände für sich beansprucht und auf sich bezogen hat, und so sind sie denn ja auch von unserer Zeit übernommen worden, damit an der Definition dieses Anspruchs und an seinen Darstellungsformen weitergearbeitet werden kann.

2.

Reden wir also von der Wirkung, vom Einfluß dieser alten Sprache auf unsere eigene Arbeit, versuchen wir, ihre lebhafte Gegenwart in der Vorstellungswelt der Musik im späten 20. Jahrhundert aufzuzeigen.

Der Einfachheit halber möchte ich die Berücksichtigung eines Teils dieser Wirkung beiseite lassen, nämlich den meistgenannten, den der Motorik. Er geht uns heute viel weniger an als die Komponisten der zwanziger Jahre, wo er sich auf die Musik der »Neuen Sachlichkeit« und des Neobarocks niedergeschlagen hatte und selbst auf die der zweiten Wiener Schule in allen möglichen Erscheinungsformen, von den schulmeisterlichen bis zu den mondänen. Ich habe den Eindruck, daß die Bachsche Musik hier eine sehr viel weniger einflußreiche Rolle spielt als die der übrigen Barockmeister, so daß wir gar nicht berechtigt wären, geschweige denn gezwungen, die Motorik und das Ostinato der Neuen Musik als eine direkte Wirkung der Bachschen zu sehen. Nur selten hängt dieser ja etwas Motorisches oder Mechanisches an, es scheint eher, daß sie sich auch in ihren rhythmischen Inhalten so stark von der generellen Barockmusik unterscheidet, fast möchte man sagen: prinzipiell unterscheidet, daß man von Mißverständnissen sprechen sollte, wo immer ein Komponist der ersten Hälfte unseres Jahrhunderts in rhythmischen Dingen sich auf Bach bezogen zu haben glaubt, statt auf die Meister des Concerto grosso und anderer modischer Formen von Instrumentalmusik des 18. Jahrhunderts.

Denn die rhythmische Vorstellungs- und Zeichenwelt Bachs ist, im Gegensatz zu der seiner Zeitgenossen, bedeutungsreich. Das macht auch eine ihrer Schwierigkeiten aus, zu seinen Lebzeiten wie heute. Obwohl längst nicht alles verstanden, und nur unzulänglich semiologisch entschlüsselt ist darin, etwas wissen wir schon, daß diese Rhythmik (gerade dort, wo sie offensichtlich auf Konventionen wie denen des modernen italienischen Konzerts oder der französischen Ouvertüre eingeht, zitierend und imitierend, nach Gutdünken, und den Gepflogenheiten entsprechend) Bach in erster Linie dazu diente, bestimmte Gegenstände aus dem religiösen Themenkreis und aus seinem evangelischen Konzept heraus bildlich und geradezu handgreiflich darzustellen. Die Vokalwerke geben uns den Schlüssel für dieses Vorgehen: Ein Objekt, Gedanke oder Bild, wird graphisch fixiert, erhält eine bildliche Entsprechung, das Zeichen, das nun in tönende Bewegung übergehen kann, die Konstruktion der Partitur durchwirkend, dem ganzen Stück seinen Charakter verleihend, Profil, eine stabile Basis, auf der das Ganze ruht, von den Kellergewölben bis hinauf in die Turmspitze. Oft sind diese Grundrhythmen Archetypen von Volks- und Gesellschaftstänzen, haben etwas geradezu Bäuerisches, und das Tanzen und Springen der Musik vermittelt uns an solchen Stellen die Vorstellung einfacher ländlicher Freuden, von Bescheidenheit, Zufriedenheit und gespielter oder religiös vermittelter Unterordnung. Solche gewissermaßen realistischen Ideogramme erscheinen dann auch in der Instrumentalmusik, den Partiten und Konzerten, wo jedes einzelne Stück, jeder Satz zu einer Besonderheit wird, zu etwas Außerordentlichem, zum Einzelfall. Auf Grund eines zutiefst handwerklichen Denkens bringt der Erfinder dieser Gestalten auch bei den Nebensachen, den Nebenstimmen, den kaum noch mit dem Ohr nachvollziehbaren Strukturen besondere Schönheiten an, besondere rhythmische Feinheiten, die immer wieder auf die Grundelemente bezogen sind, auf die Rhythmik der Hauptstimme: Von diesen Grundrhythmen werden alle instrumentalen Bewegungen, Kontrapunkte und Entwicklungsprozesse eines Satzes abhängig gemacht. Das graphische Bild erlaubt keinen Zweifel: Es ist, als ob die Geometrie singen und tanzen gelernt hätte. In der klanglichen Realisierung entsteht durch dies »durchkomponierte« Verfahren, das der Denkweise gotischer Architekten entspricht, der Eindruck großer Dichte und eines außerordentlichen Zusammenhangs von horizontalen und vertikalen Werten, der Eindruck des Notwendigen, des Endgültigen, des Absoluten, des Nicht-anders-Möglichen.

3.

Überall bei Bach, in der Kirchenmusik, in der weltlich-höfischen Instrumentalmusik und auch in den Klavierwerken, haben die Rhythmen dieses durchaus Gestische, Sprechende. Nur ganz selten entsteht der Eindruck von Leerlauf (und damit vom Leid des permanenten Arbeitszwangs), eigentlich sind die Phrasen überall mit rhythmischen Energien kraftspendend und formbildend bis zum Bersten gefüllt. Wortlose Dramen werden aufgeführt, Pantomimen, Szenen aus dem Alltag der Menschen und solche der Entrückung, der Verlorenheit. Man hört und sieht da, wie Menschen schreiten, laufen, springen, sich dahinschleppen, vorauseilen, es ist, als seien die rhythmischen Strukturen ganz und gar körperlicher Natur, Abbilder des Menschen und seines Körpers, seines elastischen Muskelspiels und dessen schmerzhafter Verzerrung. Einer trägt das Kreuz, strauchelt unter der schweren Last, bußfertig nahen sich andere, wir hören und sehen die armen Teufel in ihren Passionen, Prozessionen, hören sie atmen und weinen, kennen die vielfachen Formen des Leidens, denen sie und wir unterworfen sind, aber auch die Ausdrücke für Glaubensfestigkeit, für Zuversicht, für barocke Festlichkeit und olympische Freude.

Bei den Kantaten und Passionsmusiken finden sich immer wieder rhythmische Gestalten, die angetan sind, wie Pfeile in unser Bewußtsein zu treffen, kurze, scharf profilierte Signale, mit deren Hilfe die Handlungen der Seelen- und Menschendramen blitzartig erhellt werden. Solche Signale haben in der Bachschen Dramaturgie eine klar umrissene, vermittelnde Funktion, bei der mit wenigen Federstrichen Ort, Zeit und Gefühlslage des Darzustellenden bestimmt wird, dingfest gemacht, um zu erreichen, daß der Hörer die dramatisch-musikalischen Vorgänge geradezu psychisch und subjektiv mitvollziehen kann, an sich selbst erleben, im Wiedererkennen der Zusammenhänge, wie in der Anagorisis der antiken Tragödie.

Dabei kann vorausgesetzt werden, daß die sprachlichen Inhalte dieser Signale, rhythmischen Zeichen und Symbole allgemein bekannt und vermittelt sind, und eben dadurch werden die Varianten, Abweichungen und Veränderungen nachvollziehbar: Wir können die Symbole in anderen, neuen und ungewöhnlichen Zusammenhängen wiedererkennen, finden uns zurecht, können Einblick nehmen und bei der Sache bleiben.

Stellen wir uns einmal einen mehrstimmigen Satz Bachscher Instrumental- und Vokalmusik vor, der nur auf Perkussionsinstrumenten ohne feste Tonhöhen ausgeführt würde: Wir hörten nur die kontrapunktisch gegeneinander arbeitenden Rhythmen, keine Harmonie, keine Melodie. Die Energien, die Elastizität, das Pulsierende, das ganz und gar Durchwirkte und Durchdachte einer solchen Struktur würde uns da allerdings in ihrer ganzen psychischen Gewalt vor Ohren und Augen treten!

4.

Dabei ist das Bachsche Melos mit der gleichen sprachlichen Reichweite versehen. Es ist natürlich und untrennbar in den rhythmischen Stoff verwoben, die beiden Elemente vereinigen sich, werden die gleiche Sache. Wir entdecken, daß die Anordnung der Intervalle von dem gleichen Symbolisierungswillen getragen wird, der schon bei der Gestaltung des Rhythmischen so auffällig war. Durch das Melos erst erhalten die Rhythmen ihre völlige Authentizität und Unverwechselbarkeit. Auch das Melos fließt aus den archaischen Quellen vokaler und instrumentaler Volksmusik, doch gibt es auch noch die Anwesenheit der Gregorianik, und Elemente aus der so anders gearteten und modischen Welt der Oper, des französischen Balletts und des italienischen Instrumentalkonzerts, aber auch, fast wie eine Antithese, den rebellischen und frommen Kirchengesang der Reformation. Alles wird verwandelt, wie in einem Schmelztiegel, und nimmt eine neue Realität und Identität an, eine Wirklichkeit der strengen Maßstäbe und der höheren Ansprüche, wo den höfischen Tänzen die Frivolität und die Banalität abhanden gekommen sind, wo dem italienischen Concerto das Unvorhergesehene beigefügt wird, dessen es sonst meist entraten muß.

Wo der schöpferische Geist mit dem musikalischen Material seiner Zeit arbeitet und es mit dem der Vergangenheit verknüpft, so daß etwas anderes, Besseres daraus entsteht. Musik der Vergangenheit scheint ihn übrigens mehr zu beschäftigen als die seiner näheren zeitlichen Umgebung. Es scheint, als habe Bach ein wesentliches Stück Geschichte lebendig erhalten wollen, um dessen Inhalte, Errungenschaften und Tugenden der eigenen Zeit zu erhalten, sie dort zu neuer Wirkung zu bringen und in die Zukunft zu projizieren.

Alles was er angefaßt hat, hat sich unter seinen Händen verändert, findet sich seitdem auf einem ungleich höheren Niveau, auf einer anderen, unverwechselbaren Kontemplations- und Empfindungsstufe. Wenn man dieser Musik gedenkt, bei der so viel Real- und Gebrauchsmusik in die Vollkommenheit, in das Absolute heraufgehoben worden ist, erinnert man sich auch der schwierigen Umstände, unter denen solche Metamorphosen vollzogen worden sind. Es genügt heute nicht mehr, Bachs Musik mit Worten wie erdig, rüstig, grüblerisch, anachronistisch, humorlos, provinziell-gelehrt, glaubensfest und schwerblütig zu etikettieren. Es steht sehr viel mehr als all das in diesen Noten, und mehr steht auf dem Spiel.

5.

Es kommen ja in dieser Musik Dinge zur Sprache, die bis dahin mit Tönen zu sagen niemand gewagt, niemand vermocht oder auch nur versucht hatte. Mit einem Realismus sondergleichen ist da eine schmucklose Universalsprache entstanden, und es werden mit ihrer Hilfe und Vermittlung menschliche Gefühle und Zustände dargestellt, in denen sich – erst heute können wir es so sehen und reflektieren – nicht mehr allein die traditionelle christlich-bürgerliche Hörerschaft als Gemeinde erkennt, sondern gerade der moderne, einsam zweifelnde Mensch, dem der

Glaube abhanden gekommen ist, der keinen festen Halt in der Gesellschaft weiß und der die größte Zeit seines Lebens sozusagen »ohne den Segen der Kirche« zu verbringen hat. Mir scheint, daß gerade diese Art von Zeitgenossen von der Bachschen Musik sich angesprochen und berührt fühlen muß. Infolge des ständig wachsenden zeitlichen Abstands werden diese Bachschen Methaphern – wie ich schon zu beschreiben versucht habe – zunehmend legendär und werden als Bilder, im Sinne eines Mythos, verinnerlicht, wie sie da zunehmend in die Geschichte zurücksinken. Wir vergleichen die musikalischen Vorgänge in jener mythischen Ferne mit den empfindlichsten und elementarsten Erinnerungen aus unserer eigenen Frühzeit, und identifizieren so unsere alten metaphorisch-musikalischen Erfahrungen mit den Erlebnissen unseres Werdens und Seins. Und nun können wir uns neu über die alten Inhalte miteinander und untereinander verständigen.

6.

Im Weinen und Greinen der Oboe d'amore und der Schalmeien erkennen wir unser eigenes Weinen und Greinen wieder, als wir Kinder waren und später auch noch hat es in uns so getönt, und wenn wir hungrig waren und uns so fror in den grauen nördlichen Kirchenschiffen, wo die Lust und Qual der Sünden und der Sünder durch die Toccaten und die Choräle hindurch unserer Psyche sich offenbarten, O Lamm Gottes, Trost und Strafe, Buß und Reu, Sein und Pein. Diese Musik vergibt uns armen Teufeln, sie verspricht uns neue Lust, sie weint für uns mit allen Seelen. Wir setzen uns mit ihr, zu ihr, mit Tränen nieder. Jemand, der diesen Zusammenhang sehr gut verstanden hat, war Pier Paolo Pasolini, der Dichter, der um 1960 in seinem vom Leben und Leiden des römischen (arbeitsunfähigen und kriminalisierten) Subproletariats handelnden Film »Accattone« Bachsche Passionsmusiken zur Hilfe nahm, um von seinem ästhetisch-politischen Standpunkt aus die frühchristlich-kommunistische Botschaft von Nächstenliebe und Solidarität noch einmal zu vermitteln, und aufzuzeigen, wie gut die Musik Johann Sebastian Bachs geeignet ist, in einem solchen realen Zusammenhang das Wort zu ergreifen und wie wenig sie um Mißverständnisse oder auch um Mißbrauch besorgt sein muß. Diese Musik steht, wie ihr Verfasser, auf der Seite des Volks, des erniedrigten und beleidigten, und spricht dessen Sprache.

Alle Märtyrer der Welt können in diesen Notrufen und Klagegesängen sich erkennen und wiederfinden. Die Furcht der Verfolgten wird hier aufgefangen, die Musik weiß sich eins mit ihnen, macht ihnen Mut, gibt ihnen die nötige Festigkeit für die Annahme, daß es etwas gibt, das größer ist als die Furcht, nämlich eine übergeordnete Idee, für die man leben und sterben kann. Die Pulsschläge des Generalbasses, diese schmerzerfüllte, hochexpressionistische Harmonik, der es auf die Dissonanzen ankommt, bei der die Konsonanz etwas Unglaubliches und daher immer nur Vorübergehendes ist, eine Antithese zum Hauptthema, das da heißt: Leid, die Darstellung und auch die Analyse und auch die Apotheose des Leids.

Das Donnerwort der Orgeltoccaten hat uns das Fürchten gelehrt, als wir noch in die Schule gingen, allerdings hatten wir auch gleich den Eindruck, daß Bach uns die Idee von einem Gott so vermenschlicht und veredelt in seinen zu diesem Themenkreis gehörenden Werken, daß man ihn sich als eine Art Jupiter vorstellen durfte, oder auch nur als einen göttlichen Menschen, und nicht wie ein Über-Ich, das ein ganzes Leben lang unerfüllbare Forderungen stellt.

Im Zusammenwirken von Rhythmen, Melismen und Harmonik, und nicht zuletzt durch den außerordentlich symbolträchtigen Instrumentalklang entsteht für uns in dieser Musik eine Idee vom arbeitenden, handelnden, leidenden, sich selbst immer wieder in Frage stellenden Menschen. Vom Menschen, der von den entsetzlichsten Ängsten heimgesucht wird, der einer hilfesuchenden und ekstatischen Liebe zum Schmerzensmann Ausdruck verleiht, der Resignation, der Verinnerlichung von Lust oder lustvoller Verinnerlichung. Aber auch vom spielerischen, die Welt sinnlich erfassenden Menschen ist in dieser Musik die Rede, und nicht zuletzt von ihrem Erfinder persönlich. Das Ganze aber ist die Lehre vom homo faber, in dessen von Dunkel, Widersprüchen und Vergänglichkeit erfüllten Jammertal unserer Welt, durch ihn und seinesgleichen immer wieder das Licht der Erkenntnis, die Sonne der Hoffnung dazugebracht werden muß, durch die vergifteten tellurischen Wolkenbänke hervorzubrechen, zum reinigenden Triumphgetön von Pauken und Trompeten und zur millionenstimmigen Polyphonie einer befreiten, beglückten, noch einmal geretteten Menschheit.

MAURICIO KAGEL

Kagels hier vollständig wiedergegebener Aufsatz war in gekürzter Form als »Laudatio auf den Übervater der Komponisten« erstmals am 6. April 1985 in der »Frankfurter Allgemeinen Zeitung« erschienen.

An Gott zweifeln – an Bach glauben

Johann Sebastian Bach zum 300. Geburtstag

Ein Seufzer geht durch die Lande: auch 1985 ist ein Gedenkjahr. Der Kalender bestimmt immer häufiger die Konzertprogramme, als wären Geburtstag und Tod, diese im Grunde überflüssigen Begleiterscheinungen, notwendig, um sich erneut mit Vergangenem auseinanderzusetzen; die Rache der Kulturindustrie ist nachtragend – und zyklisch. Vor ihr ist keine Gnade möglich und (wir) alle, die das Musikleben alimentieren und dafür alimentiert werden, dürfen, ähnlich wie zur Weihnachtszeit, zugleich feiern und Vorhaltungen machen, uns über dies oder jenes freuen, aber nicht vergessen, in Anbetracht verordneter Ehrungen wohlgeübte Skepsis zu zeigen. Und trotzdem: Auch wenn Widerstände gegen das Gedächtnisfeiern verständlich, ja unerläßlich sind, erweist sich die Natur der Einwände oft als Widerstand gegen das Gedächtnis schlechthin. Gezwungen zu sein, sich an Personen, Werke und Ereignisse zu erinnern, ist fast unangenehm, vor allem wenn man der Überzeugung ist, daß Unerzwungenes ein Mehr an tieferer Wirkung bringen würde. Haben wir aber das Recht, schon nach kurzer Zeit stumpfsinnig zu werden, weil unsere Beziehung zu Gedenkjahren als Folge der Vermarktung diffiziler geworden ist? Wahrscheinlich ist die Größe des Ereignisses, das es in diesem Jahr zu gedenken gibt – ähnlich wie zu Weihnachten – wichtiger als das Gewicht der Bedenken; Johann Sebastian Bach hat jedenfalls Teilnahmslosigkeit und Argwohn nicht verdient.

Komponist sein, um ein Wort aus Arno Schmidts Übersetzung von E. A. Poe zu verwenden, ist eine »Lebenslänglichkeit«. Das Beispiel Bach dürfte hierfür exemplarisch genannt werden. Nimmt man den Band mit dem vollständigen Verzeichnis seiner Werke, wo jeweils nur die Anfangstakte der Stücke nach thematischen und systematischen Gesichtspunkten angeordnet sind, und durchblättert rasch die Seiten, dann kann man einen ersten Eindruck von der Eigentümlichkeit, Anzahl und Vielfalt dieser Schöpfungen gewinnen. Zugegeben: Solche Methode würde keiner ernsthaften Auseinandersetzung standhalten, jedoch an präziser Bedeutung gewinnen, wenn man es zehn-, zwanzig-, dreißigmal hintereinander wiederholt. Ein Vergleich mit Büchern sei gestattet, wo auf jeder Seite nur die Einzelphase eines Trickfilm-Cartoons gezeichnet ist, die sich in zackige Kontinuitäten auflöst, sobald eine fließende Bewegung einsetzt. Der Betrachter reguliert die Geschwindigkeit der Bilder allein mit seinem Daumen, und er kann nicht umhin, das »stop & go« als wesentlichen Teil seines Vergnügens zu halten. (Apropos Daumen. Carl Philipp Emanuel Bach über seines Vaters Fingerfertigkeit: »Alle Finger waren bei ihm gleich geübt; alle waren zu der feinsten Reinigkeit in der Ausführung gleich geschickt. Vor ihm hatten die berühmten Clavieristen in Deutschland und anderen Ländern, dem Daumen wenig zu schaffen gemacht. Desto besser wußte er ihn zu gebrauchen.«)

Wenden wir die Seiten des Verzeichnisses noch einmal geschwind um. Man entdeckt im Notenbild überall offene Symmetrien, die auch andere, unsichtbare, vermuten lassen. Und wie immer, wo Symmetrien stark betont werden, blüht das Diktat der Asymmetrie auf. Es besteht kein Zweifel, daß Bach mit beiden Mitteln sehr bewußt operierte. Einerseits ist das Netzwerk der Beziehungen so angelegt, daß die Logik der Funktion bestimmter Elemente unausweichliche formale Folgen hat, andererseits bedarf diese Logik ständig der subjektiven Entscheidung, der augenblicklichen Manufaktur. Man spürt den Mechanismus, der dem Einsatz jedes Tones seine Daseinsberechtigung gibt und zugleich die Notwendigkeit, dem Ordnungsschema eine aktive, dynamische Anwendung zu geben. Dieses Amalgam von objektiv ablaufender Struktur und gestalteter Abweichung macht Bach als Unterrichtsmodell immer problematisch. Verfährt man streng nach den offenkundigen Grundsätzen, die sein Werk von Anfang bis Ende durchdringen, dann kann es leicht passieren, daß die Dogmatik zum blutleeren Requisit wird. Bach liebte die Ausnahme, aber die verborgen eingeschmuggelte, kabbalistisch formulierte, fußnotenähnliche wie Kommentare zu Fußnoten. Er war Dürer verwandt.

Seine Musik hat stets die Sehnsucht nach entsprechenden Kompositionsmethoden erweckt, die quasi automatisch, nur den Gesetzmäßigkeiten einer perfekten Harmonie gehorchend, neuere Musik generieren sollte. Alchimistische Träume? Vielleicht. Aber tatsächlich gibt es in der Kunst J. S. Bachs Hinweise auf eine zweite, numerologische Elementarlehre unter der Oberfläche, ein Parallelfeld kodierter Botschaften, die erst jetzt, mit der Erfahrung und im Abklingen einer obsessiv analytischen Periode der musikalischen Komposition, mit anders begründeter Überzeugung offengelegt werden können. Bachs Notenschrift spricht Fraktur – im besten Sinne des

Wortes zu verstehen. Die uralte Forderung an die akustische Kunst, sie solle nicht die Sprache ersetzen, aber uns genau wie diese ansprechen, hat er einfach erfüllt.

Die Verpflichtung gegenüber diesem unermeßlichen Œuvre wird von einigen, die sich dafür engagieren, oft mit geheimer Militanz betrieben; als bedürfte Bach eines besonderen Konservierungsmittels, um ihn gegen die Umweltschäden der musikalischen Nachwelt zu schützen. Desgleichen ist wohl nicht notwendig. Wenn er, wirklich verstanden und wirklich mißverstanden, ein Schwieriger geblieben ist, so ist dies ein Beleg seiner Modernität. Alle Klassiker sind unbequem, und Klassiker, in der ganzen Tragweite ihres Denkens richtig erfaßt, noch unbequemer. Daß sie nur in Teilabschnitten erkannt, gefeiert und konsumiert werden, ist wahrlich ein Zeichen aller Zeiten. Das Gegenteil – »Wollt ihr den *totalen* Bach?« – ist heute eine enzyklopädische Kriegserklärung an die Lust, die Werke des Jubilars zu hören, und löst bei den meisten im voraus Wahrnehmungsstörungen aus.

Der Nachteil, Figuren von universeller Bedeutung im nationalen Kulturbesitz aufweisen zu können, ist, daß sie für *immer* verpflichten. Da gibt es kein Wenn und Aber, keine Sparmaßnahmen, kein Verständnis im Ausland, wenn die berühmte Pflege ins Pflegeleichte hinübergleitet. Bald werde ich 28 Jahre in Deutschland sein, und die Euphorie der ersten Jahre, endlich im Konzert alles von Bach hören zu können, was sonst kaum oder nie aufgeführt wird, ist längst der Lautsprecherkultur gewichen. Im gleichen Maße, wie die bekannten Stücke immer populärer werden, sind die unbekannteren eher gemieden. Zwar belebt sich der Musikmarkt in Sachen Bach regelmäßig zu Weihnachten und Ostern ungemein, bekannte und unbekanntere Sänger gastieren in diesen wenigen

Wochen der Besinnung eiligen Schrittes und mit eiserner Miene. Trotzdem: Absolute Musik, unanekdotisch und von abstrakter Konkretion, bleibt im Konzertprogramm der reine Schrecken vieler Veranstalter.

Seitdem ich die Sammlung der mehrstimmigen Choräle von Bach kennenlernte – zunächst am Klavier, in einer amerikanischen Ausgabe ohne Textunterlegung –, sind diese Stücke für mich ein musikalisches Erlebnis ersten Ranges. Auf was beruht die ästhetische Synthese und nachhaltige Wirkung dieser funktionalen Musik? Kompositorisch ist einiges nur schematisch behandelt oder man findet – wie im Falle von Lautstärke oder Tempo – grundsätzlich keine Angaben. Viele Melodien stammen auch nicht von Bach, sondern gehörten als Kirchenlieder zu Beginn seiner Tätigkeit 1723 als Thomaskantor in Leipzig zum bewährten Fundus einer programmatischen Musik, die sich im Laufe von 200 Jahren ansammelte. Choralgesänge, zugleich akustische Werkzeuge und Dokumente der Reformation erfüllten die Rolle eines unerläßlichen Scharniers zwischen den verschiedenen Teilen des Gottesdienstes, wichtig außerdem, weil die Melodien, in ihrer Mischung von weltlicher und kirchlicher Folklore, gläubigernah waren. Aber: Je bekannter der cantus firmus war, um so deutlicher konnte das Kunstvolle einer Bearbeitung wahrgenommen werden. Bach erkannte und nutzte diese Chance ausgiebig. Die Rhythmik der Choräle beschränkt sich fast durchwegs auf einfache Folgen von Vierteln, verbunden mit Achteln als Durchgangstöne; andere Notenwerte – Sechzehntel, Halbe und Ganze – sind verhältnismäßig selten. (Jeder Komponist, dessen Handwerk von einer seriellen Denkweise geprägt wurde, hätte sich in den 60er Jahren wahrscheinlich geschämt, so zu schreiben, weil die Komplexität der rhythmischen Struktur ihm gering, der Anspruch zu bescheiden, einfallslos erschienen wäre. Die Einfältigkeit des rhythmischen Flusses jedoch täuscht.

Mittels einer bis dahin unbekannten Selbständigkeit der Harmonik in der Ausschmückung der Horizontalen werden die Rhythmen der tonalen Melodik von Bach häufig anders als erwartet betont. Die vertikale Dimension ist nun von den Archaismen kirchlicher Tonarten und ihrer homophonen Behandlung weitgehend befreit und befindet sich jetzt im Zwischenreich der chromatischen Reibungen; es entsteht eine »Chromatisierung« der bis dahin gängigen tonalen Rhythmik. Bachs Choräle zwingen zu einer diagonalen Lesart, da in den restlichen Stimmen außer des Diskants, wo die »Melodey« verankert ist, oft eine eigenständige Linienführung nachgewiesen werden kann. Es handelt sich zwar kaum um autonome, rein kontrapunktische Gebilde, aber ebensowenig um vertrauliche Harmonisierungen. Oben singt die friedliche Gemeinde, unten brodelt es.

Das Warum dieser Ambivalenz ist in der konsequenten Verwendung des Generalbasses zu suchen, dieser merkwürdig verschlüsselten Kurzschrift mit Ziffern der Akkord- und Stimmführungslehre. Bach verfeinert dieses Instrument des musikalischen Handwerks seiner Zeit, das zunächst, weil katholischen Ursprungs, vom Protestantismus abgelehnt, seit Ende des 16. Jh. für einfache wie auch für verzierte Akkordgriffe entwickelt wurde. So beginnen die »höchst nöthige Regeln vom General Basso, di J. S. B.« im zweiten Notenbuch der Anna Magdalena Bach um 1740–45 mit »1. Jede Haubt Note hat ihren eignen Accord; er sey nun eigenthümlich oder entlehnet«. Diese letzteren hat Bach in seiner Harmonisierung der Choräle stets bevorzugt, und sie sichern den Stücken ihren unverwechselbaren Duktus. Übrigens enden die Regeln nach fünfzehn Punkten, die den Stoff präzise abhandeln, mit einem diplomatischen Hinweis, gleich einem Sieg des Komponisten über den Pädagogen Bach: »Die übrigen Cautelen, . . . werden sich durch mündlichen Unterricht beßer weder schrifftlichen zeigen.«

Als eines von 11 autonomen Stücken des Zyklus *Programm, Gespräche mit Kammermusik* (1971/72), schrieb ich *General Baß* für ein beliebiges Soloinstrument, das in der gewünschten tiefen Lage regungslose Töne halten kann. Es ist eine kurze, strikt monodische Studie, in der nur wenige Intervalle vorkommen – fallende und steigende Quarten, Quinten und Oktaven –, zu kargen Melodiefragmenten verknüpft. Da eine Oberstimme gänzlich fehlt, soll der Ausführende durch die Verwendung von extrem gegensätzlichen, ja denaturierten Klangfarben versuchen, einen fast polyphonen Verlauf zu gestalten. Die Einfachheit des Materials erlaubt jedoch, einen gänzlich emanzipierten Generalbaß vorzustellen, zugleich Begleitung und Hauptstimme. Diese lapidare Reduktion wäre ohne das Beispiel Bachs undenkbar gewesen.

Auch meine lange Beschäftigung mit den Chorälen blieb nicht ohne Folgen. Es ging nicht darum, die Konzeption des chorisch vorgetragenen Kirchenliedes mit dissonierenden (statt konsonanten) Akkorden zu versehen. Eine bestehende Akkordreihe durch eine andere zu ersetzen, hätte zwar mit Parodie zu tun – und Bach hat leidenschaftlich und notgedrungen parodiert: etwa 215 (!) Sätze und Recitative seiner Werke –, bloß das Verfahren, das seit der Renaissance zunehmend angewandt und Bach zu einer sehr differenzierten Form von »recycling« entwickelte, beruhte vorwiegend auf der Umtextierung vorhandener Musik. Variationen über die Choräle zu schreiben war auch nicht meine Absicht. Ich hörte in mir eine Musik, die zwischen Gesualdo und Max Reger ständig oszillierte, und wo die Frage nach dem Ursprung dieser musikalischen Sprache irrelevant bliebe, angesichts einer Harmonik, die nach den – noch zu findenden – Gesetzmäßigkeiten einer atonalen Tonalität streng gebildet wäre. Die Methode, die ich schließlich für *Chorbuch* 1975–78 entwickelte, habe ich *nicht-lineare Transposition* genannt, und besteht darin, *jeden Akkord* der gegebenen Vorlage – hier die Choräle von Bach – um ein anderes Intervall in bezug auf die ursprüngliche Tonart, höher oder tiefer zu *transponieren*. Das Resultat war für mich aufregend, weil tatsächlich jene Mischung von modaler und tonaler Musik erzielt werden konnte, die ich mir vorgenommen hatte, aber zugleich der historische Werdegang der Tonalität deutlich wurde. Auf einmal nahm ich in Bach modale Wendungen wahr, die sonst in der Tonalität kaschiert, schwer hörbar sind. Die gewonnene Musik setzte ich für Klavier und Harmonium und schrieb für den Chor eine neue Partie unter Verwendung der gleichen Textvorlagen.

Bachs Œuvre hat der Mehrzahl der Komponisten, vom Ende des 18. Jh. bis heute, einen immensen Respekt eingeflößt. Man könnte vermutlich eine Parallele ziehen zwischen der Bedeutung der Figur Moses für Juden und Nicht-Juden, dem Stellenwert von Bach als symbolischer Übervater für Komponisten und dem Inbegriff von Musik für den Hörer. (Als Exercitium spiritualis wird hier auf die Lektüre von Siegmund Freuds *Moses* verwiesen; man tausche einige Begriffe durch andere aus – das Warum der geistigen Nabelschnur von uns Komponisten mit Bach wird deutlich.) Der wohl entscheidende Unterschied liegt darin, daß Bachs metaphysische Offenbarungen nicht in Worten – auch wenn seine Textauswahl mehr als eine Sammlung von »Mustern ohne Wert« ist –, sondern ausschließlich in Noten mit der Bedeutung von

Worten verfaßt wurden. Vielleicht deswegen sind die mannigfaltigen Lehren, die seine Musik uns geben kann, lebendig und frisch geblieben.

Deuten gehört in der Musik zum Wesentlichen. Das Phänomen der Beziehung jeder Komponistengeneration zu Bach besteht in der beständigen Aktualität seiner Musik und in dem festen Bezugspunkt, die sie für westliche Musiksprachen darstellt, sowohl für ernste wie für unernste Musik. Komponisten der Klassik und Romantik, der neuen Sachlichkeit und Dodekaphonie, von Neoklassizismus, serielle Musik und Computermusik, Jazz, Rock und Pop fanden und finden fortlaufend in den Werken Bachs die Beweise für die historische Notwendigkeit ihrer theoretischen Überlegungen, für die Entwicklung anderer Grundlagen des handwerklichen Könnens und für die Erneuerung ihres Stils.

Manchmal ist es sehr nützlich, in einer anderen Disziplin die Klärung von Zusammenhängen zu suchen. So sind einige der Thesen Theo van Doesburgs von 1919 zu Bach und seine Bedeutung für die 20er Jahre und danach gültig: »Bestimmtheit statt Unbestimmtheit. Klarheit statt Verschwommenheit. Religiöse Energie statt Glaube und religiöse Autorität. Verhältnis statt Form. Synthese statt Analyse. Logische Konstruktion statt Lyrische Konstellation.« Hätte sich der Bach-Kritiker Johann Adolph Scheibe diese Maximen zu eigen gemacht, dann wäre seine Polemik überflüssig gewesen.

Musikgeschichte besteht aus einem polyphonen Ablauf von Macharten, Strömungen und Ansätzen. Das bedingt zugleich einen mäandrischen Fortgang des Geschehens: Restauration, Gegenrestauration und Gegengegenrestauration können klar aufeinanderfolgen – und der Historiker wird glücklich sein, sie logisch begründen zu können – aber auch, vielleicht nicht immer friedlich, koexistieren. Eigenartigerweise hat die klangliche Annäherung an Bach für die Entwicklung vieler Komponisten scheinbar konstruktiv, in Wahrheit jedoch verheerend gewirkt, weil die konkrete ästhetische Umsetzung in der Übernahme einer der charakteristischen Merkmale Bachscher Musiksprache bestand: imitativer Kontrapunkt in allen Formen von Kanons und Fugen. Wenn die Zahnräder dieser Technik bloß mechanisch mahlen, dann werden die Stücke eigentümlich starr und akademisch, gestelzt und rückwärtsgewandt bis zur Steinzeitlichkeit. »Bach« löste, sobald man ihn in unerbittlich ablaufende neue Fugen und Fugati einarbeitete, mehr Krisen und Unselbständigkeiten aus als wirklich erneuernde Impulse. Diese Art kannibalistischen Plagiats (man identifiziert sich so sehr mit dem Vater, daß man ihn regelmäßig auffrißt) hat häufig im kompositorischen Denken ideologische Täuschungen verursacht, enharmonischen Verwechslungen ähnlich, die auf dem Notenpapier die gleiche Tonhöhe bedeuten, beim Hören aber als chromatische Rückung wahrgenommen werden.

Bei den Textvorlagen, die Bach verwendet hat, wurde gelegentlich an Geschmack und Qualität gezweifelt. Carl Friedrich Zelter schreibt 1827 an Goethe vom »dicken Glaubensqualm« dieser »ganz verruchten deutschen Texten«. Es mag sein, daß solch eine metapherreiche Sprache heute zu sehr au pied de la lettre gehört wird, daß uns die Bezüge fehlen, um die Worte im allgemeinen Kontext der Barockdichtung zu verstehen. Sicher sind einige der Verse übertrieben oder, im Gegenteil, gar zu simpel und können, von der Musik losgelöst, die Bildhaftigkeit mancher Texte wie Karikaturen pietistischer Gottesfürchtigkeit und Tugend erscheinen lassen. Aber gerade die angestrebte Einheit von Wort und Musik macht den Rang dieser Kompositionen vollkommen; auch wenn die Musik von Bach die stärkere Komponente darstellt und sie allein kritischen Ohren standhält, es dürfte vice versa kaum der Fall sein.

Anläßlich der Materialsammlung meiner szenischen Komposition *Die Erschöpfung der Welt* habe ich das von Albrecht Schöne und Arthur Henkel herausgegebene *Emblemata*, ein epochales Handbuch zur Sinnbildkunst des 16. und 17. Jahrhunderts, gelesen. Seitdem bin ich vorsichtig, vorschnelle Urteile über die Anrüchigkeit mancher Begriffe zu fällen. Verse, die wie surrealistische Theologie anmuten, verändern sich grundsätzlich, wenn sie einer bestimmten Bilddarstellung zugeordnet werden. Salomon Franck, Picander, Mariane von Ziegler, drei der bekannteren Textdichter von Bach, haben Embleme als Inspirationsquelle verwendet. Dieses wirft ein besonderes Licht auf die Musik selbst, weil Bach die Vorlagen vermutlich kannte und musikalische Illustration grundsätzlich nicht verschmähte. Es ist eine Welt schlüssiger Symbole und Allegorien, die auch ohne Zusammenhang mit einer religiösen Thematik stets für Komponisten anregend ist, da die musikalische Phantasie sich lieber an sinnlichen, starken Sprachbildern zündet, selbst wenn literarische Defekte evident sind, als an besseren, feinsinnigeren Vorlagen. Löst der literarische Kontext eine bestimmte Klangvorstellung aus, dann hat er für den Komponisten automatisch eine musikalische Qualität; gute und mäßige Texte werden durch Musik ohnehin getrübt. Der protestantische Sinnspruch »Das Wort hat das letzte Wort« gilt für Komponisten jedenfalls nicht. Das Problem ist nicht neu. In der Welt der Opern feiern Libretti Triumphe des schlechten Geschmacks neben Musik außerordentlichen Niveaus. Diese Mischung hat Tradition bis heute und wird in Zukunft sicher weiter gepflegt – eine Liste einschlägiger Beispiele wäre endlos.

Zu dem erwähnten Zyklus *Programm* habe ich noch zwei Stücke komponiert, *Recitativarie, für singende Cembalistin* und *Die Mutation, für Knabenchor und Klavier*. Beide Werke entstanden aus meiner Faszination für die Sprache des Barocks, eine Entdeckung, die ich zuerst Bach zu verdanken habe. Für *Recitativarie* habe ich eine Collage mit Worten aus den Versen der (371) mehrstimmigen Choräle montiert. Dazu schrieb ich ein Recitativo secco, nur in Begleitung der linken Hand, das in eine Chanson mündet, wo die Zeile »Hast Du Gott, so hat's nicht Noth« immer anders, aber stets unvollkommen, wiederholt wird: »...Gott, ... hat's«, »Hast Du ...?«; »... Du Gott, so ... nicht ...«, »... Noth ...«. Meine Absicht war ein Netzwerk von kurzen begrifflichen Zusammenhängen zu komponieren, etwa die linguistisch-semantische Analyse eines paradigmatischen Satzes. In *Die Mutation* spielt der Pianist das 44. Präludium a-Moll aus Bachs *Wohltemperiertem Klavier*, das nicht entstellt, sondern – ähnlich der Funktion eines Objet trouvé – als syntaktische und zugleich stilistische Spannung zum antiphonalen Chorsatz eingesetzt wird. Auch hier war die Quelle für die Textkomposition Choräle von Bach, allerdings nur die Titel, die in den meisten Fällen mit den Titeln der Kantaten identisch sind.

Viele Überlegungen bei diesen Stücken entstanden in enger Beziehung zu Bachs Behandlung seiner Textvorlagen. Der Gedanke, daß er durch Parodie-Umtextierungen soviel weltliche in geistliche Musik (und *nie* umgekehrt) verwandelt hat, beunruhigte und spornte mich an, mich weiter mit diesem Thema zu beschäftigen, weil die *religiöse* Tragweite der Parodie als Ersatz-Verfahren nicht übersehen werden darf. (»Ersatz«, weil Bach sicher gänzlich neue Stücke geschrieben hätte, wenn er nicht über eine lange Periode allwöchentlich eine Kantate hätte abliefern müssen.)

Bachs Beziehung zur Kirche war weder stets harmonisch noch vorübergehend ungetrübt. Thomaskantor zum Beispiel wurde er eigentlich gegen seine Überzeugung (wie es aus seinem Brief vom Oktober 1730 an Georg Erdmann in Danzig, einem ehemaligen Mitschüler des Ohrdrufer Lyceums hervorgeht). Hätte Fürst Leopold 1721, wie Bach lakonisch bemerkt, keine »amusa« geheiratet, die die »musicalische Inclination« des Fürsten minderte, dann wäre er »in Cöthen aufs Lebenszeit« geblieben. Und in der Tat, findet er in Leipzig eine »der Music wenig ergebene Obrigkeit«, so daß er »fast in stetem Verdruß, Neid und Verfolgung leben muß.« Deutlicher geht es wohl nicht. Im gleichen Brief gibt er zu, daß »aus einem Cappelmeister ein Cantor zu werden« ihm »anfänglich gar nicht anständig« erschien. War dies der einzige Grund? Von dem rachitischen Klangkörper, den er zur Verfügung hatte, gar nicht zu reden: »die qualitäten und musicalischen Wißenschafften der zur Kirchen Music bestellten Personen hier – 4 Stadtpfeifern, 3 Kunst-Geigern und einen Gesellen – verbietet mir die Bescheidenheit etwas nach der Wahrheit zu erwehnen.« Über die Thomaner Knaben: »Von den itzigen alumnorum sind 17. zu gebrauchende, 20. nicht zu gebrauchende, und 17. untüchtige.« Ständige Spannungen mit der Kirchenleitung, mit der Universität, die Ablehnung bescheidener Erhöhungen seiner Diäten, zu knappes Kohlengeld, »ein sehr theürer Orth«, wo »viele accidentia« ihm entgehen.

Ich erwähne diese Schwierigkeiten etwas ausführlicher, weil sie mit zwei unangenehmen Fragen zusammenhängen. Wie fest muß der Glaube eines Kirchenmusikers sein? Wie tief und aufrichtig soll ein Komponist sakraler Musik empfinden, um die innewohnenden Inhalte seiner

Textvorlage akustisch zu vermitteln? Ich kenne Kirchenmusiker, die es bereuen, von einem Pfarrer oder Priester abhängig zu sein, wenn diese – ähnlich wie Fürstin Friederica Henrietta – weitgehend amusisch sind. Fortschrittliche oder unpopuläre Stücke werden verboten oder bis auf weiteres ausgesetzt, die musikalische Einrahmung absichtlich auf Peinlichkeiten und Barockkitsch begrenzt. Und doch bleiben die meisten Musiker auf ihren Posten, nicht nur aus Existenzangst, sondern weil sie das Orgelspiel und bestimmte Teile des Spektrums der Kirchenmusik lieben. Es ist keine nackte Frage des festen Glaubens mehr, wenn Gottesdienst und musikalische Praxis – ähnlich wie Orchestergraben und Bühne in der Oper – thematisch miteinander verzahnt werden.

Für Komponisten ist der Fall sicher anders, weil die Schwierigkeiten nicht unbedingt strategischer Art sind, obwohl sakrale Musik auch mit einer Strategie des religiösen, mystischen Ausdrucks zu tun hat. Man lernt nicht, weltliche oder sakrale Musik zu schreiben, sondern lediglich Musik. Dazu gehört eine subtile Lehre: von Rasse, Religion und Nationalität absehend, die Empfindungen des Hörers zu entfachen, zu lenken und zu beeinflussen. Im modischen Sprachgebrauch polemisch subsumiert: zu manipulieren. Musik jedoch steht jenseits von Moral. Man kann zwar über sie moralisieren, aber es ist selten, daß dies, ohne literarische Vorlagen oder eine bühnendramatische Situation im Hintergrund geschieht. Die einzige moralische Instanz mußte dem Schriftsteller zukommen, weil er sich adäquat artikulieren kann. Das hängt wahrscheinlich mit der Tatsache zusammen, daß treffende Worte wie Waffen sind, gute Musikstücke dagegen edle, wohltuende Unterhaltung bleiben.

Seit der Wiederentdeckung durch Mendelssohn im März 1829 hat Bach als einziger Komponist eine Stellung eingenommen, die man umfassend als die ökumenische par excellence der Musikgeschichte bezeichnen könnte. Katholische Komponisten wurden so sehr von der extremen Konsequenz und Radikalität der evangelischen Kirchenmusik beeinflußt – Vokalpartien werden bei Bach wie Instrumente und diese häufig gesangvoll behandelt –, daß ein Umdenken einsetzte und Alternativlösungen für die sonst betuliche Musik gesucht wurden. Die ästhetische Zensur der Konzile wurde auf subtile oder handfeste Weise umgangen, auch über den Umweg der Oper. Puccinis *Suor Angelica* ist ein gutes Beispiel dieser lyrisch zubereiteten Frömmigkeit. Auch ohne Bachs Einfluß – durch Mendelssohn – wäre ab Mitte des 19. Jahrhunderts in Deutschland keine reformierte Synagogenmusik entstanden. Daß diese viel zu süßlich und in einer extravaganten Mischung von Septakkorden und orientalischer Tonleiter ausfiel, sei unbestritten.

Vor etwa 5 Jahren begann ich eine *Sankt-Bach-Passion* zu schreiben; auf dem ersten Skizzenblatt steht das frei erfundene Motto »Es mag sein, daß nicht alle Musiker an Gott glauben; an Bach jedoch alle«. Der Gedanke animierte mich, eine Leidensgeschichte zu komponieren, gleich einer Heiligsprechung für die einzige Figur, die meine Zunft ohne Widerspruch einigt. Als Haupttext diente mir der Nekrolog von C. Ph. E. Bach und Agricola von 1751, durch Mitzler und Vernzky kurze Zeit später ergänzt. Ähnlich einem Evangelisten erzählt der Tenor Abschnitte aus der Vita des Meisters; Mezzosopran und Bariton kommentieren diese Stationen und ein Sprecher, stellvertretend für die Figur Bachs, trägt Originaltexte vor. Chöre und großes Orchester ergänzen die Besetzung. Ich wäre vermutlich nie auf die Idee gekommen, Bach mit dem Heiligenschein zu versehen, wenn ich nicht in einem vorwiegend katholischen Land aufgewachsen wäre, wo die Passionen stets mit der Ergänzung *Sankt*-Matthäus, *Sankt*-Johann, *Sankt*-Markus angekündigt werden. Ein weiteres Beispiel der leidenschaftlichen Identifikation und Inbesitznahme, welches die Musik Bachs wie selbstverständlich auslöst.

1735 verfaßte Bach eine Genealogie, von ihm selbstbewußt »Ursprung der musicalisch-Bachischen Familie« benannt, wo 53 Namen ab Mitte des 16. Jahrhunderts verzeichnet sind. Die Liste umfaßt Hof- und Stadtorganisten, Kantoren, Stadtpfeifer, Ratsmusikdirektoren, Cembalisten, Klavierlehrer, Konzertmeister – und Komponisten. Zahlreiche der überlieferten Dokumente zeigen Bachs Interesse an einem weiteren Aufblühen der Musikpraxis aber auch, daß er sich nicht als Endpunkt der Kompositionskunst betrachtete. Daß er zunächst für ein Fortkommen seiner Kinder sorgte, ist natürlich. Aber er half ebenso tatkräftig seinen Studenten, eine Stellung zu bekommen, vorausgesetzt, daß ihre Qualitäten und Fleiß es rechtfertigten. Im Grunde sind *alle* Komponisten nach 1750 ihm auf eine oder andere Weise verbunden und auf so umfassende Weise zu Dank verpflichtet, daß Familienbande nicht zählen dürften, wenn man von Erben spricht. Wir alle, die diese abnorme Existenz des *componere* weiterführen, sind die eigentlichen Nachkommen. Bach hat ständig in Geldnot gelebt, wurde um Honorare und Auszeichnungen betrogen, von Fürsten, Amtsträgern und Kirchenwürden seiner geringen sozialen Stellung gemäß entsprechend unter Druck gesetzt, mißachtet und verspottet, wie ein Leibeigener behandelt, in Gewahrsam gehalten und gezwungen, sich kläglich zu ducken. Er hat dies alles ertragen und gelitten, damit wir für alle Zeiten genießen können.

Deswegen möchte ich in diesem Jahr zu einer Bach-Stiftung besonderer Art anregen, die nicht vom Staat, sondern ausschließlich von Interpreten, Rundfunk- und Fernsehanstalten, Verlegern und Konzertdirektionen, Kirchen, Theatern und Schallplattenfirmen der Bundesrepublik und der DDR getragen, einen Fond einrichten, in welchen pro Aufführung und mechanischer Einspielung der Bachwerke nur wenige Groschen eingezahlt werden. Es geht nicht um die Pflege des Bachschen Erbes, sondern um zu gewährleisten, daß junge deutsche Komponisten von Ost und West zu Beginn ihrer Laufbahn in der notwendigen Ruhe arbeiten dürfen. Das Argument, es gäbe bereits einige solche Institutionen, die gezielt erweitert, diesen Zweck erfüllen könnten, möchte ich nicht gelten lassen. Die einzigen Honorare, die einen Komponisten mit Stolz erfüllen, weil er sie nicht durch Unterrichten, Vortragen, Spielen oder Dirigieren, sondern durch seine Urtätigkeit verdient, sind seine Gema-Einnahmen. Es geht also hier darum, nicht von Almosen, sondern vom Bruchteil eines Bruchteiles jener Tantiemen zu leben, die Bach stets weiter verdienen wird, und die sich im ideellen Schall und Rauch verflüchtigen.

Johannes Grützke: Bach, von seinen Kindern gestört.
Gemälde, 1975.
Mit freundlicher Genehmigung des Künstlers

Lars Gustafsson

Der schwedische Lyriker, Dramatiker, Erzähler, Essayist und Kritiker ist durch Übersetzungen auch deutschen Lesern mit mehreren seiner Bücher bekanntgeworden. »Die Stille der Welt vor Bach« ist das Titelgedicht eines 1982 erschienenen Lyrikbandes. Auch wenn unsere Chronologie eigentlich einen anderen Platz vorsieht: Die Schönheit dieser Verse erlaubt den Verstoß gegen das Prinzip, denn einen würdigeren Ausklang dieser Sammlung hat der Herausgeber nicht finden können.

Die Stille der Welt vor Bach

Es muß eine Welt gegeben haben vor
der Triosonate in D, eine Welt vor der A-moll-Partita,
aber was war das für eine Welt?
Ein Europa der großen leeren Räume ohne Widerhall,
voll von unwissenden Instrumenten,
wo das *Musikalische Opfer* und das *Wohltemperierte Klavier*
noch über keine Klaviatur gegangen waren.
Einsam gelegene Kirchen,
in denen nie die Sopranstimme der Matthäus-Passion
sich in hilfloser Liebe um die sanfteren
Bewegungen der Flöte gerankt hat,
weite sanfte Landschaften,
wo nichts zu hören ist als die Äxte alter Holzfäller,
das muntere Bellen starker Hunde im Winter
und Schlittschuhe auf blankem Eis wie ferne Glocken;
die Schwalben, die durch die Sommerluft schwirren,
die Muschel, die das Kind lauschend ans Ohr drückt,
und nirgends Bach, nirgends Bach.
Die Schlittschuhstille der Welt vor Bach.

Zeittafel

1685	Am 21. März wird Johann Sebastian Bach als jüngstes von drei Kindern des Eisenacher Stadtmusikers Johann Ambrosius Bach und seiner Frau Elisabeth geboren. Seine musikalische Ausbildung erhält er bei seinem Vater und vielleicht auch bei seinem Onkel Johann Christoph, der Organist an der Eisenacher Georgenkirche war.
1692–95	Lehre bei Johann Pachelbel, dem damaligen Organisten in Erfurt.
1693–95	Besuch der Lateinschule in Eisenach. Bach ist Mitglied des Schulchors.
1694	Tod der Mutter.
1695	Tod des Vaters. Bach zieht zu seinem ältesten Bruder Johann Christoph, der Organist an der St.-Michaelis-Kirche in Ohrdruf bei Wechmar ist.
1696–1700	Er besucht die Lateinschule in Ohrdruf, zu deren besten Schülern er zählt.
1700	Übersiedlung nach Lüneburg. Besuch des Michaelis-Gymnasiums bis 1703; Mitglied des Schulchors.
1703	Halbjähriger Aufenthalt in Weimar als Mitglied der Privatkapelle des Herzogs Johann Ernst von Sachsen-Weimar. – Im August wird Bach Organist der Bonifaziuskirche im thüringischen Arnstadt.
1705/06	Drei- bis viermonatige Reise nach Lübeck zu Dietrich Buxtehude. U. a. wegen der eigenmächtigen Überschreitung des Urlaubs hierbei kommt es zu Auseinandersetzungen mit dem Konsistorium.
1707	Bach wird Organist an der Blasiuskirche in Mühlhausen. Am 17. Oktober heiratet er seine 1684 geborene Cousine Maria Barbara Bach.
1708	Bach kündigt seinen Dienst in Mühlhausen auf, um Hoforganist des Herzogs Wilhelm Ernst von Sachsen-Weimar zu werden.
1710	Geburt von Bachs erstem Sohn, Wilhelm Friedemann.
1713–15	*Orgelbüchlein*.

1714	Bach wird Konzertmeister der Hofkapelle. Geburt von Carl Philipp Emanuel.
1717	Bach wird Kapellmeister am Hof des Fürsten Leopold von Anhalt-Köthen und scheidet in Ungnade aus seinem Weimarer Dienstverhältnis aus.
1720	Bach bewirbt sich zunächst um die Organistenstelle an der Hamburger St.-Jacobi-Kirche, tritt dann aber von seiner Bewerbung wieder zurück – möglicherweise, weil er das Geldgeschenk, zu dem der Gewählte verpflichtet war, nicht erbringen wollte. Anfang Juli stirbt Bachs Frau Maria Barbara.
1721	Am 3. Dezember heiratet Bach Anna Magdalena Wilcken. Komposition der *Brandenburgischen Konzerte.*
1722	Der erste Teil des *Wohltemperierten Klaviers* entsteht.
1723	Bach wird Kantor der Thomasschule und Musikdirektor Leipzigs.
1724	Am 7. April Uraufführung der *Johannespassion.*
1729	Am 15. April Uraufführung der *Matthäuspassion.*
1733	Bach überreicht Kurfürst Friedrich August II. von Sachsen »Kyrie« und »Gloria« der *h-moll-Messe.*
1734	*Weihnachtsoratorium.*
1742	*Goldberg-Variationen.*
1744	*Das Wohltemperierte Klavier*, 2. Teil.
1747	Besuch am Hof Friedrichs des Großen in Potsdam, dem Bach das *Musikalische Opfer* widmet.
1748–50	Komposition der *Kunst der Fuge.*
1750	Tod Bachs am 28. Juli.

Verzeichnis der Autoren und Texte

THEODOR W. ADORNO (1903–1969)

T. W. A.: Prismen. Kulturkritik und Gesellschaft. Frankfurt a. M.: Suhrkamp, 1955. S. 162–179. –

CARL PHILIPP EMANUEL BACH (1714–1788)

Bach-Dokumente. Hrsg. vom Bach-Archiv Leipzig. Bd. 3. Kassel [u. a.]: Bärenreiter / Leipzig: VEB Deutscher Verlag für Musik, 1972. S. 81–85 und 87 f.

KARL BARTH (1886–1968)

K. B.: Kirchliche Dogmatik. Bd. 4: Die Lehre von der Versöhnung. Tl. 2. 5. Aufl.: Zürich: Theologischer Verlag, 1990. S. 280. –

JOHANNES BOBROWSKI (1917–1965)

J. B.: Gesammelte Werke. Hrsg. von Eberhard Haufe. Bd. 1: Die Gedichte. Berlin: Union Verlag, 1987. S. 149. –

JOHANNES BRAHMS (1833–1897)

Clara Schumann / Johannes Brahms: Briefe aus den Jahren 1853–1896. Hrsg. von Berthold Litzmann. Bd. 2: 1872–1896. Leipzig: Breitkopf & Härtel, 1927. S. 111.

CLAUDE DEBUSSY (1862–1918)

C. D.: Monsieur Croche. Sämtliche Schriften und Interviews. Hrsg. von François Lesure. Aus dem Französischen übertragen von Josef Häusler. Stuttgart: Reclam, 1974. S. 32 f. und 198.

EDUARD DEVRIENT (1801–1877)

E. D.: Meine Erinnerungen an Felix Mendelssohn Bartholdy und seine Briefe an mich. 2. Aufl. Leipzig: Weber, 1872. S. 48 bis 67.

Johann Nikolaus Forkel (1749–1818)
J. N. F.: Über Johann Sebastian Bachs Leben, Kunst und Kunstwerke. Leipzig: Hoffmeister und Kühnel, 1802. Neudr. Berlin: Henschelverlag, 1982. S. 7–13 und 121–127.

Wilhelm Furtwängler (1889–1954)
W. F.: Ton und Wort. Aufsätze und Vorträge. 1918 bis 1954. 3. Aufl. Wiesbaden: Brockhaus, 1955. S. 214–220. – Mit freundlicher Genehmigung von Bibliographisches Institut & F. A. Brockhaus AG, Mannheim.

Jean Giono (1895–1970)
J. G.: Der Träumer (Jean le Bleu). Roman. Deutsch von Käthe Rosenberg. 13. Aufl. Frankfurt a. M.: Fischer, 1949. S. 56–77. – Mit freundlicher Genehmigung der S. Fischer Verlag GmbH, Frankfurt am Main.

Albrecht Goes (geb. 1908)
A. G.: Stunden mit Bach. Hamburg: Furche Verlag, 1959. S. 10 bis 19. – Mit freundlicher Genehmigung der Luther Verlag GmbH, Bielefeld.
A. G.: Gedichte. 1930–1950. Frankfurt a. M.: Fischer, 1950. S. 134. – Mit freundlicher Genehmigung der S. Fischer Verlag GmbH, Frankfurt am Main.

Johann Wolfgang Goethe (1749–1832)
Goethes Gedanken über Musik. Eine Sammlung aus seinen Werken, Briefen, Gesprächen und Tagebüchern von Hedwig Walwei-Wiegelmann. Frankfurt a. M.: Insel Verlag, 1985. S. 181.
Briefwechsel zwischen Goethe und Zelter. Hrsg. von Max Hecker. 3 Bde. Frankfurt a. M.: Insel Verlag, 1986. Bd. 3. S. 154.

Glenn Gould (1932–1982)
G. G.: Von Bach bis Boulez. Schriften zur Musik I. Hrsg. und eingel. von Tim Page. Aus dem Amerikanischen von Hans-Joachim Metzger. 3. Aufl. München/Zürich: Piper, 1987. S. 45–52. – © R. Piper GmbH & Co. KG, München 1986.

LARS GUSTAFSSON (geb. 1936)

L. G.: Die Stille der Welt vor Bach. Gedichte. Hrsg. von Verena Reichel. 2. Aufl. München/Wien: Hanser, 1982. S. 77.

EDUARD HANSLICK (1825–1904)

E. H.: Musikkritiken. Hrsg. von Lothar Fahlbusch. Leipzig: Reclam, 1972. S. 74–81.

NIKOLAUS HARNONCOURT (geb. 1929)

N. H.: Der musikalische Dialog. Gedanken zu Monteverdi, Bach und Mozart. Salzburg: Residenz Verlag, 1984. S. 60 f. –

MORITZ HAUPTMANN (1792–1868)

Erwin R. Jacobi: »Vortrag und Besetzung Bach'scher Cantaten- und Oratorienmusik«. Ein unbekannter Brief von Moritz Hauptmann an Johannes Brahms (15. Februar 1859). In: Bach-Jahrbuch 55 (1969) S. 79–83. [Vgl. die korrigierenden Angaben zu Adressat und einzelnen Textstellen in: Erwin R. Jacobi: »Vortrag und Besetzung Bach'scher Cantaten- und Oratorienmusik«. Ein Nachtrag zum gleichnamigen Artikel im BJ 1969. In: Bach-Jahrbuch 57 (1971) S. 82 bis 90.]

HANS WERNER HENZE (geb. 1926)

Bach-Preis 1983 an Hans Werner Henze. Veröffentlichung der Freien und Hansestadt Hamburg: Hamburg 1983.

HERMANN HESSE (1877–1962)

H. H.: Gesammelte Dichtungen. Frankfurt a. M.: Suhrkamp, 1952. Bd. 5. S. 748. –

PAUL HINDEMITH (1895–1963)

P. H.: Johann Sebastian Bach. Ein verpflichtendes Erbe. Frankfurt a. M.: Insel Verlag, 1953. – Mit freundlicher Genehmigung des Verlages B. Schott's Söhne, Mainz.

E. T. A. Hoffmann (1776–1822)
E. T. A. H.: Kreisleriana. Hrsg. von Hanne Castein. Stuttgart: Reclam, 1983. S. 5–14, 39 und 40.

Mauricio Kagel (geb. 1933)
M. K.: Worte über Musik. Gespräche, Aufsätze, Reden, Hörspiele. München: Piper, 1991. S. 184–197. –

Heinrich von Kleist (1777–1811)
H. v. K.: Sämtliche Werke und Briefe. Hrsg. von Helmut Sembdner. 6. Aufl. München: Hanser, 1977. Bd. 2. S. 268.

Oskar Loerke (1884–1941)
O. L.: Gedichte und Prosa. Hrsg. von Peter Suhrkamp. Frankfurt a. M.: Suhrkamp, 1958. Bd. 1: Die Gedichte. S. 110, 111 und 112. –
O. L.: Gedichte und Prosa. Hrsg. von Peter Suhrkamp. Frankfurt a. M.: Suhrkamp, 1958. Bd. 2: Die Schriften. S. 9–53. –

Aristide Maillol (1861–1944)
Henri Frère: Gespräche mit Maillol (Conversations de Maillol). Übertr. von Hans Voss. Frankfurt a. M.: Societäts-Verlag, 1961. S. 104 f. – Mit freundlicher Genehmigung des Societäts-Verlags, Frankfurt am Main.

Friedrich Wilhelm Marpurg (1718–1795)
Bach-Dokumente. Hrsg. vom Bach-Archiv Leipzig. Bd. 3. Kassel [u. a.]: Bärenreiter / Leipzig: VEB Deutscher Verlag für Musik, 1972. S. 14–16.

Giovanni Battista Martini (1706–1784)
Bach-Dokumente. Hrsg. vom Bach-Archiv Leipzig. Bd. 2. Kassel [u. a.]: Bärenreiter / Leipzig: VEB Deutscher Verlag für Musik, 1969. S. 469.

Johann Mattheson (1681–1764)
Bach-Dokumente. Hrsg. vom Bach-Archiv Leipzig. Bd. 2. Kassel [u. a.]: Bärenreiter / Leipzig: VEB Deutscher Verlag für Musik, 1969. S. 65 und 186 f.

Felix Mendelssohn Bartholdy (1809–1847)
F. M. B.: Reisebriefe aus den Jahren 1830 bis 1832. Hrsg. von Paul Mendelssohn Bartholdy. Leipzig: Mendelssohn, 1863. S. 17 f.

Yehudi Menuhin (geb. 1916)
Johann Sebastian Bach: Sonaten und Partiten für Violine allein. Frankfurt a. M.: Insel Verlag, 1958. S. 5–8. – © Insel Verlag Frankfurt am Main 1958.

Friedrich Nietzsche (1844–1900)
Nietzsche. Briefwechsel. Kritische Gesamtausgabe. Hrsg. von Giorgio Colli und Mazzino Montinari. Abt. 2. Bd. 1: Friedrich Nietzsche. Briefe. April 1869 – Mai 1872. Berlin / New York: de Gruyter, 1977. S. 120.
F. N.: Sämtliche Werke. Studienausgabe in 15 Bänden. Hrsg. von Giorgio Colli und Mazzino Montinari. Berlin / New York: de Gruyter / München: Deutscher Taschenbuch Verlag, 1980. Bd. 2. S. 614 f. Bd. 9. S. 24.

Rat der Stadt Leipzig
Bach-Dokumente. Hrsg. vom Bach-Archiv Leipzig. Bd. 2. Kassel [u. a.]: Bärenreiter / Leipzig: VEB Deutscher Verlag für Musik, 1969. S. 205 und 206.

Johann Friedrich Reichardt (1752–1814)
Bach-Dokumente. Hrsg. vom Bach-Archiv Leipzig. Bd. 3. Kassel [u. a.]: Bärenreiter / Leipzig: VEB Deutscher Verlag für Musik, 1972. S. 357–359.

Rainer Maria Rilke (1875–1926)
R. M. R.: Briefe an Sidonie Nádherný von Borutin. Frankfurt a. M.: Insel Verlag, 1973. S. 45 und 307.

Friedrich Rochlitz (1769–1842)

Bach-Dokumente. Hrsg. vom Bach-Archiv Leipzig. Bd. 3. Kassel [u. a.]: Bärenreiter / Leipzig: VEB Deutscher Verlag für Musik, 1972. S. 558.
F. R.: Wege zu Bach. Drei Abhandlungen. Eingel. und hrsg. von Joseph Müller-Blattau. Augsburg: Bärenreiter, 1926. S. 9–18.

Johann Adolph Scheibe (1708–1776)

Bach-Dokumente. Hrsg. vom Bach-Archiv Leipzig. Bd. 2. Kassel [u. a.]: Bärenreiter / Leipzig: VEB Deutscher Verlag für Musik, 1969. S. 286 f und 415.

Robert Schumann (1810–1856)

R. S.: Gesammelte Schriften über Musik und Musiker. Eine Auswahl. Hrsg. von Herbert Schulze. Wiesbaden: VMA Verlag, [o. J.]. S. 186–188.

Albert Schweitzer (1875–1965)

A. S.: Aufsätze zur Musik. Kassel: Bärenreiter, 1988. S. 16–32. – Mit freundlicher Genehmigung des Bärenreiter-Verlags, Kassel.

Georg Philipp Telemann (1681–1767)

Bach-Dokumente. Hrsg. vom Bach-Archiv Leipzig. Bd. 3. Kassel [u. a.]: Bärenreiter / Leipzig: VEB Deutscher Verlag für Musik, 1972. S. 6 f.

Richard Wagner (1813–1883)

R. W.: Dichtungen und Schriften. Hrsg. von Dieter Borchmeyer. Frankfurt a. M.: Insel Verlag, 1983. Bd. 10. S. 95–97.

Hugo Wolf (1860–1903)

H. W.: Vom Sinn der Töne. Briefe und Kritiken. Hrsg. von Dietmar Langberg. Leipzig: Reclam, 1991. S. 305–307.

Carl Friedrich Zelter (1758–1832)
Zit. nach: Goethes Gespräche. Auf Grund der Ausgabe und des Nachlasses von Flodoard Freiherrn von Biedermann erg. und hrsg. von Wolfgang Herwig. Bd. 2. Zürich/Stuttgart: Artemis, 1969. S. 914.
Briefwechsel zwischen Goethe und Zelter. Hrsg. von Max Hekker. Frankfurt a. M.: Insel Verlag, 1986. Bd. 3. S. 151 f.

Monographien zur Musik

Dieter Borchmeyer: *Das Theater Richard Wagners. Idee – Dichtung – Wirkung.* 432 Seiten. Mit 13 Abbildungen

Julian Budden: *Verdi. Leben und Werk.* (I. Rein / D. Klose) 408 Seiten. Mit 99 Notenbeispielen und 23 Abbildungen

Wolfgang Dömling: *Hector Berlioz. Die symphonisch-dramatischen Werke.* 214 Seiten. Mit 15 Notenbeispielen sowie den Libretti und Programmen in Französisch und Deutsch

Robert Donington: *Richard Wagners »Ring des Nibelungen« und seine Symbole. Musik und Mythos.* (J. Schulte) 280 Seiten und rd. 100 Notenbeispiele

Michael Ewans: *Janáčeks Opern.* (S. Vogt) 222 Seiten. Mit 51 Notenbeispielen

Gunther Hoffmann: *Das Orgelwerk Johann Sebastian Bachs.* Ein Konzertführer. 280 Seiten. Mit den Choraltexten und 27 Notenbeispielen. UB Nr. 8540

Stefan Kunze: *Mozarts Opern.* 687 Seiten. Mit 175 Notenbeispielen und 38 Abbildungen.

Arbie Orenstein: *Maurice Ravel. Leben und Werk.* (D. Klose) 328 Seiten. Mit 16 Notenbeispielen und 44 Abbildungen

Friedemann Otterbach: *Johann Sebastian Bach. Leben und Werk.* 248 Seiten. Mit 101 Notenbeispielen und 22 Abbildungen

Jürgen Uhde: *Beethovens Klaviermusik. Bd. 1: Klavierstücke und Variationen.* 568 Seiten. Mit zahlreichen Notenbeispielen. UB Nr. 10139 – *Bd. 2: Sonaten 1–15.* 415 Seiten. Mit zahlreichen Notenbeispielen. UB Nr. 10147 – *Bd. 3: Sonaten 16–32.* 632 Seiten. Mit zahlreichen Notenbeispielen. UB Nr. 10151

Hans Vogt: *Johann Sebastian Bachs Kammermusik. Voraussetzungen, Analysen, Einzelwerke.* 276 Seiten. Mit 189 Notenbeispielen und 8 Abbildungen

Arnold Werner-Jensen: *Wolfgang Amadeus Mozart.* (Reclams Musikführer) *Bd. 1: Instrumentalmusik.* 254 Seiten. Mit 135 Notenbeispielen und 15 Abbildungen – *Bd. 2: Vokalmusik.* 340 Seiten. Mit 190 Notenbeispielen und 20 Abbildungen

Philipp Reclam jun. Stuttgart

Handbücher zur Musik

Reclams *Ballettführer*. (H. Regitz, O. F. Regner, H.-L. Schneiders) 748 Seiten. 32 Abbildungen

Reclams *Chormusik- und Oratorienführer*. (W. Oehlmann) 630 Seiten. rd. 350 Notenbeispiele

Reclams *Jazzführer*. (C. Bohländer, K. H. Holler, C. Pfarr) 549 Seiten. 60 Abbildungen. Mit Notenbeispielen

Reclams *Kammermusikführer*. (A. Werner-Jensen, L. Finscher, W. Ludewig, K. H. Stahmer) 1150 Seiten. 540 Notenbeispiele

Reclams *Klaviermusikführer*. (W. Oehlmann, C. Bernsdorff-Engelbrecht, K. Billing, W. Kaempfer) Bd. 1: Frühzeit, Barock und Klassik. 812 Seiten. rd. 700 Notenbeispiele. – Bd. 2: Von Franz Schubert bis zur Gegenwart. 1064 Seiten. rd. 560 Notenbeispiele

Reclams *Konzertführer*. Orchestermusik. (K. Schweizer, H. Renner) 1072 Seiten. rd. 500 Notenbeispiele

Reclams *Liedführer*. (W. Oehlmann) 1024 Seiten. 470 Notenbeispiele

Reclams *Musicalführer*. (C. B. Axton, O. Zehnder) 512 Seiten. 21 Abbildungen. 2 Pläne

Reclams *Musikinstrumentenführer*. Die Instrumente und ihre Akustik. (E. Briner) 699 Seiten. Mit Zeichnungen

Reclams *Opern- und Operettenführer*. (W. Zentner, A. Würz) 1056 Seiten. 40 Tafeln

Reclams *Orgelmusikführer*. (V. Lukas) 461 Seiten. 635 Notenbeispiele

RECLAMS MUSIKFÜHRER

Wolfgang Amadeus Mozart

Von Arnold Werner-Jensen

Band 1: Instrumentalmusik. 255 Seiten. 135 Notenbeispiele

Band 2: Vokalmusik. 340 Seiten. 190 Notenbeispiele. 20 Abbildungen

Frédéric Chopin

Von Jim Samson. Aus dem Englischen übersetzt von Meinhard Saremba.

335 Seiten. 64 Notenbeispiele. 10 Abbildungen

Franz Schubert

Von Walther Dürr und Arnold Feil unter Mitarbeit von Walburga Litschauer

374 Seiten, 45 Notenbeispiele. 16 Abbildungen

Richard Wagner

Von Hans-Joachim Bauer

426 Seiten. 358 Notenbeispiele. 33 Abbildungen

Alle Bände gebunden mit Schutzumschlag

Über Mozart

Von Musikern, Dichtern und Liebhabern

Eine Anthologie

Herausgegeben von Dietrich Klose
326 Seiten. Mit 8 Abbildungen. 8682
Gebunden und broschiert lieferbar

Texte von: Melchior Grimm – Daines Barrington – Adolf Franz von Knigge – Joseph Haydn – Franz Niemetschek – Johann Friedrich Rochlitz – Ernst Theodor Amadeus Hoffmann – Johann Wolfgang Goethe – Karl Friedrich Zelter – Carl Maria von Weber – Stendhal – Lorenzo Da Ponte – Vincent Novello – Alexander Puschkin – David Friedrich Strauß – Richard Wagner – Franz Grillparzer – Sören Kierkegaard – Arthur Schopenhauer – Franz Liszt – König Ludwig I. von Bayern – Eduard Mörike – Peter Iljitsch Tschaikowsky – Charles Gounod – Friedrich Nietzsche – Hugo von Hofmannsthal – George Bernard Shaw – Otto Julius Bierbaum – Paul Klee – Richard Beer-Hofmann – Ferruccio Busoni – Romain Rolland – Hermann Cohen – Ernst Bloch – Max Slevogt – Hermann Hesse – Georgi W. Tschitscherin – Joseph Weinheber – Jean Giono – Werner Egk – Richard Strauss – Arnold Schönberg – Theodor W. Adorno – Karl Barth – Annette Kolb – Bruno Walter – Ingeborg Bachmann – Hans Werner Henze – Ernest Ansermet – Ferenc Fricsay – Wolfgang Hildesheimer – Oskar Kokoschka – Paul Celan – Glenn Gould – Peter Shaffer – Albrecht Goes – Ivan Nagel – Hanns-Josef Ortheil – Aron Ronald Bodenheimer